영어 음성음운 연구와 발음 연습

The Study of English Phonetics and Phonology
& English Pronunciation Drill

김경학 저

신아사

머리말

이 책은 영어의 발음에 대해 관심이 있어, 영어 음성음운을 이해하고 이를 바탕으로 영어 발음연습을 해 보고자 하는 학생들을 위하여 쓴 책이다. 특히 영어 발음을 어떻게 하면 잘 할 수 있고, 어떻게 연습해야 할지 궁금해 하는 학생들에게 좋은 길잡이가 되기 위해 알기 쉽게 쓴 책이다. 일반적으로 요즘 학생들은 이론보다는 실용적인 면에 더 치중하고 있다. 그러나 실용적이라 하여 뜻만 통하면 되지 발음은 조금 틀려도 되지 않느냐 하는 잘못된 생각들을 갖기 쉽다. 또 영어 음성음운을 제대로 이해를 하지 못하여, 단편적인 지식에 치우쳐 있다. 자신뿐만 아니라 타인의 영어 발음이 올바른지 틀린지 알지도 못할 뿐만 아니라, 잘못된 영어발음을 어떻게 수정해야 할 지 모르는 경우가 많다.

따라서 듣기가 강조되고 있는 이 시점에서 영어 발음을 어떻게 하는 것이 바람직하며, 그 원리는 무엇인지 기본적인 분절음인 자음, 모음과 음절 구조에 대한 음성음운론적 사실뿐만 아니라 의사소통에 중요한 운율적 요소인 강세, 리듬, 억양과 연결된 발화에서의 음운 변화를 체계적으로 안내하면 많은 도움이 될 것이라고 생각하게 되었다. 또 이론적인 설명과 함께 실제 발음에 활용하기 위해 연습을 많이 하면 자신의 잘못된 발음습관도 고칠 수 있고, 다른 사람의 잘못된 발음습관도 수정해 줄 수 있으리라 생각된다.

이 책의 구성 및 중점사항과 공부에 도움이 될 수 있는 몇 가지 사항을 적어 보면 다음과 같다.

첫째, 초보자나 영어에 관심 있는 일반학생들도 평이하게 접근할 수 있도록 영어 발음에 필요한 영어 음성음운 전반에 걸쳐 기본적으로 필요한 지식을 총 망라하였다.

둘째, 영어의 자음과 모음 발음, 음절구조와 자음군의 발음, 단어강세와 구강세, 문장강세와 의사단락 및 음운변화, 억양 등 영어 음성음운 전반에 걸쳐 총 6장으로 구성하여 영어 음성학 및 발음연습과 같은 전공 교재나 참고문헌으로 이용할 수 있도록 구성하였다.

셋째, 영어 발음에 필요한 기초적인 영어 음성학 음운론에 대한 설명을 어렵지 않게 쉬운 예문 중심으로 첨가 하여, 영어 음성 음운 전반에 대해 필요한 기본 지식과 이론적 원리를 총 망라하였다.

넷째, 각 장마다 영어 음성학에 대한 기본적 설명을 하고 난 다음 unit별로 세부적인 설명과 함께 충분히 연습하여 습관화하게 하였다.

끝으로 지식이 넘쳐나는 세상에서는 유용한 지식을 구별해 내는 지식도 필요하며, 단편적인 지식을 총괄하는 지식도 필요하다. 반드시 필요한 영어음성음운 지식들을 전체적으로 한 번 체계적으로 이해해 본다면 다른 세부적인 지식을 접할 때 더욱 효과적으로 학습할 수 있을 것이다. 이 책이 그러한 총괄적인 기반을 제공하는 데 도움이 되기 바란다. 이어 이 책의 출판을 기꺼이 허락해 주신 출판사 사장님과 편집인께도 감사를 드린다.

2014년 2월
저자 김경학

차례

Chapter 1

영어 자음(consonants)

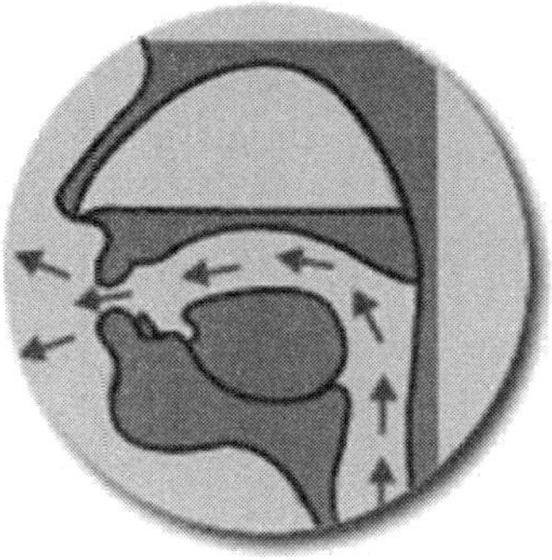

구강음의 조음시의 공기의 통로

영어 자음의 발성학적 기초를 알고
까다로운 영어 자음소리를
구별하여 발음하자

1. 영어의 발성기관에 대해 알아보자

영어의 조음음성학으로 자음(consonant)과 모음(vowel)과 같은 분절음(segments)의 조음과정을 살펴보면, 실체 소리를 내기 위해서 사용되는 인체의 발음기관에 대해 알아야 될 것이다. 이때 발음에 포함되는 해부학적 구조를 총칭해서 발성기관(organ of speech)라고 한다.

소리를 내기 위해서는 숨을 들이쉬면서 내는 들숨소리도 있지만, 일반적으로는 숨을 내 쉬면서 내는 날숨 체계(egressive pulmonic system)를 이용한다고 한다. 즉 소리를 내기 위해서는 먼저 허파에서부터 공기를 내보내면서 시작된다. 허파에서부터 나온 공기는 기관지와 기관으로 이어지는 데, 이와 같은 호흡기 계통을 소리를 내기 위한 발동부라고 한다. 따라서 영어발음습관을 고치기 위해서는 먼저 발동연습을 통해 영어강세박자 리듬을 익혀야 한다.

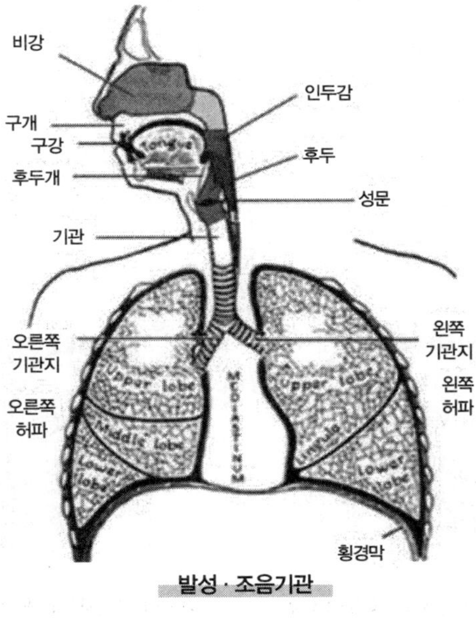

발성 · 조음기관

호흡기를 통해 나온 공기는 후두(larynx)로 이어지는 데, 후두는 성대(vocal cords)라고 불리는 두 개의 근육과 성대 사이의 공간, 즉 성문(glottis)을 포함하는 일종의 상자이다. 성대가 약간 닫힌 상태에서 공기가 성문을 통과할 때는 성대가 진동하고 성문이 완전히 열린 상태에서는 성대의 진동이 없다. 성대가 진동하면서 발음되는 음은 유성음(voiced sounds)이라 하고, 성대가 진동되지 않는 음을 무성음(voiceless sounds)이라 한다. 이와 같이 유무성의 소리가 구별되어지는 후두를 소리를 내기 위한 발성부라고 한다. 영어는 모음과 자음의 절반이상이 유성음이다. 따라서 올바른 영어발음습관을 갖기 위해서는 발성연습을 통해 목청이 많이 울리는 영어의 유성음 발음을 익혀야 한다.

다음 실제 소리가 만들어져 발음되는 부분은 후두개를 포함한 인두(pharynx), 구강(oral cavity), 비강(nasal cavity)이다. 이들을 발음기관 또는 조음부라고 한다. 그 중에서도 가장 중요한 부분이 입안인 구강이다. 구강의 윗부분에 있는 윗입술, 윗니, 잇몸, 경구개는 고정되어 있어 움직이지 않는 부분이다. 반면 발음시에 움직이는 기관은 아랫부분에 붙은 아랫입술, 아랫니, 혀 등이다.

인두는 식도의 바로 위에서부터 시작하여 구강과 비강으로 연결되는 파이프 모양의 공명강으로서 성대를 지난 공기가 반드시 지나야하는 통로이다. 인두의 공기가 비강으로 빠져나가면 비음이 생성되고, 구강으로 빠져나가면 구강음이 된다.

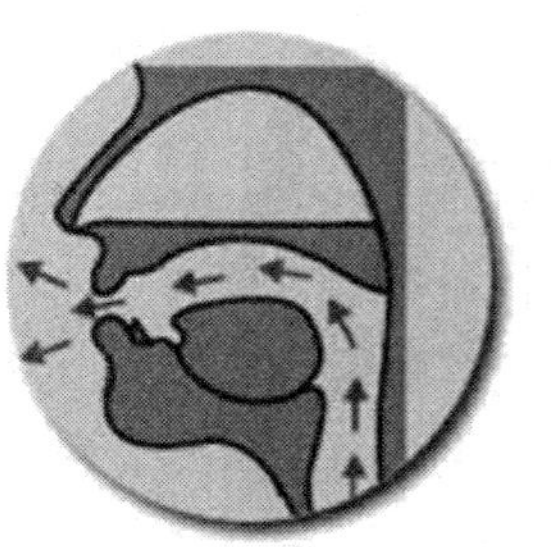

구강음의 조음시의 공기의 통로

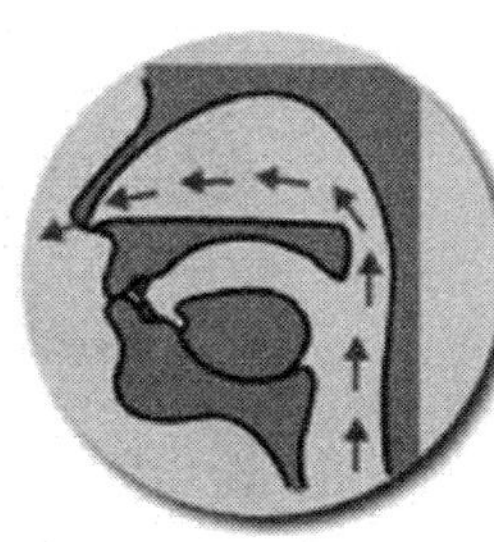

비음의 조음시의 공기의 통로

구강의 윗 부분에 고정되어 있는 수동적 조음기관 윗입술, 윗니, 잇몸(치경), 경구개 등은 주로 소리가 만들어지는 지점인 조음점(place of articulation)을 형성하고, 아랫부분에 있는 능동적 조음기관으로는 아랫입술, 아랫니, 혀와, 윗부분에 있지만 뒤쪽에 있는 연구개 및 목젖은 소리를 만드는 능동적인 조음자(articulator)가 된다. 발음은 주로 조음자가 조음점으로 움직이는 상향 운동에 의해 이루어진다. 조음자 중에서 가장 중요한 역할을 하는 혀는 혀끝(tip), 설단(blade), 전설(front), 중설(center), 후설(back), 설근(root)등으로 나누어진다. 조음점에서 가장 많이 사용되는 부분은 치경과 구개(입천장)이다. 치경은 윗니 바로 뒤의 잇몸을 말하며, 구개는 치경을 포함하여 앞의 2/3 가량이 뼈로 되어있고, 나머지는 연한 근육으로 되어 있다. 앞의 딱딱한 부분은 경구개(hard palate), 뒤의 연한 부분은 연구개(soft palate)라고 한다. 두 입술을 둥글게 앞으로 내밀어서 작은 공명강을 만들 때 이를 순강이라고도 하는 데, 흔히 구강에 포함시킨다. 구강에서 조음된 소리라도 밖으로 나가는 마지막 통로인 입술의 모양이 둥그냐, 평평하냐에 따라 원순모음(round vowels), 평순모음(unround vowels)으로 나뉜다. 또 턱 근처의 근육도 발음시 작용을 하는 데 근육이 단단해져 긴장되면서 나는 소리를 긴장모음(tense vowels)이라 하여 느슨한 상태에서 발음되는 이완모음(lax vowels)과 구별한다. 이는 영어의 강세리듬과 매우 밀접한 관련이 있어 매우 중요하다.

2. 영어의 자음은 어떻게 만들어지고 발음되나

영어자음은 공기의 흐름이 구강 내에서 장애를 받아 나는 음으로, 성대의 진동여부에 따라 유성음과 무성음으로 구별된다. 또 어떻게 장애를 받는가와 장애가 생기는 장소에 따라 분류된다. 조음장소에 따라 양순음(bilabial), 순치음(labio-dental), 치음(dental), 치경음(alveolar), 경구개음(palatal) 연구개음(velar), 성문음(glottal)으로 분류된다. 장애를 받는 방법 즉 조음방법(manner of articulation)에 따라 폐쇄음(stop), 마찰음(fricative), 파찰음(affricative), 비음(nasal), 유음(liquid), 활음(glide) 등으로 분류된다.

2.1. 성대의 진동여부에 따른 영어자음의 분류를 알아보자.

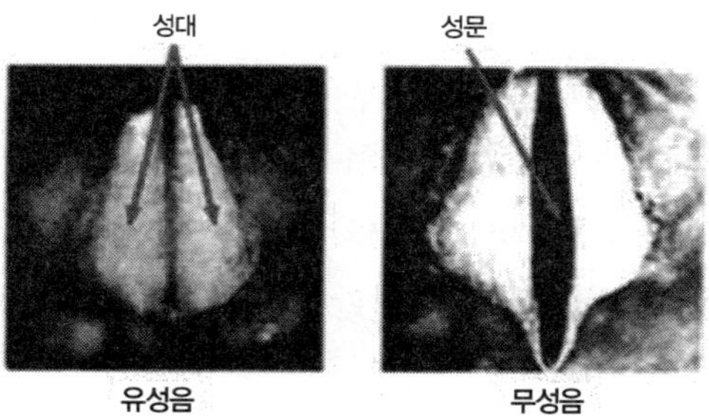

성대와 성문의 모양

호흡기를 통해 나온 공기는 후두(larytn)로 이어진다. 후두는 성대(vocal cords)라고 불리는 두 개의 근육과 성대 사이의 공간, 즉 성문(glottis)을 포함하는 일종의 상자이다. 공기가 성문을 통과할 때 성문이 거의 닫힌 상태에서 얇은 막의 두 성대가 진동하며 만들어지는 음을 유성음이라 하며, 반대로 성문이 열려져서 성대가 진동하지 않으며 만들어지는 음을 무성음이라 한다. 유성음과 무성음이 조음될 때의 성문의 모양은 앞의 그림과 같다. 영어의 자음 중에서 비음 [m], [n], [ŋ]과, 유음 [l], [r], 전이음 [y], [w]들은 모두 성대가 진동하는 유성음이다. 그러나 자음 중에서 파열음과 마찰음, (/h/를 제외하고) 그리고 파찰음은 유성음과 무성음이 서로 대립을 이룬다.

영어는 국어와 달리 유성 무성의 차이가 매우 중요하다. 영어나 국어 모두 모음은 유성음이다. 그러나 국어의 자음은 기본적으로 무성음으로 보는 데 비하여, 영어의 자음은 [p, t, k, f, ɵ, s, ʃ, ʧ, h]을 제외한 다른 자음은 모두 유성음이다. 따라서 영어의 발음은 국어에 비하여 목청이 많이 울리기 때문에 딱딱한 발음이 아니라, 부드럽고, 울림이 좋은 발음이다.

2.2 조음장소에 따른 영어자음의 분류를 알아보자.

영어자음의 조음장소를 알기 위해서는 우선 다음의 조음기관의 명칭부터 익혀야 한다.

1. 입술 (lip)
2. 이 (teeth)
3. 잇몸 (alveolar)
4. 경구개 (hard palate)
5. 연구개 (soft palate, veium)
6. 목젖 (uvula)
7. 혀 (tongue)

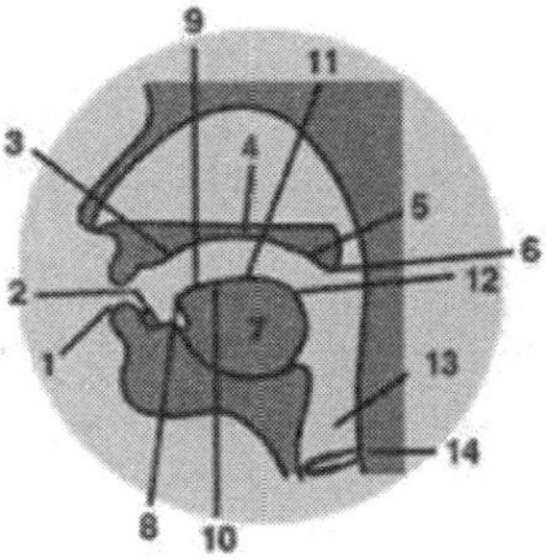

8. 혀끝 (tip)
9. 설단 (blade)
10. 전설 (front)
11. 중설 (middle)
12. 후설 (back)
13. 후두개 (epiglottis)
14. 성문 (glottis)

조음기관

입술에서 성대에 이르기까지 어른의 경우 약 17cm에 통로에는 이론적으로 무한대의 조음점이 가능하다. 그러나 실제로 영어자음을 조음하는데 동원되는 조음장소는 다음과 같다.

(1) 양순음(bilabial): 두 입술 사이에서 조음되는 소리로 영어에는 [p], [b], [m], [w]가 있다.
(2) 순치음(labio-dental): 윗니와 아랫입술사이에서 조음되는 소리로 영어에는 [f], [v]가 있다.
(3) 치간음(interdental): 두 이 사이에서 조음되는 소리로 영어에는 [θ], [ð]이 있다.
(4) 치경음(alveolar): 치경에서 조음되는 소리로 영어에 는 [t], [d], [s], [z], [n], [l], [r]로 가장 많다.
(5) 경구개치경음(palato-alveolar): 치경의 뒤쪽과 경구개 사이에서 조음되는 소리로 영어에는 [ʃ], [ʒ], [ʧ], [ʤ], 소리가 있다
(6) 치경음(palatal): 경구개에서 조음되는 소리로 영어에는 [j] 소리(또는 [y])가 있다
(7) 연구개음(velar): 연구개에서 조음되는 소리로 영어에는 [k], [g], [ŋ] 소리가 있다.
(8) 성문음(glottal): 성문에서 조음되는 소리로 영어에는 [ʔ], [h] 소리가 있다.

2.3 조음방법에 따른 영어자음의 분류를 알아보자

(a) 폐쇄음(stops) 또는 파열음(plosives)

폐쇄음의 조음단계

허파에서 올라온 공기의 흐름이 구강내에서 어느 지점에서 잠시 폐쇄(stop)되었다가 갑자기 파열되며 나는 소리이다. 공기의 흐름이 완벽히 폐쇄된다는 의미에서 폐쇄음이라고도 하며, 폐쇄되었던 공기가 갑자기 파열되며 소리가 난다는 의미에서 파열음이라고도 한다. 영어의 경우 [p], [b], [t], [d], [k], [g] 및 [ʔ] 등이 있다.

(b) 마찰음(fricatives)

마찰음의 조음단계

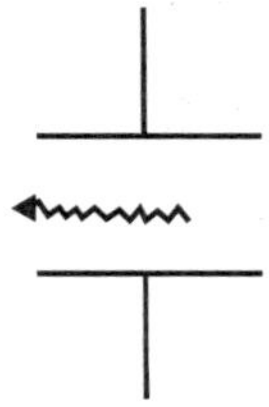

마찰음은 폐쇄음의 조음방법에 조그만 틈을 열어 주어, 이 틈을 통해 밀폐되었던 공기가 빠져나가면서 나는 소리이다. 이렇게 공기가 조그만 틈을 통하여 통과할 때 마찰(friction)을 일으킨다고 하여 이러한 조음 방법으로 발성되는 소리들을 마찰음이라고 한다. 이는 마치 타이어에 조그만 구멍이 나 그 구멍으로 바람이 새어나올 때의 소리와 마찬가지의 이치로 발성되는 소리로서 상처나 유리창에 '호' 또는 '후' 하고 입김을 볼 때의 소리인 'ㅎ' (즉 [h]) 소리가 이에 속한다. 영어의 마찰음에는 [f], [v], [θ], [ð], [s], [z], [ʃ], [ʒ], [h] 등이 있다.

(c) 파찰음(affricates)

파찰음이란 처음에는 폐쇄음의 경우에서처럼 잠시 공기를 완전히 폐쇄시켰다가 그 폐쇄된 공기를 마찰음의 경우에서처럼 조그만 틈으로 내보냄으로써 나는 소리를 말한다. 이러한 의미에서 폐쇄음과 마찰음 결합이라고 할 수 있는 데, 혹자는 폐찰음이라고 번역하기도 한다.

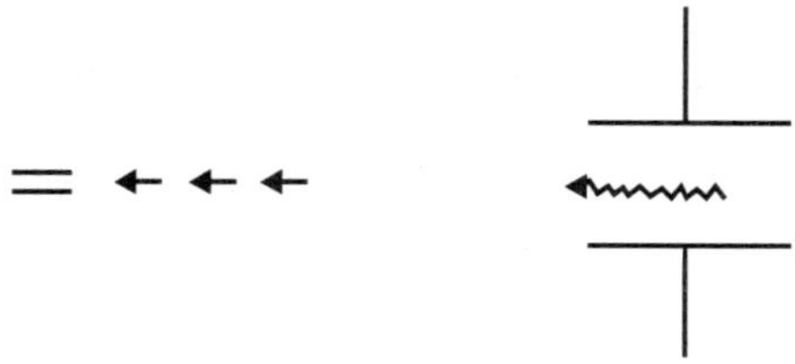

영어에서 사용되는 파찰음에는 'church' 등에서 나타나는 [ʧ] 소리와 'judge'등에서 나타나는 [dʒ]소리 두 가지가 있다. 이 두 소리의 음성 기호가 상징하듯이 [ʧ]소리는 음성학적으로 폐쇄음인 [t] 소리와 마찰음인 [ʃ]소리가 합쳐진 소리이며, [dʒ] 소리는 폐쇄음인 [d] 소리와 마찰음인 [ʒ] 소리가 합쳐진 소리이다.

(d) 비음(nasals)

비음은 연구개(velum)가 하강하여 코로 통하는 통로가 열리게 되어, 폐로부터의 공기의 흐름이 이 통로를 통하여 코로 빠져나가면서 나는 소리이다. 이때 구강(oral cavity)은 완전히 폐쇄되는데, 이는 앞에서 설명한 폐쇄음과 동일한 조음 방법이다.

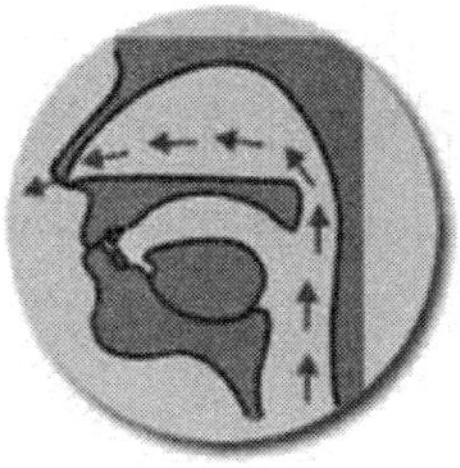

비음의 조음시의 공기의 통로

따라서 비음은 폐쇄음이기도 하다. 영어의 [m], [n], [ŋ]이 이러한 비음에 속한다. 그러나 비교적 공명도가 높은 자음이므로 기능면에서 음절의 핵인 모음역할을 할 수 있다.

(e) 유음 (liquids)

유음은 공기의 흐름이 방해를 받는다는 의미에서 모음과 구별되는 자음이기는 하지만, 그 방해의 정도가 폐쇄음이나 마찰음의 경우보다 훨씬 덜한 상태에서 나는 소리이다. 즉 물이 흐르듯이 흘러가는 소리라 하여 유음이라 한다.

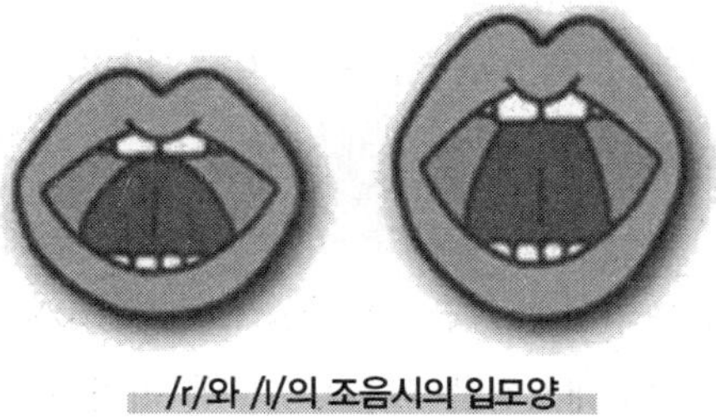

/r/와 /l/의 조음시의 입모양

영어의 [l]과 [r]이 이에 속하는데, [l]은 혀가 치경(alveolar ridge)에 닿기는 하지만 공기가 혀의 양측면으로 흐르듯이 빠져 나오면서 나는 소리로서 이를 설측음(lateral)이라고 한다. 영어의 [r]도 일반적으로 치경에서 발성되기는 하나, 혀를 뒤로 말아 올려(curl back) 공기가 혀 위로 흘러나오면서 나는 소리로서 권설음(retroflex)이라고 한다. 이처럼 유음은 형태상으로도 완전히 폐쇄가 되지 않고 모음처럼 조음기간에 접근해 있는 열린 접근음(open approximation)이라고도 한다. 따라서 공명도가 높아 경우에 따라 음절의 핵인 모음역할을 할 수 있다.

(f) 활음(혹은 전이음) (glides)

활음은 공기의 흐름에 대한 방해의 정도가 극히 미미할 때 나는 소리이다. 따라서 그 미미한 정도의 방해만을 제외하면 이는 거의 모음에 가까운 소리로 반모음(semi-vowel)이라고도 한다. 또한 이들은 이중모음을 낼 때 모음에서 모음으로 재빨리 미끄러져 가는 소리라는 의미에서 전이음이라고 불린다. 전이음은 음절의 핵을 이루지 못한다는 점에서 다른 모음과 구별된다. 영어의 경우 [y] (or [j])와 [w] 소리가 이에 속한다.

2.4 영어자음의 명칭에 대해 알아보자

영어 자음의 분류는 세 가지 요인 즉 유무성 차이, 조음점, 조음방법에 의해 분류한다. 따라서 영어 자음의 명칭도 이와 같은 순서로 명명한다. 예를 들어 영어 자음 /p/ 는 무성 양순 폐쇄음(voiceless bilabial stop)이다. 또 /ʧ/는 무성 파찰음(voiceless (palatoalveolar) affricate)이다(파찰음은 둘 다 경구개치경음이므로 이름에 이런 조음위치의 구별을 붙여 주지 않아도 다른 소리와 구별된다. 이런 특성을 나중에 생성음운론에서는 잉여자질(redundant feature)라고 한다). /ŋ/은 연구개 비음(velar nasal)이고(비음은 모두 유성음이므로 이런 유무성 구별을 붙여 주지 않아도 다른 소리와 구별된다), /l/은 설측음(lateral)이고, /r/은 권설음(retroflex)이다(유음(liquids)은 모두 유성음에 치경음이므로 이런 구별을 붙여 주지 않아도 다른 소리와 구별된다). /j/는 경구개 활음(palatal glide)이다. 이를 종합적으로 정리하여 적어보면 다음과 같다.

/p/: 무성 양순 폐쇄음(voiceless bilabial stop)
/b/: 유성 양순 폐쇄음(voiced bilabial stop)
/t/: 무성 치경 폐쇄음(voiceless alveolar stop)
/d/: 유성 치경 폐쇄음(voiced alveolar stop)
/k/: 무성 연구개 폐쇄음(voiceless velar stop)
/g/: 유성 연구개 폐쇄음(voiced velar stop)
/ʔ/: 성문 폐쇄음(glottal stop) (영어에는 성문 폐쇄음으로는 무성음만 있다)
/f/: 무성 순치 마찰음(voiceless labiodental fricative)
/v/: 유성 순치 마찰음(voiced labiodental fricative)
/θ/: 무성 치간 마찰음(voiceless interdental fricative)
/ð/: 유성 치간 마찰음(voiced interdental fricative)
/s/: 무성 치경 마찰음(voiceless alveolar fricative)
/z/: 유성 치경 마찰음(voiceless alveolar fricative)
/ʃ/: 무성 경구개치경 마찰음(voiceless palatoalveolar fricative)
/ʒ/: 유성 경구개치경 마찰음(voiced palato-alveolar fricative)
/h/: 성문 마찰음(glottal fricative) (영어에는 성문 마찰음으로는 무성음만 있다)
/ʧ/: 무성 파찰음(voiceless affricate)(영어 파찰음은 둘 다 모두 경구개 치경음이다)
/ʤ/: 유성 파찰음(voiceless affricate)
/m/: 양순 비음(bilabial nasal) (비음은 모두 유성음만 있다)
/n/: 치경 비음(alveolar nasal)

/ŋ/: 연구개 비음(velar nasal)
/l/: 설측음(lateral) (유음은 유성 치경음만 있다)
/r/: 권설음(retroflex)
/y(j)/: 경구개 활음(palatal glide) (활음은 모두 유성음이다)
/w/: 연구개 활음(velar glide) 또는 양순 활음(bilabial glide)

3. 자음의 종합적 분류와 국어의 자음체계와 비교하자.

한편 자음을 분류할 때 폐쇄음, 파찰음, 비음은 조음될 때 공기의 흐름이 구강 내의 어느 곳에서 차단되었다가 나는 소리로 비지속적인 소리(noncontinuant)인데 반하여, 마찰음, 유음, 전이음 등은 모음과 비교하여 상대적으로 방해를 어느 정도 받지만, 공기의 흐름이 차단되지 않고 흘러나가는 지속적인 소리(continuant)이다.

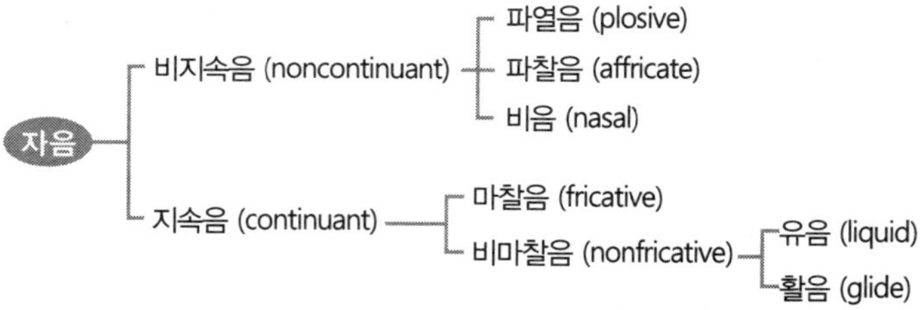

또 하나의 자음 분류는 조음시 장애를 많이 받아 공명도가 적은 저해음(obstruent)과 장애를 덜 받는 공명음(sonorant)이다.

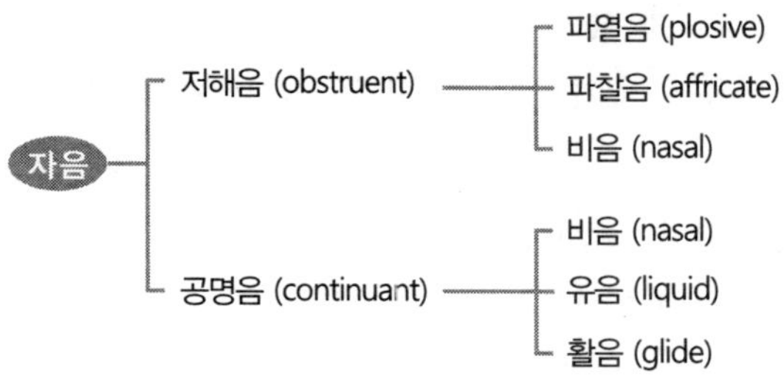

또 조음 형태면에서 조음기간에 접근하여 폐쇄되어 조음하는 폐쇄 접근음(close approximation)과 모음처럼 조음기간에 접근하지만 개방되어 조음하는 개방 접근음(open approximation)으로 분류할 수 있다. 또 기능면에서 음절의 핵인 모음역할을 할 수 있는 성절자음(syllabic consonants)과 모음역할을 할 수 없는 비성절자음(nonsyllabis consonants)으로 분류할 수 있다.

자음
- 폐쇄 접근음 — 폐쇄음, 마찰음, 파찰음, 비음
- 개방 접근음 — 유음, 활음

자음
- 성절 자음 — 유음, 비음
- 비성절 자음 — 폐쇄음, 마찰음, 파찰음, 활음

이를 종합하여 도표로 나타내면 다음과 같다.

조음방법 \ 조음점			양순음	순치음	치간음	치경음	경구개 치경음	경구 개음	연구 개음	성문음
저해음	폐쇄음	무성	p			t			k	ʔ
		유성	b			d			g	
	마찰음	무성		f	θ	s	ʃ			h
		유성		v	ð	z	ʒ			
	파찰음	무성					ʧ			
		유성					ʤ			
공명음	비음		m			n			ŋ	
	유음					l, r				
	활음		w					y(j)	w	

한편 국어의 자음체계는 영어와 달리 /t, d/와 같은 유무성의 차이는 없고, 오히려 무성음에 더 가까운 /ㄷ/이 대표음으로 있다. 또 /ㅌ, ㄸ/과 같은 유기음, 무기음 등의 차이가 있다. 또 조음위치도 영어와 조금 다르다. 특히 영어의 치경음 /t, d/, /s, z/, /n/, /l, r/과 비슷한 /ㄷ/, /ㅅ/, /ㄴ/, /ㄹ/은 윗잇몸이 아니라 오히려 윗니에서 조음되는 치음이라 할 수 있다. 이를 다음과 같은 도표로 영어와 국어의 자음체계를 비교해 볼 수 있다.

조음방법 \ 조음점			양순음	순치음	치간음	치음	치경음	경구개치경음	경구개음	연구개음	성문음
저해음	폐쇄음	영	p b				t d			k g	ʔ
		국	ㅂ(ㅂ) ㅍ ㅃ			ㄷ(ㄷ) ㅌ ㄸ				ㄱ(ㄱ) ㅋ ㄲ	
	마찰음	영		f v	θ ð		s z	ʃ ʒ			h
		국				ㅅ(ㅈ) ㅆ		(ㅅ) (ㅈ)			ㅎ
	파찰음	영						ʧ ʤ			
		국						ㅊ(ㅈ)			
공명음	비음	영	m				n			ŋ	
		국	ㅁ			ㄴ					
	유음	영					l, r				
		국				ㄹ					
	활음	영	w						y(j)	w	
		국									

4. 구조주의 음운론의 음소와 변이음

4.1 구조주의 음운론

1930년대부터 1950년대의 미국의 구조주의(structuralism) 이론은 엄밀성과 명시성으로 하여 인문사회 분야에서 가장 앞서가는 학문이론이었다. 따라서 음운론 분야에 있어서도 보다 과학적이고 명시적인 이론을 전개해 갔었는데, 그 시대의 음운론 이론을 음소론(phonemics)이라고 한다. tears, store, night, water에 쓰인 /t/라고 생각되는 소리는 사실 모두 다른 소리인 [t^h], [t'], [t¬], [ř]이다. 즉 /t/는 실제로 발음되는 소리가 아니라, 이를 대표하여 추상적으로 생각하여 인식하고 있는 소리이다. 이를 특별히 음소(phoneme)라고 하였다. 예를 들어 우리가 나무를 생각해 볼 때, 실체로 존재하는 나무는 [밤나무], [떡갈나무], [참나무] 등 개별적인 종류의 나무들이지만, 우리는 이를 총괄하여 /나무/로 인식한다. 마찬가지로 [t^h], [t'], [t¬], [ř] 등은 실제 발음하는 개별적인 소리인데 비하여, /t/는 이러한 소리를 총괄하여 영어권 화자들이 심리적으로 인식하고 있는 소리이다.

구조주의 음운론에서는 [t^h], [t'], [t¬], [ř] 등은 /t/라는 추상적인 소리인 하나의 음소가 각각 다르게 발음된 (변)이음(allophone)이라고 설명한다. 이때 각 언어마다 별개의 음소인지 하나의 음소가 약간 다르게 발음된 변이음인지 하는 것이 다를 수 있다. 예를 들어 영어의 경우 [t^h], [t'] 등은 변이음이지만 국어의 경우 이와 비슷한 /ㅌ/과 /ㄸ/은 별개의 음소이다. 반대로 국어의 경우 [l]과 [r]은 하나의 추상적 소리 /ㄹ/의 변이음인데 비하여 영어에서는 별개의 음소이다. 이처럼 구조주의 음운론에서는 추상적인 소리인 음소와 구체적인 소리인 음(phone)을 구별하여 음소는 사선(slash) / /로 표기하고, 음은 각괄호(bracket) [ ]로 표기하여 구별한다.

4.2 음소의 발견수순

한편 각 언어의 음소를 발견하기 위해서 특별히 발견수순(discovery procedure)이라는 엄밀하고 체계적인 방법을 개발하였는데 그 구체적인 기준은 다음과 같다.

첫째 대립(contrast)이다. 어떤 소리가 특정 언어 속에서 음성적으로 대립을 이룬다면 별개의 음소로 생각한다. 예를 들어 light↔right과 같이 한 소리를 제외하고 나머지는 똑 같은 최소 대립쌍(minimal pair)에서 /l/과 /r/은 의미차이를 보이는 별개의 단어로 인식되게 하는 대립을 보이므로 영어에서는 별개의 음소가 된다.

둘째 상보적 분포(complementary distribution)이다. 만일 두 소리가 대립함인 없이 동일한 환경에서 나타나지 않고, 서로 다른 자리에서 배타적 즉 상보적으로 분포한다면, 이는 하나의 소리가 다른 자리에서 형태가 약간 변한 변이음으로 본다. 예를 들어 음소 /p/는 pie, appéal 등과 같이 어두에서나 강세가 있는 음절 첫머리에서 유기음 [pʰ]으로 발음되고, spit, tépid처럼 /s/소리 다음이나 강세모음과 약모음 사이에서는 무기음 [p']으로 발음되고, stop, nip처럼 단어 끝에서는 불파음 [p¬]로 발음되는 데, 이들 위치는 대립을 이루는 동일한 자리가 아니라 서로 배타적으로 보완해주는 상보적 분포이다. 이와 같이 비슷한 소리가 상보적 분포를 이룰 때 하나의 소리가 약간 변형된 변이음이라 한다.

이때 어말 위치에서는 원어민 사이에도 사람마다 약간의 차이를 보여 stop의 /p/ 발음은 원래는 불파음 [p¬]로 발음하여야 하는 데, 유기음 [pʰ]으로도, 무기음 [p']으로도 발음하는 경우가 있다. 이 경우 의미차이를 보이는 대립을 이루지 않고 같은 소리로 이해한다. 이런 경우를 자유변이(free variation)라 한다. 즉 변이음은 상보적 분포를 보이면서 동일한 위치에서는 자유변이가 가능한 소리이다.

셋째 음성적 유사성(phonetic similarity)이다. 어떤 소리가 상보적 분포를 이룬다고 하여 모두 한 음소의 변이음이라고는 할 수는 없다. 예를 들어 영어의 /h/소리는 head, ahead등과 같이 음절 첫머리에 분포하고, /ŋ/소리는 sing, sink처럼 음절 끝에만 분포한다. 서로 배타적인 상보적 분포를 이루지만 변이음이라고 할 수는 없다. 즉 /h/소리와 /ŋ/소리는 음성적으로 유사한 소리가 아니므로 아무리 상보적 분포를 하여도 별개의 음소이다.

5. 생성음운론과 음운규칙

5.1 생성주의 음운론

생성음운론(generative phonology)에서는 추상적인 소리인 음소와 구체적인 소리인 변이음이라는 구조주의의 개념이 아니라, 기저형(underlying representation)을 설정하여 음운규칙에 의해 구체적인 표면소리로 생성되는 과정으로 설명한다. 예를 들어 tears, store, night, water에서의 /t/음소를 기저형으로 설정하여, 유기음화, 무기음화, 불파음화, 단타음화와 같은 음운규칙으로 설명한다. 먼저 유기음화 과정을 예로 들어보자.

(1) a. tears, ten : /t/ → [tʰ] / #___
 b. attáck : /t/ → [tʰ] / .___V [+stress]

(1a)는 tear, ten과 같이, 단어 첫머리에서 기저형으로 설정된 /t/소리는 유기음화 되어 [tʰ]소리로 생성되어 발음된다는 규칙이다. 이때 단

어 첫머리라는 조건을 환경으로 사선 /와 단어경계(word boundary)라는 약속 #를 사용하여, 단어경계 # 다음 자리에서라는 조건 #____로 표시할 수 있다. (1b)는 단어 첫머리 뿐 아니라, attáck처럼 중간이라도 강세를 받는 음절 첫머리에서 /t/소리는 유기음화 되어 [tʰ]소리가 된다는 규칙이다. 음절 첫머리이며, 강세 모음 앞이라는 조건을 음절경계(syllable boundary)라는 약속 점(dot).를 사용하여, 음절경계의 강세모음 앞이라는 조건 .____V [+stress]로 표시한다. 따라서 tautólogy의 경우 두 번의 /t/소리가 모두 유기음화 되는 것을 알 수 있다. 앞의 /t/는 (1a)의 조건에 의해, 뒤의 /t/는 (1b)의 조건에 의해 설명된다. 따라서 이 둘의 조건을 하나로 묶어 다음과 같이 표시한다.

(2) $$/t/ \rightarrow [t^h]\ /\ \left\{ \begin{array}{l} \#\_\_\_ \\ .\_\_\_V\ [+stress] \end{array} \right\}$$

이와 같은 유기음화 현상은 /p/와 /k/소리에도 그대로 적용된다.

(3) a. $$/p/ \rightarrow [p^h]\ /\ \left\{ \begin{array}{l} \#\_\_\_ \\ .\_\_\_V\ [+stress] \end{array} \right\}$$ (pull, oppóse)

b. $$/k/ \rightarrow [k^h]\ /\ \left\{ \begin{array}{l} \#\_\_\_ \\ .\_\_\_V\ [+stress] \end{array} \right\}$$ (caught, occúr)

5.2 음운규칙

이와 같은 음운규칙은 인간이 선천적으로 갖고 태어났다고 생각되는 언어능력에 속한다. 즉 인간은 백지상태에서 주위에서 발음하는 소리를 단순히 듣는 경험을 통해서 알게 되는 것이 아니다. 구조주의 음운론에서는 발음나는 소리를 경험을 통해 듣고, 음소와 변이음으로 분류만 하였는데, 생성음운론에서는 주위에서 듣는 소리를 통해서 선천적으로 갖고 태어났다는 이성에 의해 그 발음원리와 원칙을 깨닫고, 그 다음부터는 들어보지도 못했던 소리를 그 발음원칙에 따라 생성해 발음해 낸다는 것이다. 이것이 바로 음운규칙이라고 하는 것이다.

유기음화현상외에도 불파음화, 단타음화와 같은 현상도 다음과 같은 음운규칙으로 표현할 수 있다.

(4) a. /p/ → [p˺] /______#

b. /t/ → [t˺] /______#

c. /k/→ [k˺] /______#

(5) /t/ → [ř] / V [+stress]______V

(4)는 불파음화 현상으로 영어의 무성폐쇄음 /p, t, k/가 어말에서 파열하지 않고 막기만 하는 불파음으로 발음한다는 원칙이다. 즉 영어 화자의 머릿속에는 이와 같은 음운에 대한 원칙이 들어 있어, 처음 몇 번 들어보고 나서, 이 원칙을 깨닫고 그 다음부터는 처음 들어보는 소리도 이와 같은 원칙에 따라 불파음으로 발음한다는 음운규칙이다. (5)는 영어의 /t/ 소리가 강세모음과 모음사이에서 단타음 [ř]로 발음한다는 원칙이다.

이외에도 영어의 설측음 /l/은 cool, fool, bell처럼 모음다음에 발음될 때, 혀 뒷부분이 연구개쪽으로 조금 올라가(일종의 연구개음화) 어두운 [ɫ] 소리로 변하는 데, 이를 다음과 같이 음운규칙으로 표시할 수 있다.

(6) /l/ → [ɫ] / V____

5.3 변별자질과 자연부류

앞에서 음운규칙을 설명할 때 편의상 음소표시인 /p/, /t/, /k/를 사용하였지만 생성음운론에서는 음소라는 개념을 사용하지 않고, 기저형이라는 개념과 함께 각 소리를 구별해주는 변별적 자질(distinctive feature)을 사용한다.

즉 음소로 표시된 (4)의 불파음화규칙의 문제점은 (4a)는 /p/ → [p˺]로, (4b)는 /t/→[t˺]로, (4c)는 /k/→ [k˺]로 각각 별개의 현상처럼, 세 개의 규칙이 영어에 존재하는 것처럼 표현되었다는 점이다. 영어를 모국어로 사용하는 사람은 이들 세 개의 규칙이 서로 관련이 없는 별개의 현상이 아니라, 서로 연관 있는 하나의 현상이라는 것을 직관(linguistic intuition)적으로 알고 있다. 표면적으로는 세 개의 현상이지만 영어를 모국어로 사용하는 사람의 머릿속에는 '영어의 무성파열음은 어느 소리이건 간에 낱말의 끝에서 발음할 때에는 불파음으로 바뀐다'는 것을 직관적으로 하나의 규칙으로 알고 있다. 따라서 이런 직관을 음운규칙으로 나타낼 때에도 세 개의 규칙이 아니라, 하나의 규칙으로 표현되어야 한다는 것이다. 그러나 각 음소(phoneme)를 더 작은 속성으로 분석할 수 없는 말소리의 '최소 단위'로 본다면 이러한 규칙성을 하나의 규칙형식으로 표현할 수 없게 된다. 이러한 문제를 해결하기 위하여 즉 자연스럽게 비슷한 음성적 특성을 지닌 음소들을 자연부류(natural classes)로 묶어서 나타낼 수 있도록 생성음운론에서는 변별자질이론(theory of distinctive features)을 도입하게 되었다. 즉 위의 불파음화 현상에서 영어의 무성 파열음의 공통적 특질을 묶어서 나타낼 수 있는 변별자질이 필요하게 되었다.

즉 영어 무성 폐쇄음 /p, t, k/는 자연스럽게 공통된 음성적 특질을 지닌 소리로 묶여서, 유기음화, 무기음화, 불파음화와 같은 음운현상을 일으킨다는 것이다. 이와 같이 공통된 음성적 특질을 지니고 있어 자연스럽게 비슷한 음운현상을 일으키는 소리의 묶음을 자연부류(natural class)라고 한다.

Unit 01
영어 유무성 자음 발음 연구

Pronunciation Guide

1) 영어의 doll과 국어의 [돌]을 구별하여 발음하자.
2) cab은 모음을 약간 길게 [캐$_{\text{앱}}$]처럼, cap은 모음을 약간 짧게 [캡] 처럼 발음하여 구별하자.

1)	doll / 돌	babo / 바보
2)	cab / cap	side / site

1. 영어의 유성자음은 우리말과 다르게 성대를 울려 발음한다.

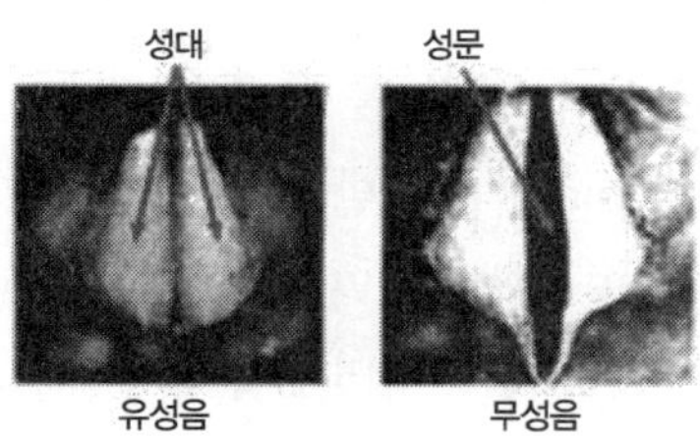

성대와 성문의 모양

호흡기를 통해 나온 공기는 후두(larytn)로 이어진다. 후두는 성대(vocal cords)라고 불리는 두 개의 근육과 성대 사이의 공간, 즉 성문(glottis)을 포함하는 일종의 상자이다. 성대가 약간 닫힌 상태에서 공기가 성문을 통과할 때는 성대가 진동하고 성문이 완전히 열린 상태에서는 성대의 진동이 없다. 영어자음은 성대의 진동 유무에 의하여 구분된다. 공기가 성문을 통과할 때 성문이 거의 닫힌 상태에서 얇은 막의 두 성대가 진동하며 만들어지는 음을 유성음이라 하며, 반대로 성문이 열려져서 성대가 진동하지 않으며 만들어지는 음을 무성음이라 한다. 유성음과 무성음이 조음될 때의 성문의 모양은 위의 그림과 같다. 이와 같은 성대의 진동 유·무는 우리가 쉽게 경험할 수 있다. 손바닥을 가볍게 후두 부위에 대고 유성음을 발음해보면 손바닥에 성대의 진동이 가볍게 감지된다. 그러나 무성음을 발음할 때는 그러한 진동이 없다.

영어는 국어와 달리 유성, 무성의 차이가 매우 중요하다. 영어나 국어 모두 모음은 성대가 진동하는 유성음이다. 그러나 국어의 자음은 기본적으로 무성음으로 보는 데 비하여, 영어의 자음 중에서 파열음(p, b, t, d, k, g)과 마찰음(f, v, ɵ, ð, s, z, ʃ, ʒ,) 파찰음(ʧ, ʤ)은 유성음과 무성음이 서로 대립을 이룬다. 또 비음(m, n ŋ), 유음(l, r), 전이음(y, w)들은 모두 성대가 진동하는 유성음이다. 따라서 영어의 발음은 국어에 비하여 목청이 많이 울리기 때문에 딱딱한 발음이 아니라, 부드럽고, 기름진 발음이 된다.

국어의 자음 /ㅂ, ㄷ, ㄱ, ㅈ/은 원칙적으로 무성음에 가깝기 때문에 영어의 유성자음 /b, d, g, z/와는 다르다. 즉 국어의 /박/은 영어의 bark와 park의 중간발음이고, /돌/은 영어의 tall과 doll의 중간발음이며, /김/도 영어의 Gim과 Kim의 중간발음이며, /잼/도 zam과 sam의 중간발음이다. 따라서 영어의 유성자음을 발음할 때에는 국어의 자음으로 대치하여 발음하지 않도록 주의해야 한다. 즉 /badagaza/와 같이 영어의 유성자음을 발음할 때에는 우리말 /바다가자/로 발음하지 말고, 성문을 열고 성대가 많이 울리도록 하여 소리가 울려나가도록 발음해야 한다. 특히 영어에는 치경음 즉 혀끝을 작용하여 치경(윗잇몸) 쪽에서 조음되는 /t, d, s, z, n, l, r/소리가 많이 쓰이는 데, 국어의 /ㄷ, ㅅ, ㄴ, ㄹ/은 유무성의 차이뿐만 아니라 조음위치도 치경이 아니라 치음이므로 우리말로 대치하여 발음하지 않도록 유의해야 한다.

이와 같은 부드럽고 기름진 영어발음을 위해서는 유성음, 무성음을 구별할 수 있는 발성연습이 필요하다. 특히 유성음은 성대를 중심으로 가슴과 입천장까지 울리는 공명음이 되어야 한다. 영어자음 /p/와 /b/를 갖고 연습해 보자. /p/는 국어의 /ㅍ/와 유사한 무성음으로 호흡할 때와 마찬가지로 성문이 열려 성대가 진동하지 않고 발음된다. /b/는 국어의 /아버지/할 때의 /ㅂ/과 유사한 소리로 성대가 진동하여 목청이 떨리는 유성음이다. 먼저 양 입술을 막고 허파에서 끌어올린 공기를 차단한 다음, 입술을 조금 벌려 공기를 터뜨리듯이 입 밖으로 내보낸다. 이때 중요한 것은 호흡할 때와 마찬가지로 성대가 울리지 않고 공기가 빠져나간다는 것이다. 많은 사람들이 국어의 모음 /으/를 집어넣어 /프/처럼 발음하는 경향이 있다. 특히 단어 끝의 /p/소리를 /프/로 발음하여 음절수를 늘리는 경향이 심하다. 이럴 경우 모음은 유성음이기 때문에 무성음 연습이 되지 않는다. 모음 /으/를 빼고, 입으로 호흡할 때처럼 공기를 내 보낸다는 느낌으로 연습을 해보자. 다음 /b/는 똑같은 요령으로 하데 목청이 떨리도록 하면 된다. 이때 성문을 닫고 성대를 진동시키기 위해서는 혀뿌리가 연구개쪽으로 약간 올라간다. 즉 유성음은 목청이 떨려 진동할 뿐만 아니라, 발동부인 가슴 쪽의 기관과 입안 입천장까지 소리가 울려 기름진 소리가 난다. 다음 /p/와 /b/를 끊지 말고 번갈아 가면서 이어지도록 연습해 보도록 하자. 이때 양손을 양 귀에 대고 들어보면 진동여부를 느낄 수 있다. 이와 같이 자음을 연달아 발음하는 연습은 유무성 차이뿐만 아니라 영어에서 자음이 여러 개 겹쳐 나올 때 모음을 삽입하지 않고 발음할 수 있는 연습도 되기 때문에 매우 중요하다. 또 영어를 영어답도록 발음하는 데 있어서도 매우 중요하다.

2. 단어 끝의 유성자음과 무성자음의 발음은 그 앞의 모음 발음 길이로 구별한다.

cap[kæp], cab[kæb]처럼 무성자음 /p/로 끝난 경우나 유성자음 /b/로 끝난 경우, 단어 끝 폐쇄음은 양 입술을 막고 공기의 흐름만 차단하므로 묵음되어 거의 들리지 않는다. 즉 두 소리가 구별이 안될 수 있으나, 유성자음의 경우 모음과 자음이 모두 유성음이므로 성대가 계속 울려 모음이 약간 길게 난다. 즉 cap은 [캡]처럼 cab은 [캐앱]처럼 발음한다. 마찬가지로 sat/sad도 위 잇몸 즉 치경에 혀를 갖다 대여 공기의 흐름만 차단하여 거의 들리지 않는 /t/와 /d/소리로 미끄러지듯 하여 우리말 [쌛] / [쌔앧]처럼 발음한다. dock/dog도 음절핵인 [dɔ]에서 위의 그림 [k, g]처럼 입천창 뒤끝 즉 연구개에 혀를 갖다 대여 공기의 흐름만 차단하여 거의 들리지 않는 /k/와 /g/소리로 미끄러지듯 하여 우리말 [덕] / [더억]처럼 발음한다. 유성자음으로 끝난 경우 약간 모음을 길게 발음하여 구별한다.

마찰음으로 끝난 safe/save와 ice/eyes의 경우도 무성자음으로 끝난 safe와 ice는 모음을 약간 짧게, 유성자음으로 끝난 save와 eyes는 모음을 약간 길게 발음하여 구별한다.

Pronunciation Drill 1

A 무성폐쇄음 /p, t, k/와 유성폐쇄음 /b, d, g/

01 다음 영어 폐쇄음을 발음해 보고, 조음위치 및 유무성 폐쇄음 발음의 차이에 대해 설명해 보시오

/p/	/b/	/t/	/d/	/k/	/g/
pay	back	talk	dance	keep	guess
paper	business	tennis	different	color	going
repeat	baby	return	address	occur	again

02 다음 무성폐쇄음 /p, t, k/와 유성폐쇄음 /b, d, g/를 먼저 귀를 막고 발음해 보고 다음 입술 앞에 손을 대보고 과장하여 길게 발음하여 그 차이를 알아보시오.

1. /p/: /p ..../ ↔ /b/: /b ..../
2. /t/: /t ..../ ↔ /d/: /d ..../
3. /k/: /k ..../ ↔ /g/: /g ..../

03 다음 단어의 앞에 나온 무성폐쇄음 /p, t, k/와 유성폐쇄음 /b, d, g/를 구별하여 발음해 보시오.

1. pie ↔ buy, pack ↔ back, peach ↔ beach, pest ↔ best
2. tear ↔ dear, tie ↔ die, time ↔ dime, town ↔ down
3. came ↔ game, come ↔ gum, coal ↔ goal, class ↔glass

04 다음 문장의 밑줄 친 단어의 /p/와 /b/를 구별하여 발음해 보시오.

1. a. pat: Give him a pat for me.
   b. bat: Give him a bat for me.
2. a. pet: My pet is a year old.
   b. bet: My bet is a year old.
3. a. pill: Did you take the pill?
   b. bill: Did you take the bill?
4. a. palate: I'd like to see your palate.
   b. ballot: I'd like to see your ballot.
5. a. pig: Isn't that a little pig?
   b. big: Isn't that a little big?

05 다음 문장의 밑줄 친 단어의 /t/와 /d/를 구별하여 발음해 보시오.

1. a. time: Do you have the time?
   b. dime: Do you have the dime?
2. a. tile: Can you tile it in the kitchen?
   b. dial: Can you dial it in the kitchen?
3. a. tore: John said "tore".
   b. door: John said "door".
4. a. tie: Doesn't the tie look nice?
   b. dye: Doesn't the dye look nice?

06 다음 문장의 밑줄 친 단어의 /k/와 /g/를 구별하여 발음해 보시오.

1. a. curl: That's a nice little curl you have.
   b. girl: That's a nice little girl you have.
2. a. card: Did you see my card?
   b. guard: Did you see my guard?

3. a. could: We all said "could".
   b. good: We all said "good".
4. a. coast: We can see the coast from here.
   b. ghost: We can see the ghost from here.
5. a. cold: It was cold in there.
   b. gold: It was gold in there.

B 어말의 무성자음과 유성자음 발음

01 다음 단어의 끝에 있는 무성폐쇄음 /p, t, k/와 유성폐쇄음 /b, d, g/를 구별하여 발음해 보시오.

1. cap ↔ cab, tap ↔ tab, mop ↔ mob
   rope ↔ robe lap ↔ lab
2. at ↔ add, neat ↔ need, coat ↔ code
   debt ↔ dead, bright ↔ bride
3. pick ↔ pig lock ↔ log, rack ↔ rag
   leak ↔ league, back ↔ bag

02 다음 단어의 끝에 있는 무성폐쇄음 /p, t, k/와 유성폐쇄음 /b, d, g/를 구별하여 발음해 보고, 문장 속에서 연습해 보시오.

1. lap ↔ lab
   It's on my lap. ↔ I work in a lab.
2. mop ↔ mob
   I need a new mop. ↔ I can hear the mob.
3. bet ↔ bed
   Let's make a bet. ↔ Let's make the bed.

4. right ↔ ride
   That's right. ↔ Let's go for a ride.
5. boot ↔ booed
   Put on the boot. ↔ The crowd booed.
6. think ↔ thing:
   What do you think? ↔ What is that thing?
7. pick ↔ pig:
   Which film did you pick? ↔ Look at the baby pig.

03 다음 단어의 끝에 있는 무성음 /s, f, ʧ/와 유성음 /z, v, ʤ/를 구별하여 발음해 보고, 문장 속에서 연습해 보시오.

1. bus ↔ buzz
   I can see the bus. ↔ I can hear the buzz.
2. price ↔ prize
   What's the price? ↔ I won the prize.
3. peace ↔ peas
   Let's hope for peace. ↔ They are eating peas.
4. rich ↔ ridge
   She is rich. ↔ She is on the ridge.
5. safe ↔ save
   Is the money safe? ↔ How much did you save?
6. half ↔ have
   I want half of it. ↔ I want to have it.
7. carts ↔ cards
   The carts are over there. ↔ The cards are on the table.

04 다음 문장을 듣고 밑줄 단어를 실제 어떤 단어로 발음했는지 고르고, 올바른 문장으로 발음해 보시오.

Have you heard the news ? (news / noose)

1. He is very rude. (rude / root).
2. The laws are changing. (laws / loss)
3. She kept her age a secret. (age / "H")
4. We try to save money. (save / safe)
5. I weighed more last year. (weighed / wait)
6. Did you hear the phone ring ? (ring / rink)
7. Let's go for a ride after lunch. (ride / right)
8. That's what I said. (said / set)
9. What do you need? (need / neat)
10. I wish I had one. (had / hat)

05 다음 단어의 명사(또는 형용사)형 발음과 동사형 발음을 구별하여 발음해 보시오.

/s/: What's the use? ↔ /z/: Can you use it?

1. rice ↔ rise
2. excuse ↔ excuse
3. loose ↔ lose
4. advice ↔ advise
5. proof ↔ prove
6. half ↔ have
7. leaf ↔ leave
8. relief ↔ relieve

Unit 2
변이음 발음 연구

Pronunciation Guide

1) time은 [타임]이 아니라 [타$_{임}$]으로, night은 [나이트]가 아니라 [나$_{잇}$]으로 발음하자.
2) spin, stop, ski를 [스핀], [스탑], [스카이]가 아니라 [^{ㅅ}삔], [^{ㅅ}땁], [^{ㅅ}까$_{이}$]로 발음하자.

> 1) **t**ype, nigh**t**
> 2) s**p**in, s**t**op, s**k**i

1. 영어 유기음 [t^h]와 불파음 [t˺]소리를 구별하여 발음하자

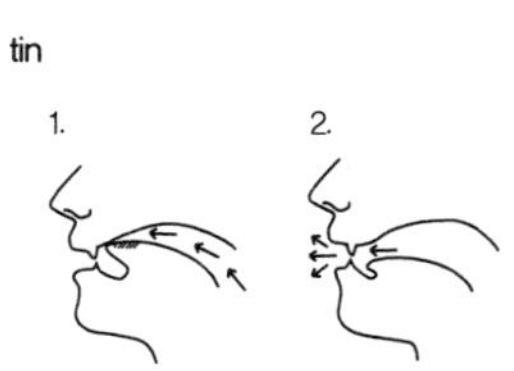

tin의 영어의 자음 /t/ 소리는 혀끝을 윗잇몸 즉 치경(alveolar)에 갖다 대어 공기의 흐름을 막아 폐쇄시켰다가, 혀끝을 내려 막혀 있던 공기가 강하게 터져 파열되며 나는 소리이다. 이 때 night와 같이 단어 끝에서의 /t/ 발음은 공기의 흐름을 막기만 하고 파열을 시키지 않는다. 따라서 불파음(unreleased sound)이라고 하는데,

진정한 의미의 폐쇄음(stop sound)이라고 할 수 있다. 우리말 받침소리 /ㄷ/이나 /ㅅ/에 가까운 소리이다. 그러나 tin이나 time과 같이 단어 앞에서의 /t/ 소리는 공기를 강하게 터트려 공기를 많이 담고 있는 유기음(aspirated sound)이라고 하는데, 진정한 의미의 파열음(plosive)이라고 할 수 있다.

영어에는 폐쇄음 또는 파열음은 막히는 지점에 따라 치경음 /t/외에도 양순음 /p/, 연구개음 /k/가 있다. 이를 그림으로 나타내면 다음과 같다.

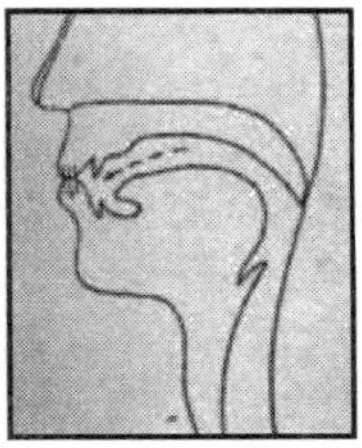

양순음 [p]
조음시 구강모양

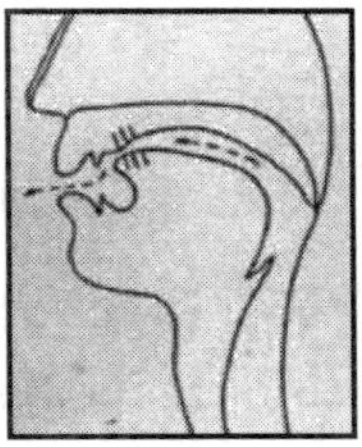

치경음 [t]
조음시 구강모양

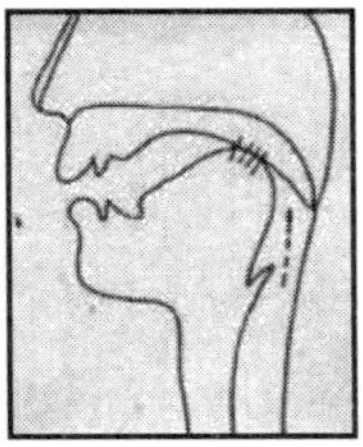

연구개음 [k]
조음시 구강모양

(1) a.	pa - up	tea - at	ka - ink
	pie-stop,	type-light	key-desk

영어 폐쇄음은 위의 그림처럼 양입술(bilabial:양순), 윗잇몸(alveolar:치경), 여린입천장(velar:연구개)에서 허파에서 나온 공기의 흐름을 막아 폐쇄시켜 압축되었다가, 혀끝을 내려, 막혀 압축되어 있던 공기가 강하게 터져 파열되며 나는 소리이다. 이 때 up, at, ink처럼 단어 끝(어말) 또는 음절 끝(음절꼬리)에서의 폐쇄음 /p, t, k/의 발음은 막기만 하고 파열을 시키지 않는다. 따라서 불파음이라고 한다. 그러나 pie, type, key처럼 단어 앞(어두) 또는 음절 앞(음절머리)에서의 폐쇄음 /p, t, k/의 발음은 공기의 흐름을 막아 폐쇄시켰다가 강하게 터트려 파열시키는

소리로 진정한 의미의 파열음이다. 이와 같이 공기의 흐름을 많이 동반하는 소리를 기식음 또는 유기음이라도 하는데, 우리말 [ㅍ, ㅌ, ㅋ]에 가까운 소리로 음성학적으로 흐(h)소리를 동반하는 소리라 하여, [pʰ], [tʰ], [kʰ]로 구별부호(diacritic)를 사용하여 정밀표기(narrow transcription)를 하여 구별한다. 반면 어말의 /p, t, k/ 소리는 막기만 하고 파열하지 않는 불파음으로 꺽쇄 기호를 사용하여 [p˥], [t˥], [k˥]로 표기한다.[1)]

2. 영어의 된소리 현상에 따라 /p, t, k/를 발음하자.

(2) a. spin: [spin] : [스핀]이 아니라 [ㅅ삔]에 가까운 소리
b. stop: [stɑp] : [스탑]이 아니라 [ㅅ땁]에 가까운 소리
c. sky: [skai] : [스카이]가 아니라 [ㅅ까이]에 가까운 소리

pin의 /p/발음과 spin의 /p/발음은 철자상 동일한 것 같지만 실제로는 다르다. pin의 /p/소리는 음절의 첫 번째 소리일 때 공기를 다량으로 터뜨리며 발음되는 기식음, 또는 유기음으로 우리말의 [ㅍ]과 유사하지만, spin의 /p/소리는 연속하여 자음이 발음되다가 모음소리로 이어지기 때문에 공기의 흐름을 막아서 압축하였다가 터뜨리는 폐쇄음의 전 과정을 수반하지 않고, 마찰음 /s/음 다음에 마찰되어 나오던 공기를 약간 막았다가 유성음인 모음으로 이어져 약간 유성음화되어 공기의 터뜨림을 수반하지 않는 무기음(unaspirated sound)으로 발음한다. 우리말 [ㅃ]소리에 가까운 소리로 음성학적으로 [p']로 정밀하게 표기한

---

1) 음성학자들은 추상적인 소리인 음소(phoneme)는 사선 /p/로 표시하고, 구체적인 실제 소리는 각괄호 [p]로 표시한다.

다. 이처럼 유기음은 pin, top, key처럼 강세를 받는 음절의 첫 머리에 나올 때는 공기를 많이 터트리는 유기음으로 우리말이 [ㅍ], [ㅌ], [ㅋ]처럼 공기를 다량으로 터뜨리며 발음하지만, spin, stop, sky처럼 /s/ 다음에 나올 때는 공기를 터트리지 않는 무기음으로 우리말의 [ㅃ], [ㄸ], [ㄲ]에 가깝게 발음한다.

3. 강모음과 약모음사이의 /t/를 단타음으로 부드럽게 발음하자.

한편 /t/소리는 다음처럼 모음사이에서 다르게 발음된다.

(3) a. water, Italy
    b. check it óut

미국 영어에서는 (3a)의 'water'의 /t/소리를 흔히 우리말의 /ㄹ/과 비슷한 [ř]소리로 여리게 발음한다. 이러한 현상을 특별히 단타음 현상(flapping)이라고 한다. Italy[ířəli]에서 모음사이에 끼어 있는 치경음 /t/는 앞의 모음 /í/에 강세가 있고, 뒤에 모음 /ə/에는 강세가 없을 때, 약하고 부드럽게 발음되는 단타음 [ř]로 변한다. 폐쇄음 /t/소리는 원래 잇몸을 혀로 막았다가 터트리는 소리인데, 강세가 없는 약음절로 소리날 때, 짧고 약하고 낮게 발음하다 보면, 혀로 살짝 잇몸을 건드리면서 나는 소리로 변하게 된다. 즉 한번 치는 소리라는 의미의 단타음 [ř]로 발음하게 되는 것이다. 이와 같은 단타음 현상은 /t/가 모음 사이에 위치하고 앞의 모음에 강세가 올 때 주로 발생한다. 그러나 단어와 단어간의 경계에서는 모음사이에 있기만 하면 단타음이 된다. (3b)의 'check it óut'을 보면 'it'의 /t/소리가 모음과 모음사이에 끼여 있지만 강세가 없는 약모음과 강세가 있는 강모음 사이에 있음을 알 수 있다. 결론적으로 단어 내에서 단타음 현상이 일어나기 위해서는 일반적으로 /t/소리가 강세가 있는 모음과 강세가 없는 모음사이에서 나타나야 한다는 점에서 강세의 유무가 중요하다. 그러나 단어와 단어 간의 경계에서는 앞 단어의 끝이 /t/인 경우에는 이 /t/가 모음과 모음 사이에 나타나야 한다는 조건만 충족되면 강세 여부와 관계없이 단타음 [ř] 소리로 발음될 수 있다.

한편 다음처럼 /p/와 /k/소리는 모음과 모음사이에서 일종의 된소리 현상인 무기음으로 발음한다.

(4) a. keep it: [ki:p-it] → [ki:-p°it]: [키삗]

b. kick it: [ki:k-it] → [ki:-k°it]: [키낃]

위와 같은 환경에서 /p/와 /k/소리는 뒤에 나오는 모음에 연음되어, 된소리화 되어 우리말 [ㅃ]이나 [ㄲ]에 가까운 소리로 변한다.

4. 구조주의 음운론의 음소와 변이음을 알자

1930년대부터 1950년대의 미국의 구조주의(structuralism) 이론은 엄밀성과 명시성으로 하여 인문사회 분야에서 가장 앞서가는 학문이론이었다. 따라서 음운론 분야에 있어서도 보다 과학적이고 명시적인 이론을 전개해 갔었는데, 그 시대의 음운론 이론을 음소론(phonemics)이라고 한다. tears, store, night, water에 쓰인 /t/라고 생각되는 소리는 사실 모두 다른 소리인 [tʰ], [t'], [t¬], [ř]이다. 즉 /t/는 실제로 발음되는 소리가 아니라, 이를 대표하여 추상적으로 생각하여 인식하고 있는 소리이다. 이를 특별히 음소(phoneme)라고 한다. [tʰ], [t'], [t¬], [ř] 등은 실제 발음하는 개별적인 소리인데 비하여, /t/는 이러한 소리를 총괄하여 영어권 화자들이 심리적으로 인식하고 있는 소리이다.

구조주의 음운론에서는 [tʰ], [t'], [t¬], [ř] 등은 /t/라는 추상적인 소리인 하나의 음소가 각각 다르게 발음된 (변)이음(allophone)이라고 한다. 이때 각 언어마다 별개의 음소인지 하나의 음소가 약간 다르게 발음된 변이음인지 하는 것이 다를 수 있다. 예를 들어 영어의 경우 [tʰ], [t'] 등은 변이음이지만 국어의 경우 이와 비슷한 /ㅌ/과 /ㄸ/은 별개의 음소이다. 반대로 국어의 경우 [l]과 [r]은 하나의 추상적 소리 /ㄹ/의 변이음인데 비하여 영어에서는 별개의 음소이다. 이처럼 구조주의 음운론에서는 추상적인 소리인 음소와 구체적인 소리인 음(phone)을 구별하여 음소는 사선(slash) / /로 표기하고, 음은 각괄호(bracket) [ ]로 표기하여 구별한다.

Pronunciation Drill 2

A 무성폐쇄음 /p, t, k/의 변이음

01 다음 밑줄 친 무성폐쇄음 /p, t, k/를 발음해 보고, 그 발음의 특징을 설명해 보시오.

1. pill	2. pen	3. peas	4. apart	5. depend
6. tell	7. Tom	8. tour	9. attend	10. retire
11. key	12. cow	13. came	14. occur	15. account

02 다음 어말(또는 음절꼬리)의 무성폐쇄음 /p, t, k/를 발음해 보고, 그 발음의 특징을 설명해 보시오.

1. up	map	jump	stop	sleep	hope	pipe
2. bat	hat	hit	heart	coat	that	most
3. cook	take	pick	work	lack	duck	snack

03 다음 /s/음 다음에 나오는 무성폐쇄음 /p, t, k/를 발음해 보고, 그 발음의 특징을 설명해 보시오.

1. speak	spend	spear	spring	spread	splash	split
2. stay	stop	steam	stone	stray	string	studio
3. sky	skate	score	screw	scratch	sclaff	square

04 다음 대화의 문장을 파트너와 함께 발음해 보고, 대문자로 표기된 단어의 어말 폐쇄음 발음을 설명해 보시오.

I tied a KNOT.

1. A: Where's the CAT?
   B: She's hiding in BACK.
2. A: What happened to BOB?
   B: He's waiting for TED.
3. A: Where's the MAP?
   B: It's under the BAG.

05 다음 문장 a의 어말 자음이 없는 틀린 발음과 문장 b의 올바른 발음을 구별하여 발음해 보시오.

1. a. It was A hours long. b. It was eight hours long.
2. a. The foe is ringing. b. The phone is ringing.
3. a. The row is closed for repairs.
   b. The road is closed for repairs.
4. a. Turn rye at the corner. b. Turn right at the corner.
5. a. I her him laugh. b. I heard him laugh.
6. a. I knee a ride. b. I need a ride.
7. a. Please moo your car. b. Please move your car.
8. a. Do you have fie dollars? b. Do you have five dollars?

B 강모음과 약모음사이의 무성폐쇄음 /p, t, k/ 발음

01 다음 밑줄 친 무성폐쇄음 /t/를 발음해 보고, 그 발음의 특징을 설명해 보시오.

1. Before "er" or "or": later, better, water, motor, traitor

2. Before “ing” or “ed”: shouting, shouted, waiting, waited
3. Before an unstressed V: city, forty, patio, citizen, photograph
4. Linked phrases: right across, wait around, thought about it

02 다음 단어의 밑줄 친 무성폐쇄음 /p/가 유기음인지 무기음인지 유의하여 발음해 보고, 그 특성을 설명해 보시오.

1. police	2. paper	3. picture
4. play	5. happy	6. open

03 다음 단어의 밑줄 친 무성폐쇄음 /k/가 유기음인지, 무기음인지 유의하여 발음해 보고, 그 특성을 설명해 보시오.

1. baking	2. academy	3. bacon
4. take a walk	5. picking	6. back up

04 다음 구의 밑줄 친 부분의 발음에 유의하여 발음해 보시고, 그 특징을 설명해 보시오.

1. Miss Anderson ↔ Miss Sanderson
2. Keep ants ↔ Keep pants
3. Wrote “L” ↔ Wrote “tell”
4. Take oats ↔ Take coats

05 다음 사람 이름 a와 동사의 진행형 b를 발음해 보고, 보기와 같이 대화를 만들어 발음해 보시오.

a) Betty	Dotty	Eddy	Katie	Marty
Marry	Otto	Peter	Rita	Teddy
b) batting	cutting	eating	fighting	knitting
painting	planting	skating	voting	writing

A: What's happening today? Is Peter batting a baseball?

B: No, Peter is skating on the lake. What's Rita doing today?

A: Rita is painting a picture. Do you know what Teddy is doing today?

C 팝송과 발음

■ 다음 팝송을 듣고 괄호 안에 있는 단어의 /p, t, k/ 발음에 유의하여 발음해 보자.

My Love - Westlife -

An (empty) (street), an (empty) house,
A hole inside my (heart)
I'm all alone, the rooms are (getting) smaller
*I wonder how, I wonder why,
I wonder where they are. The days we had,
The songs we sang (together), Oh yeah
Oh my love, I'm holding on forever
Reaching for a love (that) seems so far*

**So I say a (little) (prayer).
(Hope) my dreams will (take) me there
Where the (skies) are blue,
To see you once again, my love

Over seas from (coast) to (coast).
To find the (place) I love the (most)
Where the fields are green,
To see you once again, my love**

I (try) to read, I go to (work).
Laughing with my friends
(But) I (can't) (stop) (keeping) myself
from thinking, oh no. Repeat* /Repeat**

To hold you in my arms to (promise) you my love
To (tell) you from a far (what) I'm thinking of ...

Repeat**(2)

☞ Key Point: 폐쇄음 /p, t, k/의 유기음, 무기음, 불파음 및 단타음 발음

1) 유기음: a)양순음 [p^h]: **p**rayer, **p**lace, **p**romise
b)치경음 [t^h]: **t**ogether, **t**ake, **t**ry, **t**ell
c)연구개음 [k^h]: **c**oast, **k**eeping
2) 무기음: a) [t'] : s**t**reet, s**t**op,
b) [k']: s**k**ies
3) 불파음: a) [p¬]: ho**p**e, sto**p**, em**pt**y,
b) [t¬]: hear**t**, tha**t**, coas**t**, mos**t**, bu**t**, can'**t**, wha**t**
c) [k¬]: ta**k**e. wor**k**
4) 단타음: [ř]: ge**tt**ing, li**tt**le

Unit 03
까다로운 자음 발음 연구

Pronunciation Guide

까다로운 영어자음 ① /p/와 /f/, ② /b/과 /v/, ③ /v/와 /w/, ④ /θ/와 /s/, ⑤ /ð/와 /d/를 구별하여 발음하자.

① Pen / Fan　② Ban / Van
③ Vest / West,　④ Thin / Sin
⑤ They / Day

1. 폐쇄음 /p/와 마찰음 /f/를 구별하여 발음하자.

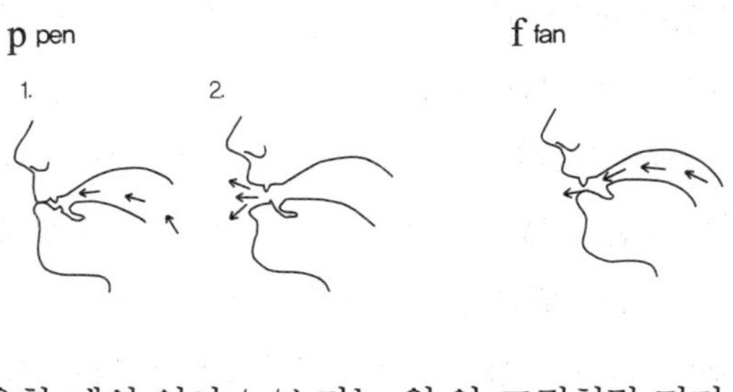

pen 발음할 때의 영어 /p/소리는 위 앞 그림처럼 먼저 두 입술을 붙여 허파에서 나온 공기의 흐름을 차단하여 압축하였다가, 붙였던 입술을 갑자기 터뜨리며 공기를 파열시켜 내는 무성 파열음으로 우리말 [ㅍ]과 유사한 유기음 소리이다. 즉 무성 양순 폐쇄음(voiceless bilabial stop)이다. 반면 fan 발음할 때의 영어 /f/소리는 위 뒷 그림처럼 윗니를 아랫입술 안쪽에 살그머니 얹고 그 사이로 공기를 마찰시켜 내는 무성 마찰음이다. 즉 무성 순치 마찰음(voiceless labiodental fricative)이다. 두 소리는 발음 나는 위치도 다를 뿐만 아니라, 발음 하는 방법도 다른 소리이다. 그러나 우리말에는 /f/ 소리와 비슷한 소리가 없기 때문에 /f/를 두 입술을 붙였다 떼면서 발음하여 /p/로 발음하는 경우가 많으므로 조심해야 한다.

2. 폐쇄음 /b/와 마찰음 /v/를 구별하여 발음하자.

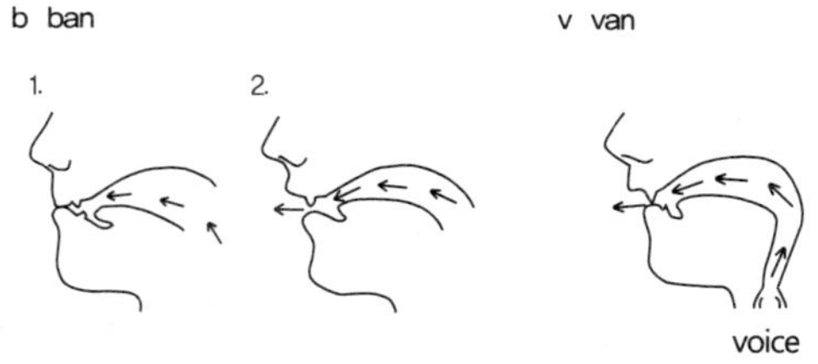

ban 할 때의 영어 /b/소리는 무성음 /p/와 달리 목청이 떨림이 있는 유성음이다. 위 앞 그림처럼 먼저 두 입술을 붙여 허파에서 나온 공기의 흐름을 차단하여 압축하였다가, 붙였던 입술을 갑자기 터뜨리며 공기를 파열시키는 것은 /p/소리와 같지만 목청을 울리면서 내는 유성음이다. 우리말 /아버지/를 발음할 때, /ㅂ/소리와 비슷하다. /버들/처럼 단어 첫머리에 나는 /ㅂ/는 무성음이므로 영어 /b/와는 다른 소리이다. 즉 유성 양순 폐쇄음(voiced bilabial stop)이다. van 할 때의 영어 /v/소리는 무성음 /f/와 달리 목청이 떨림이 있는 유성음이다. 위 뒷 그림처럼 윗니를 아랫입술 안쪽에 살그머니 얹고 그 사이로 공기를 마찰시켜 내는 유성 순치마찰음(voiced labiodental fricative)이다. 두 소리는 발음 나는 위치도 다를 뿐만 아니라 발음 하는 방법도 다른 소리이다. 그러나 우리말에는 /v/소리와 비슷한 소리가 없기 때문에 /v/ 소리를 두 입술을 붙였다 떼면서 발음하여 /b/ 소리로 발음하는 경우가 많으므로 조심해야 한다.

3. 전이음 /w/와 마찰음 /v/를 구별하여 발음하자.

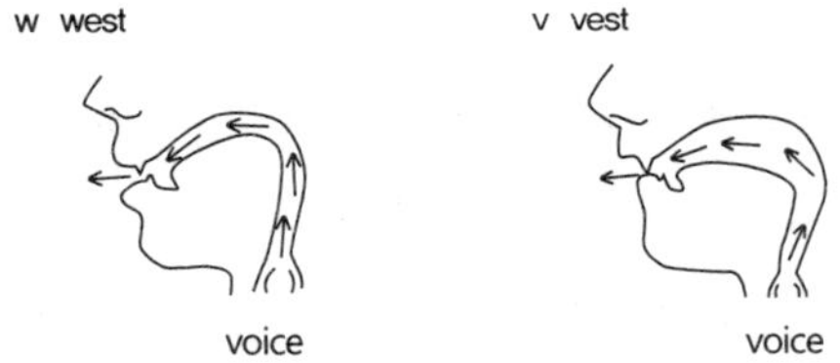

west 할 때의 영어 /w/ 소리는 영어 모음 /u/ 발음할 때처럼 혀 뒷부분을 연구개 쪽으로 올리고, 두 입술을 둥그렇게 오므리면서 공기가 미끄러지듯 빠져 나오게 하는 미끄러지는 소리로 목청이 떨림이 있는 유성음이다. 따라서 미끄러지는 소리인 활음(glide)이라고 하고, 또는 이중모음 /ow/처럼 모음 /o/에서 미끄러지듯 이어져 전이되는 전이음이라고도 한다. 이때 vest 할 때의 영어 /v/소리는 윗니를 아랫입술 안쪽에 살그머니 얹고 그 사이로 공기를 마찰시켜 내는 마찰음이다. 따라서 두 소리가 비슷한 위치에서 나는 유성음으로 비슷하게 들릴 수 있으나, /w/ 소리는 /v/ 소리와 달리 윗니가 아랫입술에 닿지 않고, 뒤로 물러나서 입술을 둥그렇게 하면서 내는 소리이다. 우리말에는 없는 소리이기 때문에 조심해서 발음해야 한다.

4. 치간 마찰음 /θ/와 치경 마찰음 /s/소리를 구별하여 발음하자

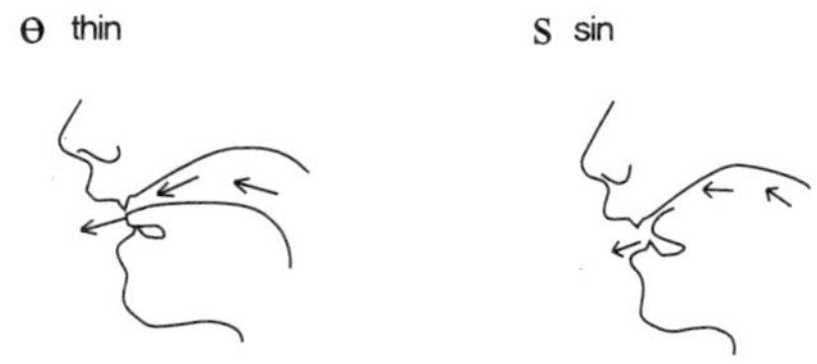

thin의 /θ/는 혀끝을 웃니 밑에 가볍게 대고 혀를 긴장하지 않고 그 사이로 숨을 내쉬어 발음하는 무성음이다. 즉 두 이빨사이로 공기를 마찰시켜 내보내면서 내는 무성 마찰음으로 무성 치간 마찰음(voiceless interdental fricative)이라고 한다. sin의 /s/는 혀끝을 윗니 잇몸(치경)에 가까이 대고 그 틈으로 강한 숨을 내쉬면서 마찰시켜 내보내면서 내는 무성 마찰음이다. 즉 혀를 위 잇몸 가까이 갖다 대고 그 사이로 공기를 마찰시켜 내는 무성 치경 마찰음(voiceless alveolar fricative)이라고 한다. /s/나 /θ/에 가까운 우리말 /ㅅ/이나 /ㅆ/은 모두 윗니에 가까이 대고 발음하는 치음(dental sound)이다. 따라서 우리나라 사람은 thin의 치간음 /θ/나 sin의 치경음 /s/를 구별하지 않고, 치음인 /ㅆ/이나 /ㅅ/으로 잘못 발음하는 경우가 많으므로 조심해야 한다.

5. 마찰음 /ð/와 폐쇄음 /d/를 구별하여 발음하자.

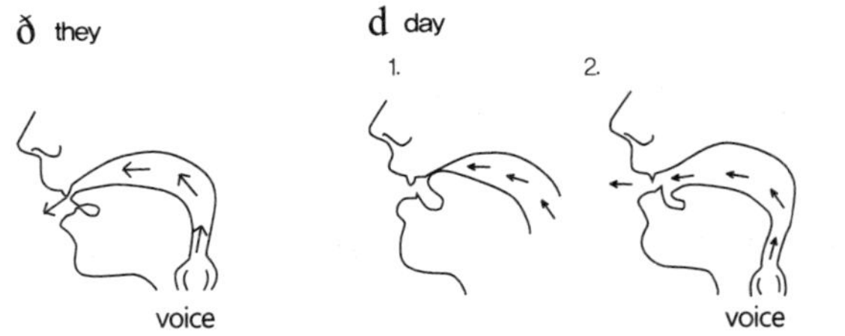

they 할 때의 /ð/는 혀끝을 윗니 밑의 이빨 사이에 가볍게 대고 혀를 긴장하지 않고, 그 사이로 숨을 내쉬어 마찰 시켜 나는 치간 마찰음으로 목청이 떨림이 있는 유성음이다. day 할 때의 /d/는 혀끝을 위 잇몸(치경)에 대고 막았다, 숨을 터뜨릴 때 나는 파열음으로 목청이 떨림이 있는 유성음이다. 우리나라 사람들이 they의 치간음인 /ð/나 day의 치경음인 /d/를 구별하지 않고 모두 치음에 해당하는 /ㄷ/으로 잘못 발음하는 경우가 많으므로 조심해야 한다.

Pronunciation Drill 3

A 무성마찰음 /f/와 무성폐쇄음 /p/

01 다음 단어 쌍의 /f/와 /p/소리를 구별하여 발음해 보고, 문장 속에서 발음해 보시오.

1. fool ↔ pool
   Jim acted like a fool. ↔ Jim swam in the pool.
2. fashion ↔ passion
   The actor's clothes are in fashion. ↔ The actor shows a lot of passion.
3. fast ↔ past
   My watch is a little fast. ↔ The time is in half-past four.
4. fine ↔ pine
   I'm fine, thank you. ↔ Look at the pine tree.
5. beef ↔ beep
   The beef is cooking. ↔ There's beep on the phone.
6. leaf ↔ leap
   The leaf is green. ↔ Can you leap across?
7. laughed ↔ lapped
   The boy laughed at the puppy. ↔ The puppy lapped up the water.

02 다음 문장을 듣고 밑줄 단어를 실제 어떤 단어로 발음했는지 괄호 안에서 고르고, 의미상 맞는 단어로 발음해 보시오.

They tried to fool us. (fool / pool)

1. The sun feels very hot today. (feels / peels)
2. He works too fast. (fast / past)
3. The fact of the matter is that he can't sing. (fact / pact)
4. She's fine now. (fine / pine)
5. It's a fashion magazine. (fashion / passion)
6. The bus fare went up. (fare / pear)

03 다음 보기와 같이 문장 속 괄호안의 단어를 골라 발음해 보고, 파트너는 그 발음에 맞는 문장의 대답을 해 보시오.

A: What did you see at the (port)? B: Ships and water.
A: What did you see at the (fort)? B: Soldiers and guns.

1. A: Enjoy the (pear / fair).
   B: Is it ripe? ↔ Is there a merry-go-round?
2. A: What's (pan / fan) for?
   B: Cooking eggs. ↔ Keeping cool.
3. A: How do you spell (lap / laugh)?
   B: l-a-p. ↔ l-a-u-g-h.
4. A: What do you think of his (pace / face)?
   B: He's going too fast. ↔ He's quite handsome.
5. A: Don't drive (past / fast) here.
   B: She's waiting at the corner. ↔ I'm driving below the speed limit.

B 유성폐쇄음 /b/와 유성마찰음 /v/

01 다음 단어의 /b/와 /v/소리를 구별하여 발음해 보고, 문장을 통해 연습해 보시오.

1. berry ↔ very
   I like berry pie. ↔ I'm very sure.
2. ban ↔ van
   They ordered a ban on smoking. ↔ Our van broke down.
3. bet ↔ vet
   I bet the stores are closed. ↔ We took our cat to the vet.
4. bent ↔ vent
   The coat hanger got bent. ↔ Air conditioning come through a vent.
5. boat ↔ voat
   The boat left the harbor. ↔ I plan to vote in the election.

02 다음 보기와 같이 문장 속 괄호안의 단어를 골라 발음해 보고, 파트너는 그 발음에 맞는 문장의 대답을 해 보시오.

A: I chose that (bet) for my horse. B: Did your horse win the race? A: I chose that (vet) for my horse. B: Was your horse sick?

1. A: Tell me about the (ban / van).
   B: There's no smoking on airplanes. ↔ It's large and comfortable.
2. A: The president wants my (boat / vote).

B: Your sailboat or your motor boat? ↔ When is the election?

3. A: There's a car near the (curb / curve).

   B: Is it parked? ↔ Is it coming toward us?

4. A: She needs the (bail / veil) now.

   B: Who's in jail? ↔ When is the wedding?

5. A: The (base / vase) is made of glass.

   B: The top is made of metal. ↔ It's filled with flowers.

C 활음 /w/와 유성마찰음 /v/

01 다음 단어 쌍의 /w/와 /v/소리를 구별하여 발음해 보고, 문장 속에서 연습해 보시오.

1. whale ↔ veil

   There was a whale in the ocean. ↔ The bride wore a long veil.

2. wine ↔ vine

   People drink white wine with fish. ↔ The white vine grew up the wall.

3. wary ↔ very

   We were wary of walking at night. ↔ We went for a very long walk.

4. wet ↔ vet

   The streets were wet. ↔ We took our dog to the vet.

5. worse ↔ verse

   The weather got worse. ↔ This is the first verse.

02 다음 문장을 듣고 실제 발음된 단어를 괄호 안에서 고르고, 의미상 맞는 단어의 문장을 발음해 보시오.

1. My cold has gotten (worse / verse).
2. Turn the (wheel / veal) to the right.
3. The school is on the (west / vest) side of the street.
4. We had (wheel / veal) for dinner.
5. I am (wary / very) happy to see you.
6. The trucks are (mooing / moving) slowly.

D 치경마찰음 /s/와 치간마찰음 /θ/

01 다음 보기 단어속의 /s/와 /θ/소리를 구별하여 발음해 보고, 문장 속에서 연습해 보시오.

1. sum ↔ thumb
   The sum of 4 and 3 is 7. ↔ She hurt her thumb.
2. sink ↔ think
   I hope the boat won't sink. ↔ I'm trying not to think about it.
3. worse ↔ worth
   His flu is much worse. ↔ It's not worth it.
4. sank ↔ thank
   My heart sank when I heard the news. ↔ Thank you for your help.
5. sick ↔ thick
   She's been sick all week. ↔ It's a thick book.

02 다음 보기와 같이 문장 속 괄호안의 단어를 골라 발음해 보고, 파트너는 그 발음에 맞는 문장의 대답을 해 보시오.

A: How do you spell (thank)?	B: *Thank* is spelled t-h-a-n-k.
A: How do you spell (sank)?	B: *Sank* is spelled s-a-n-k.

1. A: The (theme / seam) is obvious.
   B: She's a careful writer. ↔ She's not a careful seamstress.
2. A: His (thigh / sigh) is painful.
   B: *Thigh* spelled t-h-i-g-h? He pulled a muscle in his thigh. ↔ *Sigh* spelled s-i-g-h? He sighed when his girlfriend left him.
3. A: It's very (thick / sick).
   B: *Thick* spelled t-h-i-c-k? It's a thick steak. ↔ *Sick* spelled s-i-c-k? It's a sick dog.
4. A: There's a (mouth / mouse) in the picture.
   B: Is it open or shut? ↔ Can you see the tail?
5. A: Jim is the (tenth / tense) person in line.
   B: I thought he was ninth. ↔ Is he always this nervous?
6. A: Her (faith / face) is strong.
   B: She is very religious. ↔ She looks like her mother.

E 치경폐쇄음 /d/와 치간마찰음 /ð/

01 다음 /ð/와 /d/를 구별하여 발음해 보고 알맞은 소리를 고르시오.

day ↔ they, dare ↔ there, D's ↔ these, bade↔ bathe

1. (Day / They) finally came.
2. (Dave / They've) left.
3. Try to pronounce (D's / these) more clearly.
4. I (bade / bathe) myself in milk.

02 다음 문장의 밑줄 친 단어의 /d/와 /ð/소리를 구별하여 발음해 보시오.

1. It was a sunny day. ↔ They waited outside.
2. We can meet at the Lion's Den. ↔ Then we'll have lunch.
3. Did you doze during the lecture? ↔ Those notes are not complete.
4. He wouldn't dare miss it. ↔ There he is.
5. It is hard to climb up a ladder if your hands are full of lather.

Unit 04
치찰음 발음 연구

Pronunciation Guide

까다로운 영어 치찰음 ① /s/와 /z/, ② /ʃ/와 /ʒ/, ③ /ʧ/와 /ʤ/ 등을 구별하여 발음하자.

① Sue / zoo	② Sue / shoe	③ vacation / television
④ sheep / jeep	⑤ share / chair	⑥ breeze / bridge
⑦ yellow / Jell-O		

1. /s/와 /z/를 구별하여 발음하자.

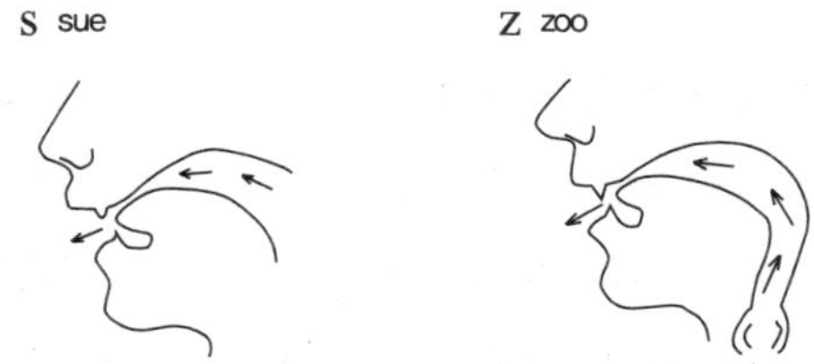

Sue 할 때의 영어 /s/소리는 위 그림처럼 혀끝을 윗니 잇몸(치경)에 가까이 대고 그 틈으로 강한 숨을 내쉬면서 마찰되어 나오는 무성음이다. 즉 무성 치경 마찰음(voiceless alveolar fricative)이다. 우리말의 /ㅅ/이나 된소리인 /ㅆ/으로 잘못 발음하는 경우가 있으나, /사랑/ 할 때의 우리말 /ㅅ/과 /싸다/할 때의 /ㅆ/은 치경보다는 윗니 가까이에서 나는 치음에 가깝다. 심지어 /시도/라고 발음할 때의 우리말의 /ㅅ/은 경구개치경음으로, 영어 /ʃ/과 비슷하게 발음하기도 한다. 따라서 우리말의 /ㅅ/은 기본적으로 치음이나 경우에 따라서 치경음으로도 경구개치경음으로 낼 수 있기 때문에 /ㅅ/으로 대치하여 발음하지 않도록 조심해야 한다.

한편 zoo 할 때의 영어 /z/는 무성음 /s/처럼 혀끝을 윗니 뒤의 치경에 대고 그 틈으로 강한 숨을 내쉬면서 마찰되어 나오는 소리이나, 목청에 떨림이 있는 유성음이다. 즉 유성 치경 마찰음(voiceless alveolar fricative) 이다. 우리말에는 없는 소리이므로 매우 조심해서 발음해야 한다.

2. /s/와 /ʃ/ 및 /ʒ/를 구별하여 발음하자.

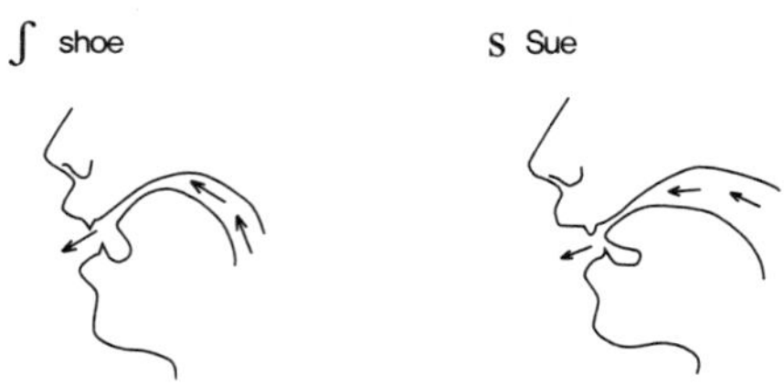

shoe 할 때의 영어 /ʃ/소리는 Sue의 /s/처럼 혀끝을 치경 가까이에 대고, 동시에 위 앞 그림처럼 전설을 경구개 쪽으로 올려 가까이 대고, 그 틈으로 강한 숨을 내쉬면서 마찰되어 나오는 무성음이다. 즉 무성 경구개치경 마찰음(voiceless palato-alveolar fricative)이다. 우리말 /시도/라고 발음할 때의 /ㅅ/과 비슷한 소리이다.

한편 television 할 때의 영어 /ʒ/는 무성음 /ʃ/와 같이 혀끝을 치경 가까이에 대고, 동시에 전설을 경구개 쪽으로 올려 가까이 대고, 그 틈으로 강한 숨을 내쉬면서 마찰되어 나오는 소리이나, 목청에 떨림이 있는 유성음이다. 즉 유성 경

구개치경 마찰음(voiced palato-alveolar fricative)이다. 우리말에는 없는 소리이므로 매우 조심해서 발음해야 한다.

3. 파찰음 /ʧ/와 /ʤ/소리를 마찰음 /ʃ/, /z/와 구별하여 발음하자

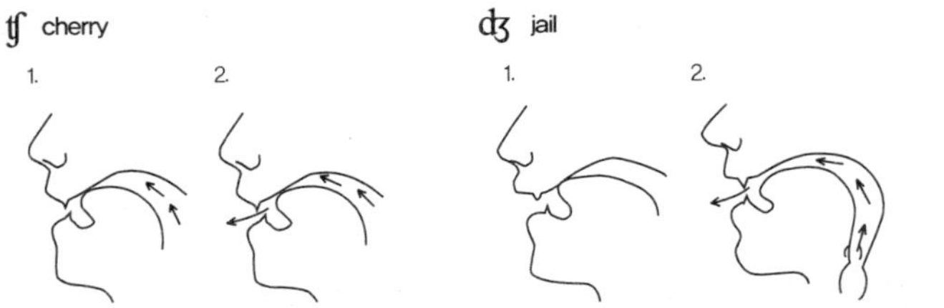

cherry 할 때의 영어 /ʧ/소리는 위 그림처럼 먼저 /t/ 발음 할 때처럼 혀끝을 치경에 대고 허파에서 나온 공기를 차단하였다가, 이후 전설을 경구개 쪽으로 올리면서 치경에 있던 혀를 약간 내려, 그 틈으로 강한 숨을 내쉬면서 마찰되어 나오는 무성음이다. 즉 무성 경구개치경 파찰음(voiceless palato-alveolar affricate)이다. 우리말 /취사/라고 발음할 때의 /ㅊ/과 비슷한 소리이다. 그러나 우리말 /ㅊ/은 /자동차/ 할 때는 경구개치경음이 아니라 윗니에서 발음하는 치음에 더 가깝다. 즉 우리말에서 /ㅊ/이 이웃한 모음에 따라 치음에서 치경음, 경구개치경음까지 자유스럽게 발음날 수 있으므로 조심해서 발음해야 한다.

한편 jail 할 때의 영어 /ʤ/는 무성음 /ʧ/와 같이 혀끝을 치경에 대고 허파에서 나온 공기를 차단하였다가, 이후 전설을 경구개 쪽으로 올리면서 치경에 있던 혀를 약간 내려, 그 틈으로 강한 숨을 내쉬면서 마찰되어 나오는 소리이나, 목청에 떨림이 있는 유성음이다. 즉 유성 경구개치경 파찰음(voiced palato-alveolar affricate)이다. 우리말 /지도/라고 발음할 때의 /ㅈ/과 그래도 유사한 소리이다. 그러나 우리말 /ㅈ/은 경구개치경뿐 아니라 영어의 치경음 /z/로도 나기도 하고, 심지어 /자랑/이라고 발음할 때는 윗니에서 발음 나는 치음에 더 가깝다. 따라서 영어의 zoo, breeze 발음할 때의 /z/와 Jew, bridge 발음할 때의 /ʤ/를 모두 치음에 가까운 /ㅈ/으로 잘못 발음하는 경우가 많으므로 조심해야 한다.

한편 마찰음 /s, z, ʃ, ʒ/와 파찰음 /ʧ, ʤ/을 합쳐 음향음성학적으로 쉿 소리와 같은 시끄러운 소리라 하여 치찰음(sibilant)으로 따로 분류하기도 한다.

4. 활음 /j/와 파찰음 /ʤ/를 구별하여 발음하자.

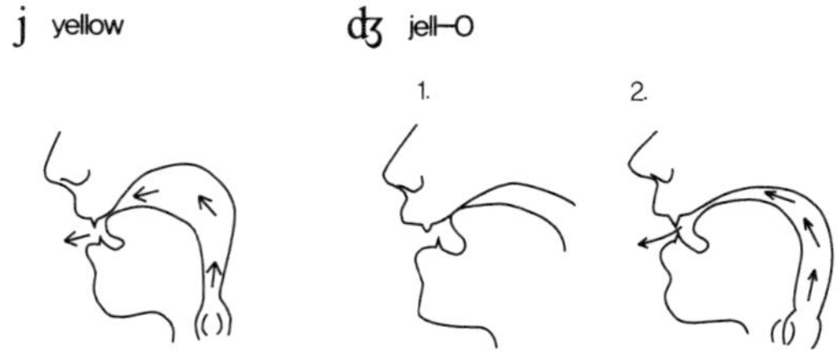

yellow 할 때의 영어 /j/소리는 영어 모음 /i/ 발음할 때처럼 혀 앞부분(전설)을 경구개 쪽으로 올리고, 두 입술을 둥그렇게 오므리면서 공기가 미끄러지듯 빠져 나오게 하는 미끄러지는 소리로 목청이 떨림이 있는 유성음이다. 따라서 미끄러지는 소리인 활음(glide)이라고 한다. 또는 이중모음 /ay/처럼 모음 /a/에서 미끄러지듯 이어져 전이되는 전이음이라고도 한다. 경우에 따라서는 /j/대신 /y/로 표시하기도 한다. 이때 Jello-o 할 때의 영어 /ʤ/소리는 전설을 경구개 쪽으로 올리면서 치경에 있던 혀를 약간 내려, 그 틈으로 강한 숨을 내쉬면서 마찰되어 나오는 유성음이다. 따라서 두 소리가 비슷한 위치에서 나는 유성음으로 비슷하게 들릴 수 있으나, /j/ 소리는 /ʤ/소리와 달리 혀끝이 치경에 닿지 않고, 입술을 둥그렇게 하면서 내는 소리이다. 우리말에는 없는 소리이기 때문에 조심해서 발음해야 한다.

Pronunciation Drill 4

A 무성 치경 마찰음 /s/와 유성 치경 마찰음 /z/

01 다음 단어의 밑줄 친 부분의 /s/와 /z/소리를 구별하여 발음해 보고, 그 발음의 특징을 설명해 보시오.

/s/:	1. sorry	2. city	3. summer	4. face
	5. bus	6. police	7. answer	8. listen
/z/:	9. zoo	10. zebra	11. easy	12. visit
	13. business	14. music	15. please	16. rose

02 다음 문장의 괄호 안에 있는 단어 쌍에서 /s/와 /z/ 소리를 구별하여 발음해 보시오.

1. He (races / raises) cow.
2. Here's the (racer / razor).
3. The (bus / buzz) is too loud.
4. I like (Miss / Ms.) Evans.
5. He likes the (place / plays).
6. It's a great (price / prize).

03 다음 단어의 밑줄 친 부분의 /s/와 /z/소리를 구별하여 발음해 보고, 그 발음과 철자와의 관계를 설명해 보시오.

/s/: 1. soup sip said sun
2. cent century science
3. makes courteous peace house mess

/z/: 4. plays praise prize
5. plays the piano My toes froze. the grand prize
6. Did you choose it? Can you use it?
7. Did you lose it? Pause and raise your hand.

B 무성 경구개-치경 마찰음 /ʃ/와 유성 경구개-치경 마찰음 /ʒ/

01 다음 단어의 밑줄 친 부분의 /ʃ/와 /ʒ/소리를 구별하여 발음해 보고, 그 발음의 특징을 설명해 보시오.

/ʃ/:	1. shoe	2. shirt	3. wash	4. machine
	5. ocean	6. vacation	7. sugar	8. push
/ʒ/:	9. usually	10. pleasure	11. decision	12. unusual
	13. treasure	14. garage	15. television	16. Asia

02 다음 단어의 밑줄 친 부분의 /ʃ/ 발음을 해 보고, 그 발음과 철자와의 관계를 설명해 보시오.

1. shortage shoulder shiny shampoo
2. machine permission patient social
3. English Spanish Swedish foolish
4. nation fiction aviation action

03 다음 단어의 밑줄 친 부분의 /ʃ/와 /ʒ/를 구별하여 발음해 보고, /ʒ/ 발음과 철자와의 관계를 설명해 보시오.

vacation, nation, action ↔ occasion, television, revision

1. a television set a measuring cup
2. an Asian language a new regime
3. It's pleasure to meet you.
4. He's on time as usual.
5. She's wearing beige.

04 다음 단어의 밑줄 부분의 /s/와 /ʃ/를 구별하여 발음해 보시오.

1. Sue ↔ shoe same ↔ shame sip ↔ ship
2. finish talking foolish question
3. Spanish food Danish pastry

05 다음 단어의 밑줄 부분의 /s/와 /ʃ/를 다음 담화 문장 속에서 구별하여 발음해 보시오.

1. They sold my shoes at a shop in Sidney.
2. They're showing my shoes in a brochure from Shanghai.
3. She saw my shoes in a fashion show in Chicago.
4. They shipped my shoes from a chic shop on San Francisco.

06 다음 밑줄 부분의 /s/, /z/, /ʃ/와 /ʒ/를 구별하여 발음해 보고, 다음 질문의 답을 보기에서 찾아 파트너와 대화를 나누어 보시오.

1. at the bus station	2. in a museum	3. an unusual show
4. a short vacation	5. in a garage	6. Ms. Oliver
7. on a cruise ship	8. at a zoo	9. in Asia
10. on television	11. at the seashore	12. December first

1. Where can you watch the news? (on television)

2. Where can you park a car? (in a garage)
3. Where is Thailand? (in Asia)
4. Where can you see famous art? (in a museum)
5. How can you get to Alaska? (on a cruise ship)
7. What day follows November 30? (December first)
8. Where can you find seashells? (at the seashore)
9. Where can you catch a bus? (at the bus station)

C 무성 경구개-치경 파찰음 /ʧ/와 유성 경구개-치경 파찰음 /ʤ/

01 다음 단어의 밑줄 친 부분의 /ʧ/와 /ʤ/소리를 구별하여 발음해 보고, 그 발음의 특징을 설명해 보시오.

/ʧ/:	1. child	2. church	3. picture	4. chicken
	5. kitchen	6. question	7. catch	8. lunch
/ʤ/:	9. jacket	10. job	11. Jeep	12. January
	13. education	14. engine	15. college	16. bridge

02 다음 단어의 밑줄 친 부분의 /ʧ/와 /ʤ/를 발음해 보고, 그 발음과 철자와의 관계를 설명해 보시오.

/ʧ/:	a cheap chair	chocolate chip
	the future champ	a fortunate situation
/ʤ/:	jump for joy	jam and jelly
	at a gym	a college education
	a charge account	a major disaster
	a magic show	average income

03 다음 발음을 듣고 올바른 단어를 고르고, /ʃ/와 /ʧ/를 구별하여 발음해 보시오.

cash (o) ↔ catch (x)

1. ship ↔ chip
2. sheer ↔ cheer
3. sheet ↔ cheat
4. dish ↔ ditch
5. wash ↔ watch
6. mush ↔ much

04 다음 문장을 듣고 실제 발음된 단어를 괄호 안에서 고르고, 의미상 맞는 단어의 문장을 발음해 보시오.

1. Please have a (share / chair) while you wait.
2. I'd like some (ships / chips) with my lunch.
3. I'd like to (wish / witch) you good luck.
4. I (washed / watched) the basketball game.
5. Can you (cash / catch) this check?
6. Did you (cash / catch) a fish?
7. Jane dressed up as a (wish / witch) for Halloween.
8. The (dish / ditch) is full of dirt.

05 다음 문장의 밑줄 친 부분의 발음에 유의하여 발음해 보시오.

1. Jerry put a cherry in his sherry.
2. There's a cheap jeep in back of the sheep.
3. The judge on the ship wore a badge on his jacket.
4. The marching martians had a milkshake for lunch.
5. A shop in Portugal sold Sue a shell in a fancy box.

D 경구개 활음 /j/와 유성 경구개-치경 파찰음 /ʤ/

01 다음 단어의 밑줄 친 부분의 /j/와 /ʤ/소리를 구별하여 발음해 보고, 그 발음의 특징을 설명해 보시오.

/j/: 1. yes 2. year 3. yet 4. yard
5. United States 6. young 7. university 8. yellow
/ʤ/: 9. jail 10. Jack 11. jar 12. June
13. jaw 14. jet 15. jeans 16. Jim

02 다음 밑줄 친 /j/의 발음을 연습해 보고, /j/와 /ʤ/소리를 구별하여 발음해 보시오.

1. yes yam Yes I^{y} am yelled yesterday
2. Yesterday he yelled at you.
3. Yale ↔ jail yam ↔ jam
4. yolk ↔ joke yellow ↔ Jell-O

03 다음 대화 속 밑줄 단어의 /j/와 /ʤ/를 구별하여 발음해 보고, 파트너와 함께 역할을 바꾸어 발음연습해 보시오.

1. A: Did his father go to jail?
   B: No! His father went to Yale. The convict is in jail.
2. A: What's the difference between jam and yam?
   B: Jam is made of fruit. A yam is a sweet potato.
3. A: Is the yolk funny?
   B: No! The joke is funny. A yolk is part of an egg and it's yellow.

4. A: What is yell? Is it the same as jell?
   B: No! To yell is to talk very loudly. Jell-O has to jell in the refrigerator.
   A: I like yellow Jell-O! Do you like yellow Jell-O?
   B: Yeah! But orange Jell-O is yucky.

Unit 05
유음과 비음 발음 연구

Pronunciation Guide

까다로운 영어자음 ① /l/과 /r/, ② /r/와 /w/, ③ /m/, /n/, /ŋ/을 구별하여 발음하자.

1) Light / Right　2) ride / wide
3) tell / wall　4) girl / far
5) ram /ran/rang　6) sing /singer

1. 유음 /l/과 /r/을 구별하여 발음하자.

l loght

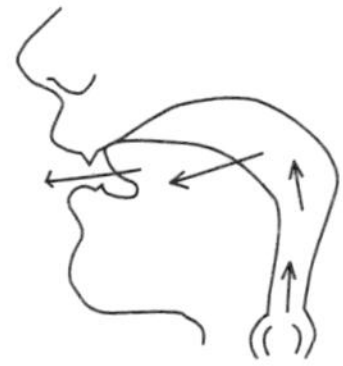

r right

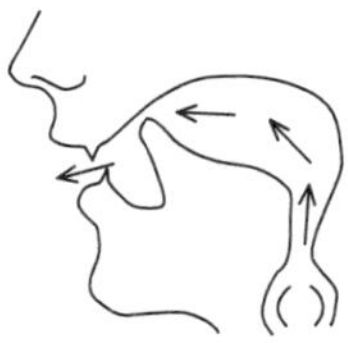

light 할 때의 영어 자음 소리 /l/은 위 앞 그림처럼 혀끝을 윗니의 잇몸(치경)에 대고, 허파에서 나온 공기를 혀의 양옆으로 흘려 내보낼 때 나는 소리로 목청의 떨림이 있는 유성음이다. 따라서 공기가 흘러 나간다는 의미에서 넓은 의미에서 흘러가는 소리인 유음(liquid)이라고

하는 데, 좁은 의미에서 혀 양 옆으로 흘러간다고 하여 설측음(lateral)이라고 한다. 우리말의 [칼], [돌]에서 나는 /ㄹ/소리와 유사하다.

한편 right 할 때의 영어 자음 소리 /r/은 위의 뒤 그림처럼 혀끝(tongue tip)을 치경 쪽에서 약간 말아 올려 긴장한 상태에서 긴장을 풀면서 그 위로 공기를 흘려 내 보내면서 나는 소리이다. 이때 목청도 떨림이 있는 유성음이며 동시에 입술을 둥글게 하며 발음해야 한다. 따라서 공기가 흘러 나간다는 의미에서 /l/ 소리와 마찬가지로 흘러가는 소리인 유음인데, /l/이 공기가 혀 양 옆으로 흘러가는 설측음이라면, /r/은 혀끝을 뒤로 말아 올린 상태에서 공기가 위로 흘러가는 권설음(retroflex)이다. 우리말의 /ㄹ/소리는 혀 끝부분을 말아 올리지도 않고, 입술을 둥글게 하지도 않는 소리이므로 영어의 /r/과는 다르므로 조심해서 발음해야 한다.

2. 모음 다음의 /l/과 /r/을 구별하여 발음하자.

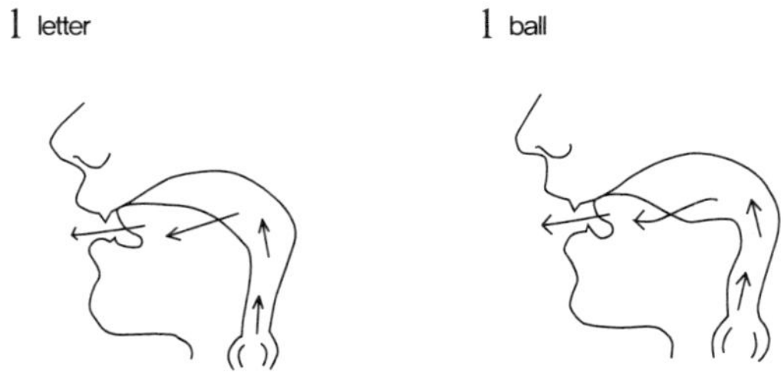

letter, love, light와 같이 모음 앞에서 나는 /l/과 ball, film, milk처럼 모음 뒤에서 나는 /l/소리는 약간 다르다. 전자를 밝은(light) l 발음이라고 하고, 후자를 어두운(dark) l 발음이라고 한다. 즉 밝은 l 은 letter 발음시의 위 그림처럼 정상적으로 혀끝을 윗니의 잇몸(치경)에 대고 혀의 양옆으로 공기를 내보낼 때 나는 소리이지만, 어두운 l 소리는 ball 발음시의 위 그림처럼 혀 뒤끝(후설)이 약간 연구개 쪽으로 올라가면서 공명관계가 약간 어둡게 울리는 소리이다. 밝은 l 발음과 어두운 l 발음은 영어 음소 /l/의 변이음이다.

한편 father, far에서처럼 모음 다음에 나오는 /r/ 소리는 모음 발음과 동시에 혀끝을 치경에서 약간 꼬부려 공기를 흘려 내보내는 소리이다. right, red, rain처럼 음절 첫머리에 나는 /r/소리는 혀끝을 꼬부려 긴장한 상태에서 긴장을 풀며 공기를 내보내는 소리라면 father, far처럼 모음 다음의 /r/소리는 반대로 모음 발음시의 상태에서 약간 혀끝을 약간 끌어 올려 흘려 내보내면서 발음하는 경우이다. 예를 들어 father의 /ər/ 소리는 비강세 이완모음인 /ə/를 발음 하면서, 동시에 혀끝을 약간 올려 길게 울리면서 동시에 발음하는 r-음색(r-colored)의 모음인 /ɚ/로 표기하기도 한다. 특히 영국영어에서는 모음 다음에 /r/이 생략되므로 Jones(1967)는 길게 발음 나는 장모음 /ə:/로 표기하기도 한다.

3. 유음 /r/과 활음 /w/ 소리를 구별하여 발음하자

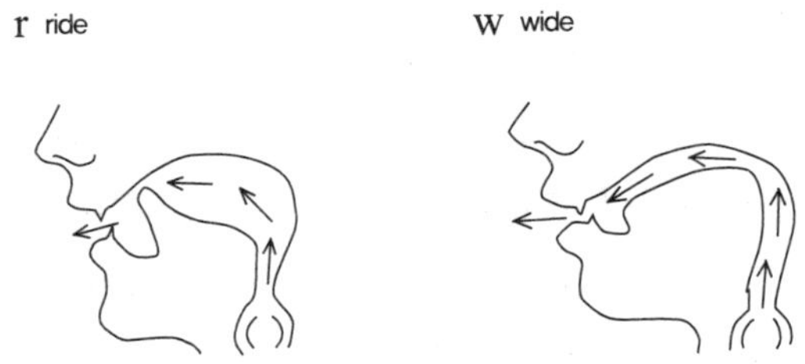

ride의 /r/과 wide의 /w/는 두 입술을 둥그렇게 오므리면서 공기가 빠져 나오는 유성음이라는 점에서 공통점이 있다. 이외에도 /r, l/과 같이 공기가 흘러나오는 유음과 /w, y/처럼 공기가 미끄러져 나오는 활음

은 모음과 같이 공기의 저항이 비교적 적으면서 조음기관에 접근하여 발음하는 접근음(approximate)이라는 공통점이 있다. 그러나 /r/소리는 위 그림처럼 치경 쪽에서 혀끝이 약간 말아 올라가 공기가 위로 흘러 나오는 소리라면, /w/소리는 후설이 연구개 쪽으로 올라가 그 위로 미끄러지듯 입술로 빠져 나오는 소리이다. 따라서 비슷한 점도 있지만 서로 다른 소리이므로 구별하여 발음해야 한다.

4. 비음 /m/, /n/, /ŋ/을 구별하여 발음하자.

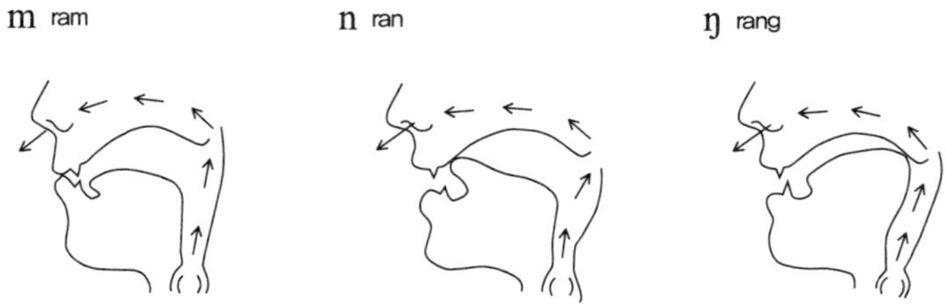

비음은 연구개 끝에 있는 목젖(velum)이 하강하여 코로 통하는 통로가 열리게 되어, 폐로부터의 공기의 흐름이 비강을 통하여 코로 빠져 나가면서 나는 소리이다. 이때 구강(oral cavity)은 완전히 폐쇄되는데, 양 입술을 막아 구강이 폐쇄되어 공기가 코로 빠져나가면서 나는 소리가 ram 발음 할 때의 /m/소리이다. 즉 양순 비음(bilabial nasal)이라고 한다. 또 위 잇몸(치경)을 혀로 막아 공기가 코로 빠져나가면서 나는 소리는 ran 발음 할 때의 /n/ 소리로 치경 비음(alveolar nasal)이라고 한다. 연구개를 막아 공기가 코로 빠져나가면서 나는 소리는 rang 발음 할 때의 /ŋ/소리로 연구개 비음(velar nasal)이라고 한다.

5. 성절자음 유음 /l, r/과 비음 /m, n, ŋ/을 발음해 보자.

영어의 자음 중에서 유음 /l, r/과 비음 /m, n, ŋ/은 다른 자음과 비교해서 공명도 높은 음이므로 경우에 따라서 음절의 핵인 모음 역할을 할 수 있다.

(1) a. bottled [bάtld]
b. elms [élmz]
c. cottons [kα′tənz] 〉 [kάtnz]
d. back and forth [bǽk-ən-fɔɵ] 〉 [bǽk-n-fɔɵ] 〉 [bǽkŋfɔɵ]

(1a)의 bottled:[bα′tld]는 모음이 한 개밖에 없어 한 음절인 것처럼 생각하기 쉽지만, /l/이 모음 역할을 할 수 있는 성절자음(syllabic consonant)이기 때문에 2음절로 분류한다. 이 때 /t/는 두 번째 음절의 초성 자음이고, /d/는 종성 자음이라면, /l/은 음절의 핵인 모음역할을 한다. (1b)의 elms[élmz]도 비음 /m/이 모음 역할을 할 수 있는 성절자음이기 때문에 2음절로 분류한다. 두 번째 음절의 초성 자음이 /l/이고, /m/은 음절의 핵인 모음역할을 하게 된다. 특히 (1c)의 cotton:[kα′tən]은 /t/와 /n/ 사이에 약모음 /ə/가 생략되고, 오히려 /n/이 성절자음으로 음절의 핵인 모음 역할을 하여 [kα′tnz]로 발음된다. (1d)의 back and forth[bǽk-ənd-fɔɵ]에서도 접속사인 기능어 and는 문장 중에서 약하게 발음되므로 약모음 /ə/과 어말의 폐쇄음 /d/가 생략되어 [bǽk-n-fɔɵ]로 발음된다. 이때 back의 연구개음 /k/소리 때문에 /n/은 발음위치가 같은 연구개음 /ŋ/으로 동화되어 최종적으로 [bǽk-ŋ-fɔɵ]으로 발음된다. 이 경우에도 /ŋ/이 성절자음으로 음절의 핵인 모음 역할을 할 수 있기 때문에 빠른 발음에서는 약모음 /ə/가 생략된다.

Pronunciation Drill 5

A 권설음 /r/과 설측음 /l/

01 다음 단어의 밑줄 친 부분의 /r/과 /l/소리를 구별하여 발음해 보고, 그 발음의 특징을 설명해 보시오.

/r/: 1. right 2. rain 3. room 4. red
5. river 6. remember 7. sorry 8. arrive
9. parent 10. brown 11. drink 12. problem
13. street 14. green 15. tree 16. friend

/l/: 1. light 2. look 3. letter 4. lemon
5. late 6. television 7. family 8. police
9. color 10. ceiling 11. clock 12. place
13. slow 14. blue 15. please 16. plate

02 다음 단어의 쌍에서 /r/와 /l/ 소리를 구별하여 발음했는지, /r/과 /l/중 어느 한 소리를 반복하여 발음했는지 구별해 보시오.

1. rock ↔ lock
2. right ↔ light
3. alive ↔ arrive
4. led ↔ red
5. wrong ↔ long
6. redder ↔ letter
7. fry ↔ fly
8. lace ↔ race
9. pirate ↔ pilot
10. wrong ↔ long

03 다음 음절 첫머리의 /r/, /l/ 발음을 구별하여 발음해 보고, 괄호안의 올바른 발음의 단어를 골라, 실제 발음해 보시오.

ride ↔ lied	right ↔ light	red ↔ led
ray ↔ lay	raid ↔ laid	

1. Did you find the (rake / lake)?
2. Take the (right / light) backpack.
3. I finished the (race / lace) first.
4. The (road / load) was full of bricks.
5. I got ink on my (wrist / list).

04 다음 괄호 안 올바른 발음의 단어를 골라 발음해 보시오.

1. Do you want to meet a (pilot / pirate)?
2. The teacher (collects / corrects) our homework everyday.
3. Why is this so (long / wrong) ?
4. That (glass / grass) is beautiful.
5. They (play /pray) here every day.

05 다음 단어나 구를 발음해 보고, 모음 다음에 나온 /r/ 발음의 특성을 설명해 보시오.

bird, fur, dirt, girl ↔ red, run, room, write

1. near here	four more	bare floor
2. far star	nearly a year	fair share
3. warm heart	marry Harry	clear air

06 다음 단어나 구를 발음해 보고, 모음 다음에 나온 /l/ 발음의 특성을 설명해 보시오.

tell wall ill sail ↔ light look letter lemon

1. all around mail it pull over
2. sell everything full of fun will he tell him
3. angel fragile awful puzzle bible likable

07 다음 단어 쌍의 /r/, /w/ 발음을 구별하여 발음해 보고, 문장 괄호안의 올바른 발음의 단어를 고르시오.

1) ride ↔ wide right ↔ white red ↔ wed ray ↔ way raid ↔ weighed 2) It's a long (ray / way).

1. Be sure to take the (right / white) hat.
2. I paid according to the (rate / weight).
3. We saw the (ray / way) through the window
4 I didn't like the (rage / wage).
5. Let's travel to see the (rest / West).

B 비음 /m/, /n/, /ŋ/

01 다음 단어의 밑줄 친 부분의 /m/, /n/, /ŋ/소리를 구별하여 발음해 보고, 그 발음의 특징을 설명해 보시오.

1. most messy imported stomach some home
2. nail necessary friendly happen poison done
3. sing wrong ring hanging Ping-Pong young

02 다음 단어의 밑줄 친 부분의 /m/와 /n/소리를 구별하여 발음해 보고, 철자와의 관계를 설명해 보시오.

/m/: 1. meet 2. movie 3. summer 4. family
5. Mom 6. remember 7. come 8. home
(cf: comb bomb)

/n/: 9. night 10. knife 11. dinner 12. tonight
13. nine 14. run 15. again 16. sun
(cf: foreign sign)

03 다음 단어의 밑줄 친 부분의 /ŋ/와 /ŋg/소리를 구별하여 발음해 보고, 그 관계를 설명해 보시오.

/ŋ/: 1. sing 2. singer 3. song 4. wing
5. wrong 6. bring 7. long 8. going
(cf bank, think)

/ŋg/: 9. finger 10. longer 11. stronger 12. English
13. single 14. younger 15. angry 16. hungry

04 다음 대화 속 밑줄 단어의 /m/, /n/, /ŋ/을 구별하여 발음해 보고, 파트너와 함께 역할을 바꾸어 연습해 보시오.

1. A: Jim has some news. His son plans to come home soon.
B: His son? I didn't know Jim had a son. What's his name? Where has he been?
A: His name is Sam, and he has been living on his own in Japan for some time.
B: I'll bet Jim is glad that his son is coming home.
2. A: Do you know how to swim?

B: Yes, but I don't like to swim. I'd rather stay home and play rummy.

A: Why? Swimming is good exercise. It keeps you trim and strong.

B: I don't care if I am trim or strong. Rummy is more fun.

3. A: I think I hear the phone ringing.

B: Hold your tongue! Our phone never rings, and we like it that way.

A: Well, I hear something ringing and ringing.

B: Perhaps it's Ping Pong, our South American parrot. Poor thing can't sing, so we taught her to ring instead.

C 성절자음

01 다음 단어를 발음 해보고 성절자음을 설명해 보시오.

1) a. bottle middle little hospital what'll

b. button eaten didn't garden mountain

2) a. special terrible eleven listen haven't chemical

b. happen cousin bicycle chicken final

02 다음 대화에서 밑줄 친 성절자음 발음을 연습해 보시오.

1. A: Where's your cousin? B: She's in the hospital.

A: What's the matter? B: She fell off her bicycle.

2. A: Have you eaten? B: No, I haven't.

A: Would you like some chicken? B: Just a little.

3. A: Press that button. B: This one in the middle.

A: Yes. B: What'll happen?

A: Just listen.

4. A: What's in this bottle? B: A chemical.

A: What's it for? B: Something special!

5. A: When's your math final? B: At eleven.

A: How do you feel ? B: Terrible.

Chapter 2

영어 모음(vowels)

1) heed : /i/
2) head : /e/
3) had : /æ/
4) father : /ɑ/
5) good : /ʊ/
6) food : /u/

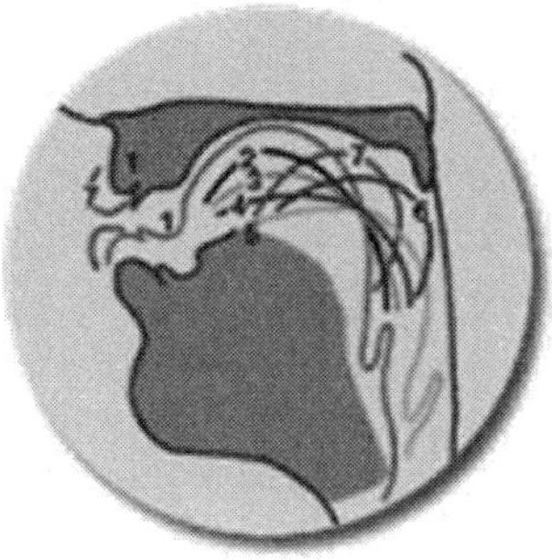

모음의 조음시의 혀의 변화

영어 모음의 발성학적 기초를 알고
까다로운 영어 모음소리를
구별하여 발음하자

1. 영어모음의 특성을 알아보자

모음은 조음기관의 방해를 받지 않고 공기가 자유롭게 구강을 흘러나오는 소리로서 단독으로 발음이 가능하며 음절의 핵(nucleus)을 이룬다. 즉 모음은 목소리의 운반체이다. 바로 이 사실 때문에 모음은 다음에 열거하는 중요한 기능을 한다. 첫째로, 사람마다 다른 말소리의 음질은 모음이 나타내 주는 것이다. 우리가 목소리에 의해 사람을 알아보는 것은 모음에 의해 가능하다. 둘째로 말소리의 강도도 주요 모음에 의해 구별된다. 셋째, 소리의 고저도 모음이 나타내는 것이다. 속삭이는 소리를 내면서 소리의 높낮이를 바꿔보려고 한다면 이 사실을 곧 알 수 있다. 따라서 강세와 고저가 중요한 역할을 하는 억양은 전적으로 모음에 의해 표현되는 것이다. 넷째, 말의 속도도 주로 모음에 의해 차이가 난다. 물론 자음도 중복 자음으로 발음하면 길어지기는 하지만 자음의 길이란 한계가 있는 것이며, 모음만큼 길이의 변화가 다채롭지 못하다. 다섯째로, 사람마다 가지고 있는 말투도 주로 모음에 의해 표출된다. 듣는 사람에게 긴장감을 주는 스타카토의 말투, 미국 남부 사람들을 다른 지방 사람들과 구별하는 느린 말투 등의 특징은 모음이 없다면 나타나지 않을 특징들이다. 즉 소리의 고저(pitch)나 강세(stress), 그리고 억양(intonation)등이 다 모음에 의해 표현된다.

2. 영어의 모음은 어떻게 만들어지고 발음되나

모음은 구강내의 좁은 공간에서 거의 혀의 높이나 모양에 의해 구분되므로 모음상호간의 차이는 자음 상호간의 차이에 비해 불분명하다. 그럼에도 불구하고 모음이 여러 가지로 구분되는 것은 혀의 일부분의 위치를 상하전후로 움직임으로써 구강내의 공간 형태가 여러 모양을 하게 되고, 이로 인해 성대를 진동시키며 나오는 공기의 음파가 여러 모양으로 변조되기 때문이다. 이러한 모음은 조음학상으로는 구강내의 좁은 공간에서 거의 혀의 미묘한 움직임에 의하여 발음되기 때문에 모음의 기술은 자음과 같이 조음기관의 절대적인 기술에 의하지 않고, 어디까지나 다른 모음을 발음할 때의 혀의 위치나 모양과 비교하여 논의되는 상대적인 기술이다. 영어모음을 기술하는 데는 다음의 4가지 기준에 의존한다.

a. 혀의 높이로 인한 고, 중, 저모음의 구분.
b. 혀의 전후 위치로 인한 전설, 중설, 후설모음의 구분.
c. 입술의 모양으로 인한 원순, 평순모음의 구분.
d. 조음기관의 긴장도에 의한 긴장, 이완모음의 구분.

(1) 혀의 높이에 의한 분류

혀를 최고로 치켜 올려 조음하는 음을 고모음(high vowel)이라 한다. /i, ɩ, u, ʊ/의 모음이다. 반대로 혀를 최저로 낮추어 조음하는 음을 저모음(low vowel)이라 하며, /æ, a, ɑ, ɔ/의 모음이다. 그 중간을 중모음(mid vowel)이라고 하며, /e, ɛ, ə, ʌ, o/ 모음이다.

(2) 혀의 위치에 의한 분류

혀의 가장 높은 점이 구강의 앞쪽에서 조음되는 모음을 전설모음(front vowel)이라 한다. 영어에서는 /i, ɩ, e, ɛ. æ/ 모음이 전설 모음에 해당한다. 반대로 혀의 가장 높은 점이 구강의 뒤쪽에서 조음되는 음을 후설모음(back vowel)이라 한다. 영어에서는 /u, ʊ, o. ɔ, ɑ/ 모음이 있다. 그 중간을 중설모음(central vowel)이라 한다. 영어에서는 /ɜ, ə, ʌ, a/ 모음이 있다.

(3) 입술 모양에 의한 분류

입술을 둥글게 해서 조음하는 음은 원순모음(rounded vowel)이라 한다. 영어에서는 /ɑ/를 제외한 모든 후설모음이 다 원순모음에 해당된다. 입술을 넓혀 평평하게 해서 조음하는 음은 비원순모음(unrounded vowel), 혹은 평순모음이라 한다. 영어에서는 전설모음과 중설모음이 모두 다 평순모음에 해당된다.

(4) 근육의 긴장도에 의한 분류

근육의 긴장도에 따라 긴장모음과 이완모음으로 구별한다. 대표적인 긴장모음은 /i, e, ɔ, u, o/이다, 이완모음은 /ɩ, ɛ, æ, ə, ʌ, ʊ/이나[2] 이중에서도 /ɩ, ə, ʊ/가 가장 대표적인 이완모음이다. 영어에서는 이 구별이 매우 중요하다. 영어는 강세박자 언어이기 때문에 강세가 있는 모음은 전반적으로 많은 근육 긴장이 소요되며 따라서 좀 더 분명하게 지각되는 긴장모음이다. 반면 이완모음은 주로 비강세 모음으로 가장 대표적으로 /ə/모음이 쓰인다. 즉 강세가 교체하는 가운데 영어고유의 리듬이 형성되며, 약음에 해당되는 모음이 절반이상 나온다고 할 때, 거의 대부분의 약모음에 /ə/모음이 쓰인다. 따라서 이 /ə/모음을 잘 발음하면 영어발음의 절반을 정복한 셈이 된다.

---

2) 후설 저 평순모음인 /ɑ/는 이완모음으로 보는 학자도 있고, 긴장모음으로 보는 학자도 있어 이 분류에서 일단 제외하였다.

3. 영어모음 4각도

다음은 영어 모음 발음시의 혀의 모양이다.

1) heed : /i/
2) head : /e/
3) had : /æ/
4) father : /ɑ/
5) good : /ʊ/
6) food : /u/

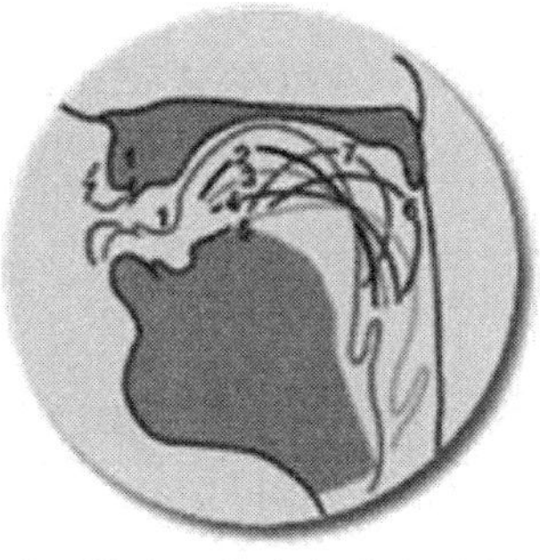

〈 모음의 조음시의 혀의 변화 〉

혀의 이러한 다양한 모양에서 혀의 가장 극단적인 네 위치를 골라서 그 정점을 연결하면 구강 중앙부터 후반에 이르는 곳에 다음과 같은 사다리꼴 모양의 좁은 공간이 형성된다. 이것이 바로 모음4각도의 기원이 된다. 이러한 네 가지 기준, 즉 혀의 높낮이, 혀의 전·후의 위치, 입술 모양, 조음기관의 긴장 유·무에 의하여 영어의 모음을 분류해 놓은 것이 다음 모음 4각도이다.

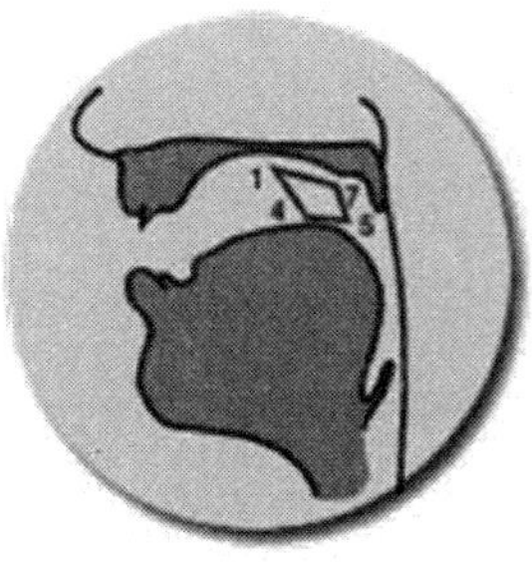

모음 4각도의 기원

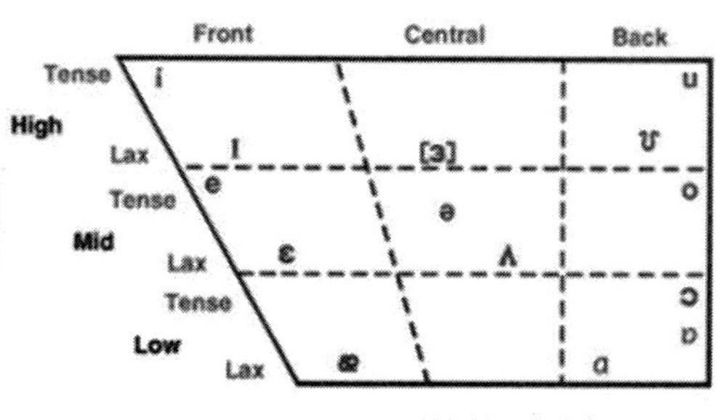

영어의 모음사각도

4. 국어와 영어 모음체계의 비교

한편 영어와 국어의 모음체계를 모음 4각도로 그려 비교하면 대략 다음과 같다.

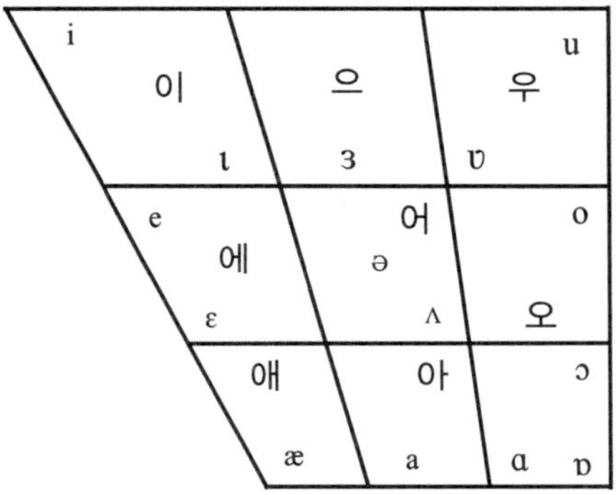

위 도표에서 보듯 영어와 한국어 모음은 거의 똑같은 소리가 없다고 할 수 있다. 먼저 전설모음으로 한국어 /이/는 영어의 /i/보다는 낮고 /ɩ/보다는 약간 높은 중간정도의 소리라고 할 수 있으며 긴장도의 구별도 없다. 따라서 한국 사람들은 이완모음인 영어의 /ɩ/소리를 잘못 발음하는 경향이 있다. /에/모음도 영어의 /e/보다 약간 낮고, /ɛ/보다는 약간 높은 소리이다. /애/도 영어의 /æ/보다는 약간 높은 소리이다. 또 모두 긴장도의 구별이 없으므로 영어의 이완모음 /ɛ, æ/를 한국어 모음 /에, 애/로 대치해서 발음하지 않도록 해야 한다. 중설모음인 /으/에 해당하는 영어의 모음소리는 없고, /어/는 영어의 /ʌ/ 모음보다는 약간 높은 소리로 긴장도의 구별은 없으나 이완모음이 아니기 때문에 긴장모음에 가깝다. 따라서 영어의 가장 대표적인 이완모음 /ə/를 한국어 모음 /어/로 발음하지 않도록 해야 한다. /아/ 소리도 영어의 /ɑ/보다는 앞

쪽에서 나는 중설모음으로 영어의 /a/에 가까우나 영어의 /a/는 주로 /ai/와 같은 이중모음을 발음할 때 나는 소리이므로 똑 같다고 할 수 없다. 후설모음인 /우/도 영어의 /u/보다는 낮고 /ʊ/보다는 약간 높은 중간정도의 소리라고 할 수 있으며 긴장도의 구별은 없다. /오/도 영어의 /o/보다는 낮고 /ɔ/보다는 높고 앞쪽에서 나는 소리이다.

5. 영어의 이중모음, 3중모음의 특징과 발음

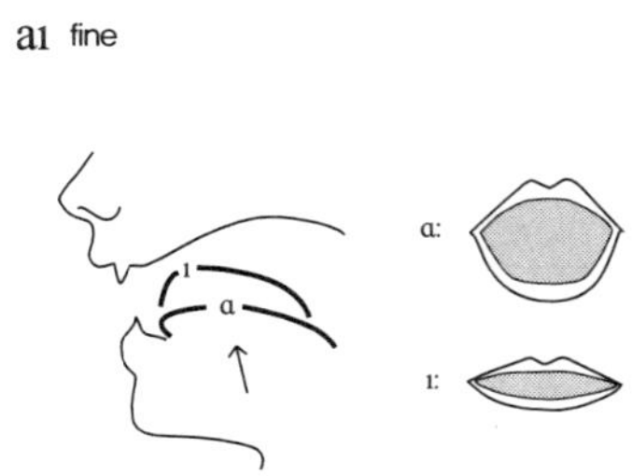

영어의 이중모음(diphthong)은 두 모음이 결합하여 첫 모음은 음절의 중심인 핵이 되어 크게 발음하고, 중간에 끊임이 없이 두 번째 모음으로 미끄러지는 전이음(glide)이다. 가령 이중모음 /ai/의 경우, 핵음 /a/를 시발점으로 다음 /i/의 조음위치를 향해 미끄러지듯 발음하는 하강리듬의 발음이다. 이때 /i/는 단순한 지향점일 뿐, 결코 종착점이 아니다. 따라서 Trager-Smith(1951)는 이중모음의 후모음을 자음중 미끄러지는 소리인 전이음 /y/로 보고 /ay/로 표시하였다. 영어의 대표적인 이중모음의 후모음으로는 /i, u, ɚ/가 있는데 각각 자음 중 전이음인 /y, w, r/로 보기도 한다.

한편 mule[mjul]의 /ju/처럼 전이음이 음절핵인 주모음보다 앞에 오는 경우가 있는데, 이를 공명도가 낮은 음에서 높은 음으로 상승한다는 점에서 청각적인 면에서 상승이중모음(rising diphthong)이라 한다. 따라서 high[hay], house[haws], pay[pey], boy[bɔy], phone[pown]의 /ay/,

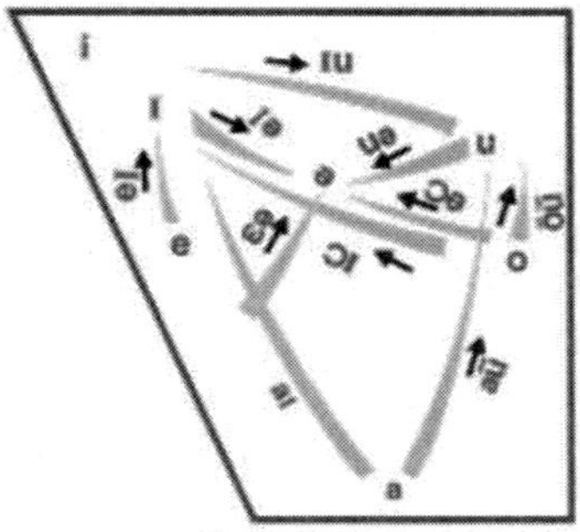

영어의 이중모음의 전이궤적

/aw/, /ey/, /ɔy/, /ow/처럼 공명도가 높은 음에서 낮은 음으로 하강하는 이중모음은 하강이중모음(falling diphthong)이다. 즉 리듬에 따라 영어의 이중모음을 분류할 때 /ju/(또는 /yu/)와 같은 하나의 상승이중모음에, /ay/, /aw/, /ey/, /ɔy/, /ow/와 같은 5개의 하강이중모음으로 분류해 볼 수 있다.

또 혀의 움직임의 방향에 따라 후모음이 /i/인 경우 주모음인 /a, ɔ, o/ 등에서 혀가 전설모음 쪽인 앞으로 미끄러진다는 점에서 전향이중모음(fronting diphthong)이라 하고, 후모음이 /u/인 경우 혀가 뒤로 미끄러진다는 점에서 후향이중모음(retracting diphthong)이라 한다. 후모음이 /ə/인 경우 혀가 중앙으로 미끄러진다는 점에서 중향이중모음(centering diphthong)이라고 한다.

전향이중모음으로는 fine의 /ai/, day의 /ei/, boy의 /ɔi/가 있는데, 한국학생들은 이중모음을 두 개의 모음이 결합한 것으로 보고, 또박또박 발음하는 경향이 있으므로 조심해야 한다. 즉 이중모음의 첫 모음인 핵음 /a/, /e/, /ɔ/는 명확하고, 크고, 길게 높은 음으로 발음하고, 뒤에 오는 후모음 /i/는 혀가 앞으로 미끄러지는 방향으로 불명료하고, 약하고, 짧게 낮은 음으로 발음하여 마치 전이음 /y/를 발음하듯 미끄러지는 하강리듬의 소리이다. 즉 단순모음(monothong)에 꼬리가 달려있는 하강리듬의 발음을 해야 한다.

후향이중모음으로는 bow의 /au/, phone의 /ou/가 있는데, 첫 모음인 핵음 /a/, /o/는 명확하고, 크고, 길게 높은 음으로 발음하고, 뒤에 오는 후모음 /u/는 혀가 뒤로 미끄러지는 방향으로 불명료하고, 약하고, 짧게 낮은 음으로 발음하여 마치 전이음 /w/를 발음하듯 미끄러지는 하강리듬의 소리이다. 단순모음에 꼬리가 달려있는 하강리듬의 발음을 해야 한다.

중향이중모음으로 /iə/, /εə/, /uə/, /ɔə/, /ɑə/가 있다. 마찬가지로 핵음인 /i, ε, u, ɔ, ɑ/에서 출발하여 약모음인 /ə/로 미끄러지는 하강리듬의 소리이다. 핵음인 /i, ε, u, ɔ, ɑ/등은 명확하고, 크고, 길게 높은 음으로 발음하고 뒤에 오는 약모음 /ə/는 혀가 미끄러지는 방향으로 불명료하고, 약하고, 짧게 낮은 음으로 발음하여 꼬리가 달려있는 하강리듬으로 발음해야 한다. 특히 철자에 r이 들어있는 단어는 Trager-Smith(1951)식의 미국영어에서는 /ir/, /εr/, /ur/, /ɔr/, /ɑr/ 등으로 표기하여 이중모음이 아닌 굴러가는 소리로 발음하기도 한다.[3)]

한편 이중모음 뒤에 또는 이동음으로 /ə/나 /ɚ/가 뒤따를 때, 삼중모음(tripthong)이 된다. /eiɚ/, /ouɚ/, /aiɚ/, /auɚ/, /ɔiɚ/등이 있는데, 영국영어에서는 모음 뒤에 /r/소리를 생략하므로 /ɚ/대신 /ə/로 발음한다. 이중모음의 경우처럼 첫 모음은 명확하고, 크고, 길게 높은 음으로 발음하고 그 다음 첫번째 이동음 /i, u/등은 불명료하고, 약하고, 짧게 낮은 음으로 발음하고, 두 번째 이동음 /ə/나 /ɚ/는 제일 작게 발음을 해야 한다.

6. 영어의 대모음변이와 영어모음 철자

영어의 대모음변이(The Great Vowel Shift)란 오늘날 bite의 모음 발

---

3) 영국영어에서는 어말의 /r/을 발음하지 않는다. 따라서 chair가 [ʧεə]로 발음된다. 그러나 미국영어에서는 어말의 /r/을 혀를 많이 굴려 발음한다. 이것을 이른바 r-음색(r-coloring)이라 하는데 r-음색이 강한 미국영어에서는 chair가 [ʧεər]로 발음된다.

음 i가 /i/가 아니라 /ai/로 발음나고, see의 모음발음 e가 /ε/나 /ei/가 아니라, /i/로 발음난다든지, name의 모음발음 a가 /ɑ/로 발음나지 않고, /æ/나 /ε/ 또는 /ei/로 발음나는 현상을 말한다. 또 house(고어는 huse이었음)이 /u/가 아니라 /au/로 발음나고, food가 /o/가 아니라, /u/로 발음나는 현상을 말한다. 이 대모음변이는 중세영어 시기의 7개의 장모음(ɑ, e, ε:, i, o, ɔ, u)중에서 가장 맨 위에 있던 두 개의 장모음(i, u)이 중간 단계를 거쳐 이중 모음으로 변하면서, 다른 장모음들도 단계별로 위로 상승하기 시작하면서, 그 자리에 있던 장모음의 음가를 차지하게 된 현상이다.

예스퍼슨(Jespersen: 1933:232)은 이들 장모음 중에서 가장 먼저 음변화가 일어난 모음은 중세영어 시기의 고모음 /i/ 및 /u/였을 것으로 보고 있다. 이들이 먼저 이중모음이 된 후에 각각 그 밑에 있던 /e/ 및 /o/가 중세영어의 /i/ 및 /u/가 차지하고 있던 위치로 자유롭게 이동하여 그 자리를 차지하게 되었다. 만일 /e/가 /i/보다 먼저 변하였다고 가정하면 /i/와 합쳐져서 현대영어에서 /ai/로 발음되었을는지 모른다. 그러나 이러한 음변화는 일어나지 않았다.

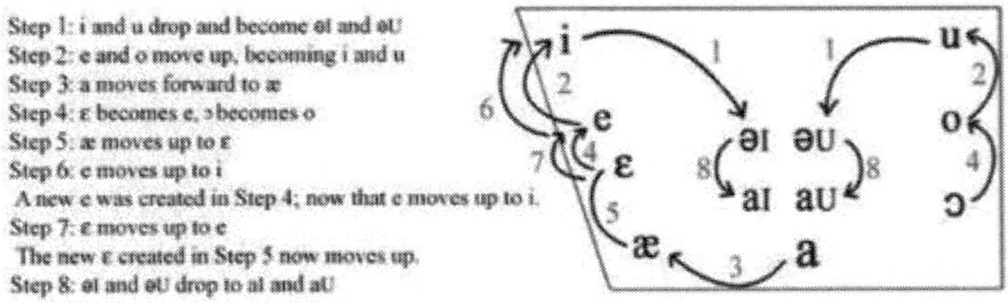

한편, 방언의 혼합으로 다양한 방언이 사용되면서 대모음변이에 예외적인 현상도 나타났다. 중세영어의 철자 'ea' 는 장모음 /e/로 발음나다가, 대체로 /i/로 변했는데, 대모음변이가 일어나기 전에 단모음으로 변한 단어들도 있다. 예를 들어 cheat, plead, wreath, leaf 등과 같은 단어들은 대모음변이로 인해 규칙적인 /i/로 변하였지만, threat, head, death, deaf와 같은 단어들은 오늘날 단모음 /e/로 발음되고 있다. 또 break, yea, steak, great 등과 같은 단어들은 중세영어의 장모음발음 /e/가 /ei/로 변화하여 끝나고, /i/로 변하지 않은 것도 있다. 또 중세영어의 /o/발음은 대모음변이에 따라 /u/로 변하였으나, 다양한 음변화를 보여주고 있습니다. 예를 들어 boot, loose, mood, pool, soon과 같은 단어들은 대모음변이에 따라 오늘날 장모음 /u/로 변하여 발음하지만, food, good, hook, wood 등과 같은 일부 단어는 장모음 /u/가 단모음 /ʊ/로 단순모음화된 것들도 있고, 또 소수이긴 하나 flood, blood처럼 /ʊ/가 더 변하여 /ʌ/로 평순모음화된 것도 있다.

Unit 06
영어 전설모음 발음 연구

Pronunciation Guide

1) 영어 고 전설모음 /i:/와 /i/를 구별하여 발음하자.
2) 영어 중 전설모음 /eɪ/와 /ɛ/를 구별하여 발음하자.
3) 영어 중 전설모음 /ɛ/와 하모음 /æ/를 구별하여 발음하자.

1) The (heat) (hit) New York.
2) I think the (train) is (best).
3) bat / bet / bait
   man / men / main

1. 영어 고 전설모음 /i:/와 /i/를 구별하여 발음하자.

i sheep

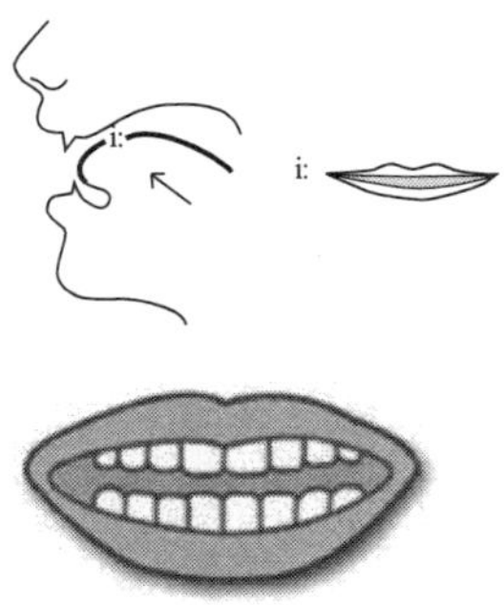

/i/의 조음시의 입모양

ɪ ship

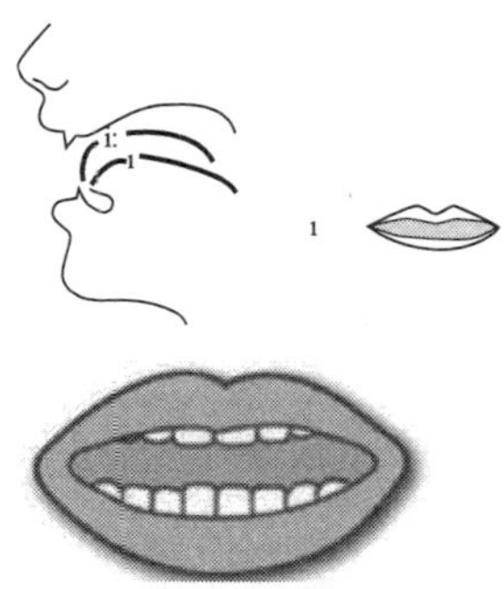

/ɪ/의 조음시의 입모양

sheep [ʃi:p], heat [hi:t]의 영어 전설 장모음 /i:/소리는 우리말 긴 /이:/와 유사한 소리로 혀의 앞부분(전설)을 경구개 쪽으로 많이 올리고 입술을 양옆으로 길게 편 채로 길게 발음해야 한다. 입술모양이 평평한 평순모음(unround vowel)이다. 장모음일 뿐만 아니라, 혀의 높이도 위 그림에서처럼 단모음 /i/보다 높아 결과적으로 입을 조금만 벌리게 된다. 무엇보다도 중요한 것은 발음할 때 입술 양옆 주변의 근육이 주름이 질 정도로 긴장하여 발음한다는 점이다. 즉 /i:/를 고 전설 긴장모음(high front tense vowel)이라고 한다.

반면 hit [hit], ship [ʃip]의 영어 단모음 /i/소리는 우리말의 긴 /이:/와 /에/의 중간음이며, 혀와 입을 긴장하지 말고 발음해야 한다. 장모음 /i:/보다는 길이가 짧을 뿐 아니라, 발음할 때 혀의 높이도 낮아 입모양에서도 상대적으로 입이 더 벌어진다. 또 발음할 때 입술 양옆 주변의 근육이 전혀 긴장하지 않고 가볍게 발음하는 이완모음으로, 고 전설 이완모음(high front lax vowel)이라고 한다. 음성학자는 /i:/, /i/와 같은 장단의 구별이 아니라, 소리 값이 다른 소리로 보고, 장모음 /i:/는 /i/로, 단모음 /i/는 /I/나 /ɪ/로 표기하여 구별하기도 한다. 한국 사람으로는 발음하기 어려운 소리이므로 특별히 유의해서 발음해야 한다. [이날], [비옷]을 발음할 때 첫 번째 모음 /이/가 비교적 영어의 단모음 /i/에 가까운 소리이다. 새끼손가락을 이빨 사이에 끼워 입을 조금 더 벌리고 우리말 /이/를 가볍게 발음하면 된다. 한편 영어의 전설모음은 전부 입술 모양이 평평한 평순모음이기 때문에 이름을 붙일 때 별도로 붙여 부르지 않는다.

2. 영어 중 전설모음 /eɪ/와 /ɛ/를 구별하여 발음하자.

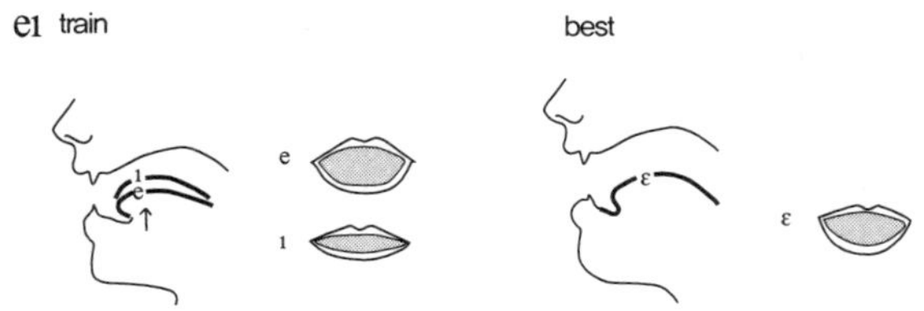

train[trein]의 영어모음 /ei/소리는 턱이 /i/ 발음할 때보다 약간 더 내려와 혀와 입천장 사이의 공간이 보다 더 넓어져, 혀의 앞부분(전설)이 중간 높이 정도에서 발음되는 모음이다. 또 발음할 때 턱 주변의 근육과 같은 조음기관을 긴장하여 발음 하는 긴장모음이다. 따라서 중 전설 긴장모음(mid front tense vowel)이라고 한다. 이때 tail, bait, main할 때처럼 긴장이 풀러지면서 혀가 /i/, 혹은 활음 /y/ 발음 쪽으로 미끄러지듯 발음나기 때문에 일반적으로 사전에서는 이중모음 /ei/로 표기한다. 그러나 again[əgén]처럼 단모음으로 발음하기도 하기 때문에 음성학자는 이중모음이 아닌 단모음 /e/로 보기도 한다.

한편 best[bɛst]의 영어모음 /ɛ/소리는 /e/와 유사하지만 /e/보다 더 턱을 내려, 입을 약간 더 벌리고 턱 주변의 근육과 같은 조음기관을 이완시켜 발음한다. 즉 중 전설 이완모음(mid front lax vowel)이다. 사전에서는 주로 발음기호 /e/로 표기하기도 하지만 음성학자들은 /e/는 tail, day의 이중모음 /ei/로 보고, /e/와 구별하여 /ɛ/로 표기한다. 두 모음 다 입술모양이 평평한 평순모음으로 조음할 때의 입모양은 다음과 같다.

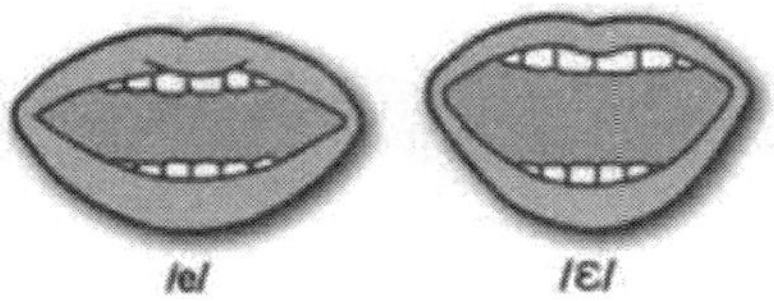

/e/와 /ɛ/의 조음시의 입모양

3. 영어 모음 /æ/와 /ɛ/를 구별하여 발음하자.

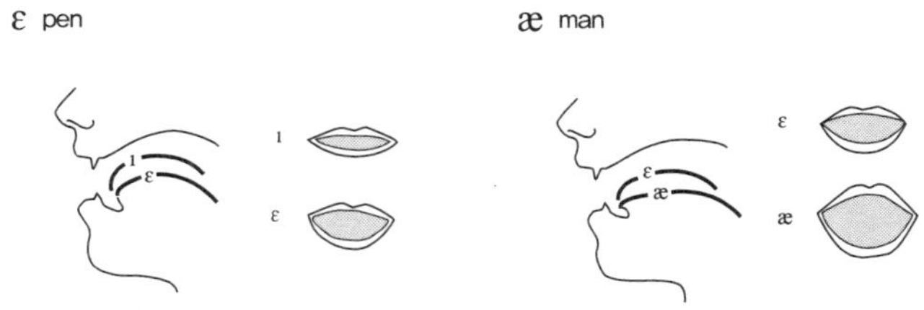

pen, bet, men의 영어모음 /ɛ/는 우리말 /에/보다는 턱을 더 내려 입을 더 벌리고, 긴장하지 않고 가볍게 발음해야 한다. 우리말 /에/와 전혀 다른 소리이므로, /에/로 잘못 발음하지 않도록 매우 조심해야 한다.

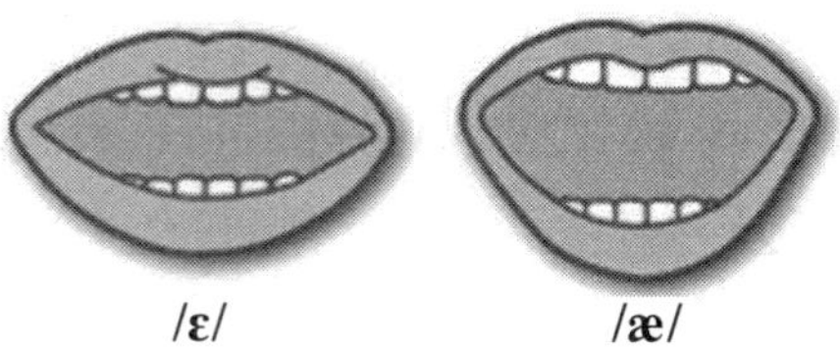

/ɛ/와 /æ/의 조음시의 입모양

반면 man, bat의 영어모음 /æ/ 소리는 /ɛ/보다 턱을 더 내려 입을 많이 벌리고 발음해야 한다. /ɛ/소리와 마찬가지로 턱 주변의 근육과 같은 조음기관을 이완시켜 발음하는 이완모음이다. 즉 /æ/는 저 전설 이완모음(low front lax vowel)이다. 우리말 /애/보다 턱을 더 내려 입을 더 벌리고, 가볍게 발음해야 한다. 우리말 /애/와 전혀 다른 소리이므로, /애/로 잘못 발음하지 않도록 매우 조심해야 한다.

Pronunciation Drill 6

A 고 전설 긴장모음 /iː/와 이완모음 /i/

01 다음 단어의 밑줄 친 부분의 /iː/와 /i/모음을 구별하여 발음해 보시오.

/iː/ 1. E 2. sheep 3. believe 4. machine
5. be 6. leave 7. reason 8. people
/i/: 9. ship 10. middle 11. live 12. minute
13. busy 14. women 15. rich 16. miss

02 다음 구에서 밑줄 친 부분의 /iː/와 /i/모음을 구별하여 발음해 보시오.

/iː/ 1. reach the ceiling 2. easy teacher
3. season the pizza 4. the recent peace
/i/: 1. fix dinner 2. the kitchen window
3. finish the mystery quickly 4. busy women

03 다음 단어의 쌍에서 /iː/와 /i/소리를 구별하여 발음해 보시오.

1. eat ↔ it 2. steal ↔ still
3. heel ↔ hill 4. sheep ↔ ship
5. reason ↔ risen 6. leave ↔ live
7. deed ↔ did 8. each ↔ itch

04 다음 단어 쌍의 발음을 들어 보고, /iː/와 /i/를 구별하여 발음했는지, 같은 발음을 연속해서 발음 했는지 고르시오.

1. feel / fill 2. eat / it

3. live / leave　　　4. these / this
5. seat / sit　　　6. rich / reach

05 다음 문장에서 밑줄 단어의 발음을 구별하여 발음해 보시오.

1. a. That's high hill.　　　b. That's high heel.
2. a The meat is on the mitt.　　　b. The mitt is on the meat.
3. a. The ship is on the sheep.　　　b. The sheep is on the ship.

06 다음 문장 속 괄호안의 단어를 골라 발음을 해보고, 파트너는 그 발음에 맞는 문장의 대답을 해 보시오.

A: Don't (sleep / slip) on the wet floor. B: Don't worry. I prefer my bed. ↔ Don't worry. I'll be careful.

1. A: She took the (lead / lid).
   B: I hope she knows the way. ↔ I hope it fits the pot.
2. A: The (peach / pitch) is good.
   B: Let's save it for lunch. ↔ It sounds too high to me.
3. A: The dog (beat / bit) him.
   B: Dogs can run fast. ↔ Dogs have sharp teeth.
4. A: Are you planning to (leave / live) here?
   B: Yes. I'm taking the next plane. ↔ Yes. I'm looking for an apartment.
5. A: What does ("reach" / "rich") mean?
   B: You can touch it. ↔ You've got a lot of money.

B 중 전설 긴장모음 /ei/와 이완모음 /ɛ/

01 다음 단어의 밑줄 친 부분의 /ei/와 /ɛ/ 모음을 구별하여 발음해 보시오.

/ei/	1. late	2. age	3. break	4. wait
	5. make	6. afraid	7. name	8. weight
/ɛ/:	9. let	10. healthy	11. question	12. said
	13. guess	14. breakfast	15. pepper	16. friend

02 다음 단어 쌍의 /ɛ/와 /ei/ 모음을 구별하여 발음해 보고, 문장 속 괄호에서 올바른 발음의 단어를 고르시오.

> 1) pepper ↔ paper　debt ↔ date　test ↔ taste
> letter ↔ later　edge ↔ age　less ↔ lace
>
> 2) I have a big (pen / pain).

1. Please pass the (pepper / paper).
2. We discussed the (debt / date).
3. I didn't like the (test / taste).
4. She's approaching the (edge / age).
5. I'd like (less / lace) on the tablecloth.

C 저 전설 모음 /æ/와 중 전설모음 /ɛ/

01 다음 단어의 밑줄 친 부분의 /æ/ 모음을 발음해 보시오.

1. bad	2. have	3. that	4. answer
5. ask	6. angry	7. hat	8. thank

9. family	10. stand	11. cat	12. fat
13. dance	14. after	15. black	16. happy

02 다음 단어의 밑줄 친 부분의 /ɛ/ 모음을 발음해 보시오.

1. bed	2. left	3. west	4. said
5. men	6. heavy	7. dress	8. dead
9. friend	10. then	11. never	12. yellow
13. breakfast	14. pen	15. yesterday	16. leg

03 다음 밑줄 친 단어 쌍의 /ɛ/와 /æ/ 모음을 구별하여 발음해 보시오.

1. dad ↔ dead	2. had ↔ head
3. sad ↔ said	4. laughed ↔ left
5. man ↔ men	6. Annie ↔ any
7. Brad ↔ bread	8. bad ↔ bed

04 다음 문장의 발음을 듣고 괄호 안에서 고르시오.

1. That's a nice (pan / pen).
2. Alice is (tan / ten).
3. He's (Dad / dead).
4. Her name is (Callie / Kelly).

05 다음 단어 쌍의 /ɛ/와 /æ/모음을 구별하여 발음해 보고, 문장 속 괄호 안에서 올바른 발음의 단어를 고르시오.

mess ↔ mass	send ↔ sand	bend ↔ band
men ↔ man	pest ↔ past	kept ↔ capped
left ↔ laughed	guesses ↔ gases	

1. There's a (mess / mass) in the church.
2. Please (send / sand) the table.
3. I'm waiting in line for (bread / Brad).
4. The (men / man) waited for a cab.
5. The (pest / past) is gone forever.
6. She (kept / capped) the jar of jelly.
7. Everyone (left / laughed) after dinner.
8. The chemist made some new (guesses / gasses).

Unit 07
영어 후설모음 발음 연구

Pronunciation Guide

1) 영어 고 후설모음 /uː/와 /u/를 구별하여 발음하자.
2) 영어 중 후설모음 /oʊ/와 하모음 /ɔ/를 구별하여 발음하자.
3) 영어 하 후설모음 /ɔ/와 /ɑ/를 구별하여 발음하자.

1) (Look) at (Luke)
2) (Bob) (called) her on the (phone).

1. 영어 고 후설모음 /uː/와 /u/를 구별하여 발음하자.

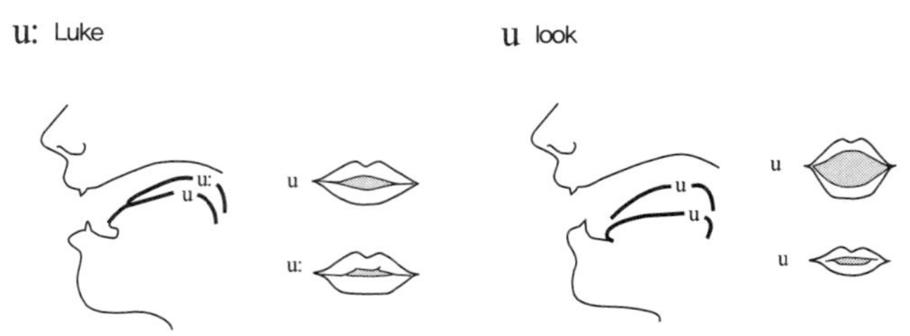

Luke의 영어모음 /uː/ 소리는 우리말 [우군], [구국]에서 나는 긴 /우:/ 소리와 유사한 소리로, 입술을 둥글게 좁히고 길게 내는 소리이다. 혀의 뒷부분(후설)을 연구개 쪽으로 많이 올리고 입술을 둥그렇게 오므린 채로 길게 발음해야 한다. 입술모양이 둥그런 원순모음(round vowel)이다. 또 장모음일 뿐만 아니라, 혀의 높이도 위 그림에서처럼 단모음 /u/보다 높아 결과적으로 입을 조금만 벌리게 된다. 무엇보다도 중요한 것은 발음할 때 입술을 앞으로 내밀어 양 입술 주변의 근육이 주름이 질 정도로 긴장하여 발음한다는 점이다. 즉 고 후설 긴장모음(high back tense vowel)이라고 한다. 학자에 따라서는 장모음보다는 미끄럼형의 이중모음으로 보고 /uw/로 표기하기도 한다.

반면 book의 /u/ 소리는 /u:/보다는 길이가 짧을 뿐 아니라, 발음할 때 혀의 높이도 /u:/보다 낮고 가벼운 소리로 우리말 [겨우], [가부]에 나오는 /우/소리와 유사한 모음이다. 장모음 /u:/보다는 혀의 높이도 낮아 입모양에서도 상대적으로 입이 더 벌어진다. 또 발음할 때 양 입술 주변의 근육이 전혀 긴장하지 않고 가볍게 발음하는 이완모음으로 고 후설 이완모음(high back lax vowel)이라고 한다. 따라서 음성학자는 소리 값이 다른 소리로 보고 장모음 /u:/를 /u/로, 단모음 /u/를 /U/나 [ʊ]로 표기하여 구별하기도 한다. 장모음 /u:/보다 더욱 아래턱과 혀를 낮혀 가볍게 발음해야 한다. 우리에게는 비교적 어려운 발음이므로 많은 연습이 필요하다. 일반적으로 영어의 후설모음은 /ɑ/모음을 제외하고는 모두 원순모음이기 때문에 이름을 붙일 때 별도로 원순이라고 붙여 부르지 않는다.

2. 영어모음 [ou]와 [ɔ:]를 구별하여 발음하자.

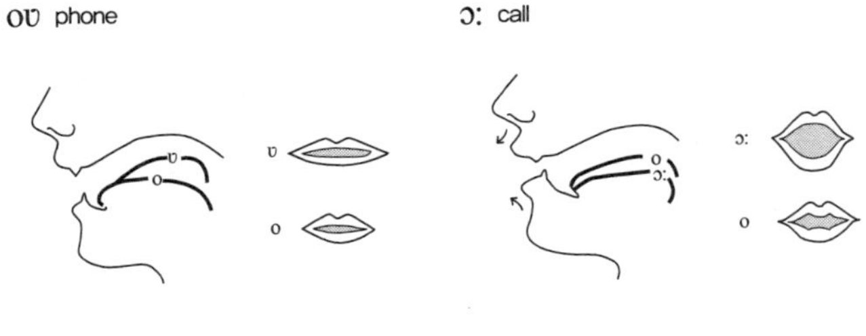

phone의 영어모음 /ou/ 소리는 우리말 /오/에 가까운 소리이나, /오/ 소리 다음 들릴락 말락 가볍게 /u/소리를 내어 이중모음으로 보기도 한다. 이때 학자에 따라서는 미끄럼형의 이중모음으로 /ow/로 표기하기도 한다. 즉 /o/ 소리 다음에 미끄러지는 소리인 활음 /w/를 들릴락 말락 가볍게 이어서 발음하되 중간에 끊김이 없어야 한다. call의 영어모음 /ɔ:/ 소리는 우리말 /오/보다 턱을 더 내리고 입안에 달걀이 들어갈 수 있을 만큼 입술을 둥글게 크게 벌려서 내는 소리이다. 이때 /ɔ:/ 모음은 두 입술은 /o/보다 더 크게 벌리고 입술을 둥글게 하며 내는 원순모음이다. 우리말 /어/ 모음을 내다가 입술을 둥그렇게 하며 혀를 조금 더 아래로 내려 입을 더 벌려 발음해야 한다.

3. 영어 저 후설모음 /ɑ:/와 /ɔ:/를 구별하여 발음하자.

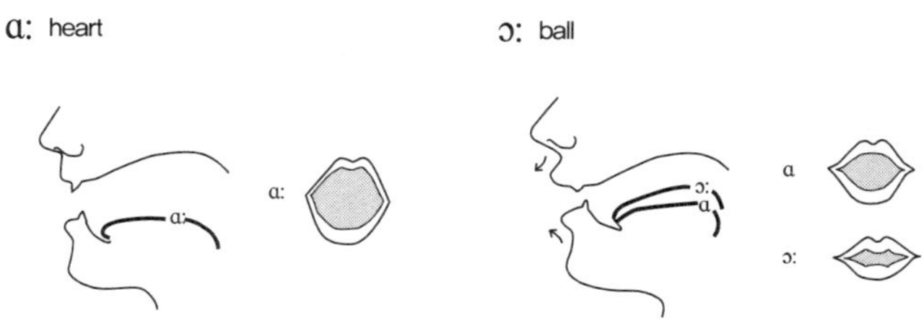

heart의 영어모음 /ɑ:/ 소리는 후설모음으로 우리말 /아/보다 혀를 뒤로 잡아 당겨서 입을 더 크게 벌리고 내는 소리이다. 다른 어떤 음을 발음 할 때 보다 입이 가장 많이 벌어지며 입술은 평평해 진다. 치과에서 입을 크게 벌리고 /아/소리를 길게 낼 때와 같은 요령이다. 학자에 따라 다르지만 일반적으로 긴장하지 않고 가볍게 발음하는 이완모음으로 보고 있다. 즉 저 후설 평순모음(low back unround vowel)이다.

한편 ball의 영어모음 /ɔ/는 위 그림처럼 /ɑː/보다 혀의 높이가 조금 높을 뿐만 아니라 혀를 둥그렇게 해서 양 입술 주변의 근육이 주름이 질 정도로 긴장하고 발음하는 저 후설 원순모음(low back round vowel)이다. 학자에 따라서는 중(mid) 또는 저고(higher low)로 보는 사람도 있다.[4)]

/ɑ/의 조음시의 입모양

/ɔ/의 조음시의 입모양

4) 영국영어에는 저 후설 원순모음(low back round vowel)으로 /ɒ/모음이 있기 때문에, 이와 구별하기 위해 저모음 중에서도 /ɔ/는 저고(higher low)모음으로, /ɒ/의 저(low)모음으로 구별하기도 한다.

Pronunciation Drill 7

A 고 후설 긴장모음 /uː/와 이완모음 /u/

01 다음 단어의 밑줄 친 부분의 /uː/와 /u/모음을 구별하여 발음해 보시오.

/uː/:	1. June	2. include	3. introduce	4. fool	5. move
	6. blue	7. soon	8. truth	9. two	10. threw
/u/:	11. book	12. look	13. woman	14. put	15. should
	16. could	17. cook	18. sugar.	19. hood	20. wool

02 다음 단어 쌍의 밑줄 부분 /uː/와 /u/를 구별하여 발음해 보시오.

1. Luke ↔ look
2. suit ↔ soot
3. cooed ↔ could
4. shooed ↔ should
5. who'd ↔ hood
6. pool ↔ pull
7. stewed ↔ stood
8. fool ↔ full

03 다음 단어 쌍의 밑줄 부분 /u/와 /uː/를 구별하여 발음해 보고, 문장을 통해 연습해 보시오.

1. look ↔ Luke
   Take a look. His name is Luke.
2. cook ↔ kook
   He's a good cook. He's a real kook.
3. full ↔ fool
   The committee is full. The head of the committee is a fool.
4. could ↔ cooed
   I would if I could. The baby gurgled and cooed.

5. pull ↔ pool
   Pull the door open. The pool door is open.
6. should ↔ shooed
   I should fly. I shooed away the fly.

B 중 후설모음 /ou/와 저 후설모음 /ɔ/

01 다음 밑줄 친 부분의 모음 발음 /ou/와 /ɔ/를 구별하여 발음해 보시오.

/ou/ 1. clothes 2. snowing 3. smoke 4. old 5. hole
6. closed 7. phone 8. cold 9. wardrobe

/ɔː/ 10. corner 11. fall 12. drawing 13. walking 14. daughter
15. bald 16. floor 17. warmly 18. wardrobe

02 다음 구에서 밑줄 친 부분의 모음 발음 /ou/와 /ɔ/를 구별하여 발음해 보시오

/ou/ 1. my own coat 2. go on a boat
3. no smoking 4. totally broke
5. wrote a note 6. remote control

/ɔː/ 1. call, author, because 2. across the mall
3. bought some coffee 4. a small loss

03 다음 단어 쌍의 밑줄 친 부분 /ou/와 /ɔ/를 구별하여 발음해 보고, 문장을 듣고 올바른 단어를 골라 발음해보시오.

hole ↔ hall,	sew ↔ saw,	bowl ↔ ball	woke ↔ walk

1. I fell in the (hole / hall).
2. Could you (sew / saw) this for me?
3. Don't drop the (bowl / ball).
4. I (woke / walk) early in the morning.

C 저 후설 평순모음 /ɑ/와 저 후설 원순모음 /ɔ/

01 다음 밑줄 친 부분의 모음 발음 /ɑ/와 /ɔ/를 구별하여 발음해 보시오

/ɑː/	1. garden	2. car	3. hard	4. smart
	5. apartment	6. dark	7. start	8. heart
	9. arm	10. park	11. star	2. party
/ɔː/	1. four	2. more	3. store	4. floor
	5. shore	6. short	7. story	8. door
	9. north	10. war	11. warm	12. sports

02 다음 밑줄 친 부분의 모음 발음 /ou/, /ɑ/와 /ɔ/를 구별하여 발음해 보시오

/ou/	1. coat	2. frozen	3. October	4. show
	5. drove	6. ago	7. home	
/ɑ/	8. rob.	9. shot	10. cop	11. rock
	12. stocking	13. car	14. possible	
/ɔː/	15. fought	16. thought	17. long	18. loss
	19. caught	20. law	21 crawl	

03 다음 단어 쌍의 밑줄 친 부분 /ou/, /ɔ/, /ɑ/를 구별하여 발음해 보시오.

1. wrote [ou] ↔ rot [ɑ]
2. loan [ou] ↔ lawn [ɔ]
3. scold [ou] ↔ scald [ɑ]
4. clothes [ou] ↔ claws [ɔ]
5. score [ɔ] ↔ scar [ɑ]
6. comb [ou] ↔ calm [ɑ]
7. bold [ou] ↔ bald [ɔ]
8. coat [ou] ↔ cot [ɑ]
9. boat [ou] ↔ bought [ɔ]

04 다음 단어 쌍의 밑줄 친 부분 /ɔ/와 /ɑ/를 구별하여 발음해 보고, 문장 속에서 듣고 올바른 단어를 골라 발음해보시오.

1. paw ↔ Pa	2. store ↔ star	3. port ↔ part
4. court ↔ cart	5. cord ↔ card	6. former ↔ farmer

1. His (paw / Pa) was hurt in the accident.
2. I see the (store / star) every night.
3. That (port / part) was not very good.
4. All the people were in the (court / cart).
5. He has the (cord / card) we gave him.
6. The (former / farmer) is the from the state of Texas.

Unit 08
영어 중설모음 발음 연구

Pronunciation Guide

영어 모음 /ə/(or /ɜ/), /ʌ/, /ɔ/를 구별하여 발음하자.

/ɜː/↔/ɔː/ : work / walk, heard / hoard
/ʌ/↔/ɔː/ : cut / caught, done / dawn

1. 영어 중설 모음 /ə/ 와 /ʌ/

ə a camera

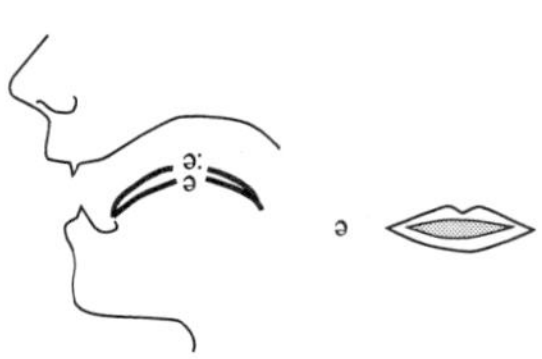

ʌ cup

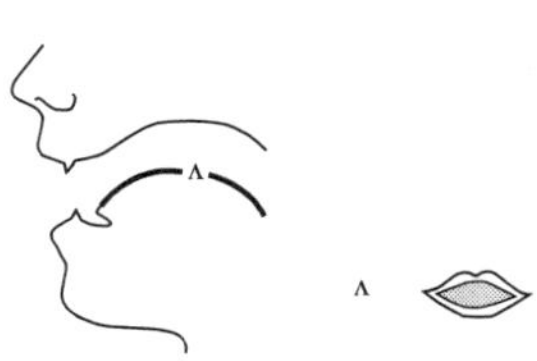

a camera 발음할 때의 밑줄 친 영어모음 발음 /ə/는 우리말 [어머나], [얼레] 처럼 무의식적으로 힘없이 나는 /어/에 가깝다. 즉 짧고 힘없이 발음되는 소리이다. 먼저 입술을 한 일자로 약간 벌리고 모든 근육에 긴장을 풀고 혀는 입의 바닥에 이완된 상태로 놓인다. 혀의 중설부와 입천장 사이의 중간공간을 통해 공기의 흐름이 빠져나가며 짧고 가

볍게 발음한다. 즉 중 중설 이완 비강세모음(mid central lax unstressed vowel)이다. 영어 3음절 단어 camera에서 모음철자 a, e, a로 표현되었지만 강세음절의 첫 a만 /æ/로 발음되고 나머지 비강세음절의 두 개 모음 e, a는 모두 /ə/로 발음된다. 즉 철자와 상관없이 강세가 없는 대부분의 비강세음절의 모음은 거의 대부분이 /ə/로 발음되기 때문에 특별히 schwa라고 부른다. 영어에서 가장 대표적인 비강세의 약모음(weak vowel)이다.

한편 cup 할 때의 영어모음 /ʌ/는 /ə/보다 턱을 더 내려 입을 약간 더 벌린 상태에서 우리말의 /아/도 아니고 /어/도 아닌 중간음을 내도록 해야 한다. 즉 중설모음으로 볼 때에는 영어의 /a/에 가까운 /아/와 비슷하고, 후설모음으로 볼 때에는 /어/와 비슷한 소리이다. 그러나 일반적으로 중설로 보아, 중 중설 이완 강세모음(mid central lax stressed vowel)이라고 한다. 근육에 긴장을 풀고 혀는 입의 바닥에 이완된 상태에서 가볍게 내는 이완모음이다. 같은 이완모음인 /ə/가 강세가 없는 비강세 모음으로 쓰이는 데 비하여, /ʌ/는 강세가 있는 강세모음으로 쓰인다는 점에서 구별된다.

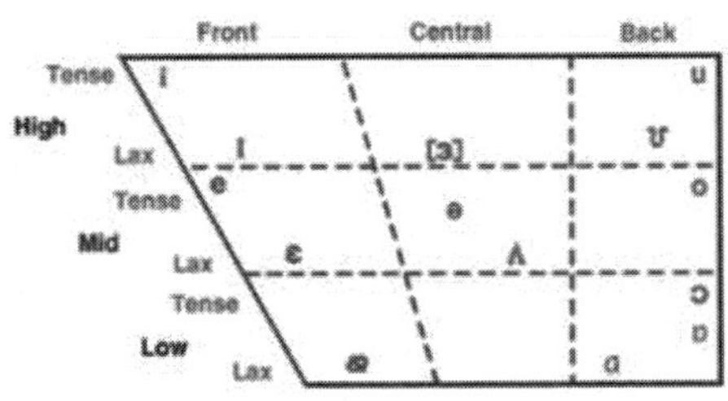

영어의 모음사각도

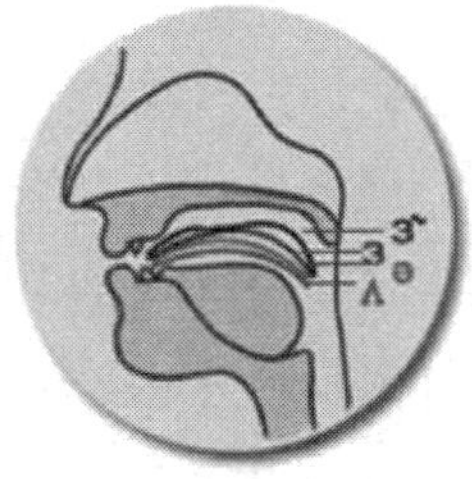

[ʌ] 모음의 혀의 높이 비교

2. 영어 중설 평순모음 /ɜ:/, /ʌ/ 와 후설 원순 모음 /ɔ/

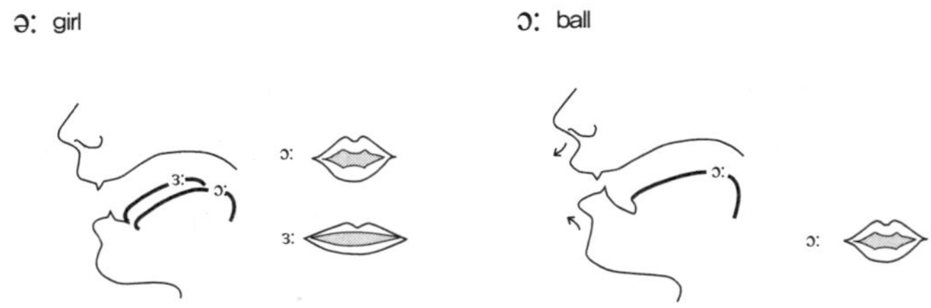

한편 1음절 단어 girl의 모음발음은 사전에서 /ə:/로 표기하기도 하지만, 1음절 내용어의 강세가 있는 모음발음이므로, 음성학자들은 /ɜ/로 표기하여 비강세 모음 /ə/와 구별한다. 우리말 /어/보다 혀가 약간 앞으로 나오고, 아래턱을 약간 더 올려서 내는 음으로 강세모음이므로 약간 길게 발음난다. 비록 긴장하지 않고 가볍게 발음하는 이완모음이나 강세를 주어 발음하는 강세모음이기 때문에 혀의 높이가 중이 아니라 약간 올라가는 고모음으로 본다. 즉 고 중설 이완 강세모음(high central lax stressed vowel)이라고 한다. 일반적으로 girl, bird 등에서처럼 /ɜ/와 /r/을 동시에 발음하는 r-음색의 모음으로 /ɝ/로 표기하기도 한다.

또 girl:[ɜ], cup:[ʌ] 할 때의 영어 중설 평순 모음 /ɜ/와 /ʌ/는 우리말 /어/와 비슷하기 때문에 ball 할 때의 영어 후설 원순모음 /ɔ/와 혼동하기 쉽다. /ɔ/는 /ʌ/와 달리 입술을 둥그렇게 해서 내는 원순모음이다. 우리말 /오/보다 턱을 더 내리고 입안에 달걀이 들어 갈 수 있을 만큼 입술을 둥글게 크게 벌려서 내는 소리이다. /ɜ/나 /ʌ/모음을 발음하면서 점차 입술을 둥그렇게 하면서 약간 긴장하면서 발음하면 된다.

/ɔ/의 조음시의 입모양

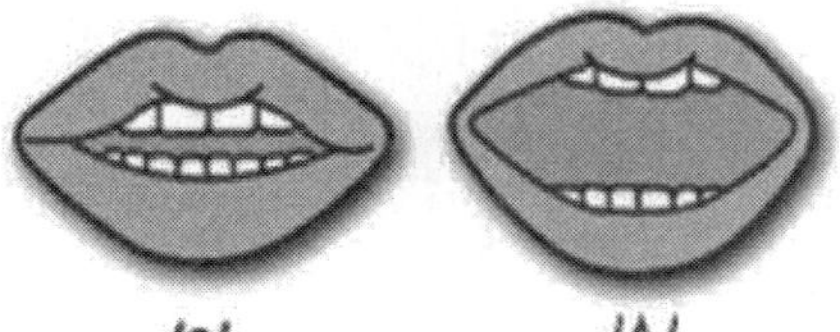

/ə/ /ʌ/

/ə/와 /ʌ/ 조음시의 입모양

한국사람은 영어모음 /ɔ/, /ə/, /ʌ/를 구별하지 않고 모두 /어/로 발음하는 경향이 있으므로 매우 조심해야 한다. /ɔ/는 /ə/나 /ʌ/와 달리 후설 원순모음으로 긴장하고 발음하는 긴장 강세모음이다. /ɔ/는 두 입술은 /o/ 발음시 보다 더 크게 벌리고 더 둥글게 하며 이는 거의 보이지 않도록 하고, 후설부와 연구개 사이의 공간을 더 넓히면서 발음한다. 한국학생들이 /ɔ/음을 입을 충분히 벌리지 않고 발음하는 습성이 있다. 그래서 /ʌ/나 /ə/와 구분되지 않는 경우가 많으므로 유의해야 한다.

한편 buy할 때의 영어모음 /ai/는 이중모음으로 모음 /a/는 우리말 /아/와 비슷한 저 중설모음(low central vowel)이다. 영국영어에서만 단모음으로 인정하고, 미국영어에서는 이중모음 /ai/ 등에서 쓰인다. 오히려 not 할 때의 후설 저 모음 /ɑ/와 혼동하지 않도록 조심해야 한다.

Pronunciation Drill 8

A 고 중설 이완 강세모음 /ɜː/와 중 중설 이완 강세모음 /ʌ/

01 다음 단어의 밑줄 친 부분의 /ɜː/와 /ʌ/모음을 구별하여 발음해 보시오.

/ɜː/ 1. bird 2. first 3. circle 4. dirty
5. sir 6. shirt 7. birthday 8. thirsty
9. burn 10. turn

/ʌ/ 11. shut 12. stomach 13. duck 14. wonder
15 southern 16. tough 17. gun 18. sudden
19. mustard 20. hundred

02 다음 구의 밑줄 친 부분의 연속된 /ʌ/ 모음을 발음해 보시오.

1. a summer sunday
2. enough money
3. a hungry buffalo
4. my younger brother
5. a sudden flood
6. double trouble
7. does or doesn't
8. funny stuff
9. a loving mother

03 다음 단어 쌍의 /ʌ/와 /ɜː/ 모음을 구별하여 발음해 보고, 문장 속에서 구별하여 발음해 보시오.

bun ↔ burn	hut ↔ hurt	such ↔ search	shut ↔ shirt
ton ↔ turn	fun ↔ fern	gull ↔ girl	bud ↔ bird

1. I'd like a hot dog on a bun. / Don't let the hot dog burn.

2. He lives in a hut. / He got hurt.
3. Such an interesting day! / Search the internet.
4. Button it shut. / Button the shirt.
5. I have a ton of homework. / I have to turn it in tomorrow.
6. I have fun in my garden. / I have a fern in my garden.
7. The gull flew over the sand. / The girl sat on the sand.
8. Put the bud in a vase. / Put the bird in its nest.

04 다음 발음을 듣고 문장 속 괄호 안에서 /ɜː/와 /ʌ/ 모음 발음의 단어를 고르고, 실제 맞는 단어로 발음해 보시오.

The business was (hurt / hut) by a recession.

1. The (fern / fun) was tall and green.
2. The (search / such) party found the missing hiker.
3. Don't (burn / bun) the soup.
4. Let's give everyone a (turn / ton).
5. The (girl / gull) decided to study Russian.

05 다음 단어의 밑줄 친 부분의 /ɜː/와 /ɔː/모음을 구별하여 발음해 보시오.

/ɜː/	1. bird	2. burn	3. word	4. circle
	5. turn	6. heard	7. hurt	8. work
	9. worse	10. first	11. serve	12. earth
/ɔː/	1. tore	2. saw	3. war	4. shore
	5. more	6. short	7. corn	8. formal
	9. door	10. warm	11. four	12. floor

06 다음 단어 쌍의 밑줄 부분 /ɜː/과 /ɔː/를 구별하여 발음해 보고, 문장 속에서 구별하여 발음해 보시오.

bird ↔ board,	heard ↔ hoard
curse ↔ course,	cut ↔ caught

1. The (bird / board) is flying in the air.
2. I (heard / hoard) his voice at that time.
3. He is under a (curse / course).
4. I (cut / caught) him by the sleeve.

B 중 중설모음 /ʌ/와 저 후설모음 /ɑ/ (또는 /ɔ/)

01 다음 단어의 밑줄 친 부분의 /ʌ/ 모음을 발음해 보시오.

1. cup	2. money	3. number	4. bus
5. brother	6. young	7. country	8. some
9. come	10. sun	11. mother	12. under
13. month	14. summer	15. love	16. color

02 다음 단어의 밑줄 친 부분의 /ɑ/(or /ɔ/) 모음을 발음해 보시오.

1. stop	2. watch	3. often	4. clock
5. job	6. cop	7. not	8. father
9. bottle	10. hot	11. problem	12. doctor
13. lot	14. box	15. soccer	16. want

03 다음 구의 밑줄 친 모음을 /ʌ/와 /ɑ/를 구별하여 발음해 보시오.

1. hot cup	2. double lock	3. lucky lottery winner
4. not enough	5. tough job	6. stop suddenly
7. modern country	8. hungry hog	9. popular government
10. come on	11. hot summer	12. rotten luck
13. one block	14. young father	

04 다음 문장이나 구에서 밑줄 친 단어의 모음 /ʌ/와 /ɑ/를 구별하여 발음해 보시오.

> /ʌ/ shut: He shut the door with his hand.
> /ɑ/ shot: He shot the door with a gun.

1. Come for lunch. My mother country.
   Once a month.
2. Lock the box. Stop the clock.
   a popular topic.

05 다음 단어 쌍의 발음을 들어 보고, 모음 /ɑ/와 /ʌ/를 구별하여 발음했는지, 같은 발음을 연속해서 발음 했는지 고르시오.

1. shot / shut	2. some / thumb
3. not / nut	4. cluck / clock
5. once / wants	6. cot / cut

06 다음 A 문장의 괄호 안에서 올바른 발음의 단어를 고르고, 파트너는 맞는 문장의 대답 B를 해 보시오.

> A: This (cut / <u>cot</u>) is uncomfortable.
> B: Would you like a bandage? ↔ **Would you rather sleep on a fusion?**

1. A: You look good in that (color / collar).
   B: Thanks! I like red. ↔ It feels a bit tight.
2. A: I was (wondering / wandering) about the city.
   B: Would you like some information? ↔ Were you lost?
3. A: Is your (luck / lock) good?
   B: Yes, I got a good job and a big apartment. ↔ Yes, but I lost the key.
4. A: I hear a loud (pop / pup).
   B: Is it a balloon bursting? ↔ Has he been barking long?
5. A: He's in the (bucks / box).
   B: When did he get all the money? ↔ What's he doing in a carton?
6. A: There's a (duck / dock) over there.
   B: It is swimming away. ↔ Let's tie up our boat.

07 다음 단어 쌍의 밑줄 부분 /ʌ/와 /ɔ/를 구별하여 발음해 보고, 문장을 통해 연습해 보시오.

1. cuff ↔ cough
   He has a <u>cuff</u> on his slacks. ↔ He has a bad <u>cough</u>.
2. bus ↔ boss
   The <u>bus</u> is late again. ↔ The <u>boss</u> is late again, too.
3. cut ↔ caught
   She <u>cut</u> it (her hand). ↔ She <u>caught</u> it (the ball).
4. lung ↔ long

They took an x-ray of his lung. ↔ It took a long time.

5. gun ↔ gone

   The soldier has a gun. ↔ The soldier is gone.

C 팝송과 발음

■ 다음 pop song을 듣고, 괄호 안에 있는 단어들의 영어모음을 구별하여 발음해 보자.

Show Me the Meaning of Being Lonely - Backstreet Boys -

(Show) (me) the (meaning) of (being) lonely.
So (many) (words) for the (broken) (heart)
It's (hard) to (see) in a crimson (love). So hard to (breathe).
(Walk) with me and maybe nights of light so (soon) become
Wild and (free) I (could) (feel) the (sun).
Your every (wish) (will) be (done). (They) (tell) me

*Show me the meaning of being (lonely).
Is this the feeling I (need) to walk with
Tell me why I (can't) be there where you are
There's (something) (missing) in my heart.*

Life (goes) on as (it) never (ends).
Eyes of (stone) (observe) the (trends)
(They) never (say), forever (gaze)
If (only) (guilty) (roads) to an (endless) love
There's no (control). Are you with me now
Your every wish will be done. They tell me. *Repeat

There's nowhere to (run). I (have) no (place) to go
(Surrender) my heart, (body) and (soul). How can it be
you're asking me to feel the things you (never) show

You are missing in my heart
Tell me why cannot be there, where you are. *Repeat

☞ Key Point 1 : 전설모음

a) /iː/: m**ea**n, b**e**ing, s**ee**, br**ea**the, fr**ee**, n**ee**d, f**ee**l(↔fill)
/i/: m**e**, **i**n, cr**i**mson, w**i**sh, w**i**ll, m**i**ssing, th**i**ngs, **i**s, th**i**s, gu**i**lty, b**e**(↔bee), **i**t(↔eat)

b) /ei/: th**ey**, s**ay**, g**a**ze, pl**a**ce,
/ɛ/: **e**very, t**e**ll, n**e**ver, **e**nds, tr**e**nds, for**e**ver, Surr**e**nder
/æ/: m**a**ny, c**a**n't, **a**s, h**a**ve, **a**sking, c**a**nnot

☞ Key Point 2 : 후설모음

a) /uː/: s**oo**n
/u/ : c**ou**ld,

b) /ou/: sh**ow**, l**o**nely, br**o**ken, g**o**es, st**o**ne, **o**nly, r**oa**ds, c**o**ntrol, s**ou**l
/ɔ/: w**a**lk
/ɑ/: h**ea**rt, h**a**rd, b**o**dy

☞ Key Point 3 : 중설모음

/ə/: w**or**ds, **a**, **o**f, **o**bs**er**ve, nev**er**, f**o**rev**er**, c**o**ntrol
/ʌ/: l**o**ve, d**o**ne, bec**o**me, s**o**mething

Unit 09
이중모음과 r-음색 모음 발음 연구

Pronunciation Guide

1) fine을 미끄럼형 리듬의 이중모음 /ai/으로 발음하자.
2) bird를 이완강세모음인 r-음색 모음 /ɝː/로 발음하자

> 1) It's a (fine) (day).
> 2) The (early) (bird) catches the (worm).

1. 이중모음 발음

aɪ fine

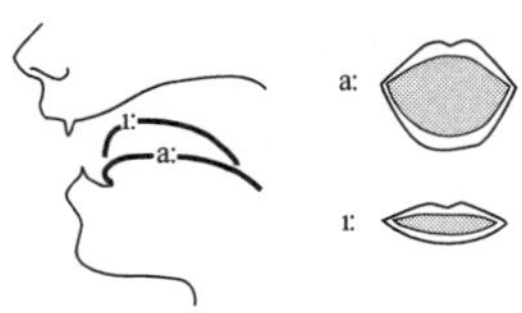

eɪ day

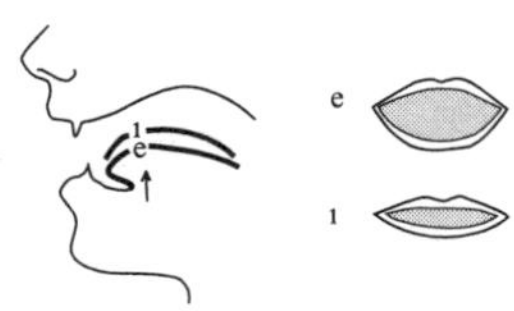

fine, day 할 때의 영어 이중모음(diphthong) /ai/와 /ei/는 하나의 모음이 재빨리 다른 한 모음으로 미끄러져 가면서 발음되는 복합모음이다. 이중모음의 특징은 시발점과 지향점이 되는 두 소리 중 어느 한 음에 에너지가 집중된다는 것이다. 에너지가 집중되지 않는 소리는 에너지가 집중되는 소리에 수반되어 발음된다. 이때 /ai/처럼 에너지가 집

중되는 시발점인 /a/음을 음절의 핵인 주음(syllabic)이라 하고, 이에 수반되어 지향점으로 미끄러지듯 이어지는 /i/음을 음절부음(nonsyllabic)이라 한다. 즉 fine[fain], day[dei], boy[bɔi]할 때의 이중모음 /ai/, /ei/, /ɔi/의 경우, 음절의 핵인 주음 /a/, /e/, /ɔ/를 시발점으로, 다음 /i/의 조음위치를 향해 미끄러지듯 발음한다. 이때 /i/는 단순한 지향점일 뿐, 결코 종착점이 아니다. 즉 high[hai], house[haus], pay[pei], boy[bɔi], phone[poun] 할 때의 이중모음에서 음절주음인 /a, e, ɔ, o/ 등은 에너지가 집중되어 강하게 발음된다. 즉 잘 들리는 공명도가 높은 음이다. 음절 부음인 /i, u/는 가볍게 발음되는 대표적인 이완모음으로 잘 들리지도 않는다. 즉 공명도가 낮은 음이다. 즉 공명도가 높은 음에서 공명도가 낮은 음으로 미끄러지듯 떨어지는 하강이중모음(falling diphthong)이다.[5] 또 혀의 움직임의 방향에 따라 후모음이 /i/인 경우 주모음인 /a, ɔ, o/ 등에서 혀가 전설모음 쪽인 앞으로 미끄러진다는 점에서 전향이중모음(fronting diphthong)이라 하고, 후모음이 /u/인 경우 혀가 뒤로 미끄러진다는 점에서 후향이중모음(retracting diphthong)이라 한다.

한국학생들은 이중모음을 두 개의 모음이 결합한 것으로 보고, 두 개의 모음을 또박또박 발음하는 경향이 있으므로 조심해야 한다. 즉 이중모음의 첫 모음인 핵음 /a/, /e/, /ɔ/는 명확하고, 크고, 길게 높은 음으로 발음하고, 뒤에 오는 후모음 /i/는 혀가 앞으로 미끄러지는 방향으로 불명료하고, 약하고, 짧게 낮은 음으로 발음한다. 마치 자음 중 미끄러지는 활음 /y/를 발음하듯 미끄러지는 하강리듬의 소리이다. 즉 단순모음에 꼬리가 달려있는 하강리듬의 발음으로 이중모음의 후모음을 자음중 미끄러지는 소리인 활음 /y/로 보기도 한다. 영어의 대표

5) 한편 you, group, would, souvenirs, tourists의 /ju/처럼 전이음이 음절핵인 주모음보다 앞에 오는 경우가 있는데, 이를 공명도가 낮은 음에서 높은 음으로 상승한다는 점에서 상승이중모음(rising diphthong)이라 한다.

적인 이중모음의 후모음은 /i, u/인데 각각 자음 중 활음인 /y, w/로 보고 /ay/, /aw/, /ey/, /ɔy/, /ow/로 표기하기도 한다.

2. 중향 이중모음과 r-음색(r-coloring)의 모음발음

한편 beer 할 때의 /iə/와 chair 할 때의 /ɛə/처럼 후모음이 /ə/인 경우 혀가 중앙으로 미끄러진다는 점에서 중향이중모음(centering diphthong)이라고 한다. 중향이중모음으로 /iə/와 /ɛə/외에도 poor의 /uə/

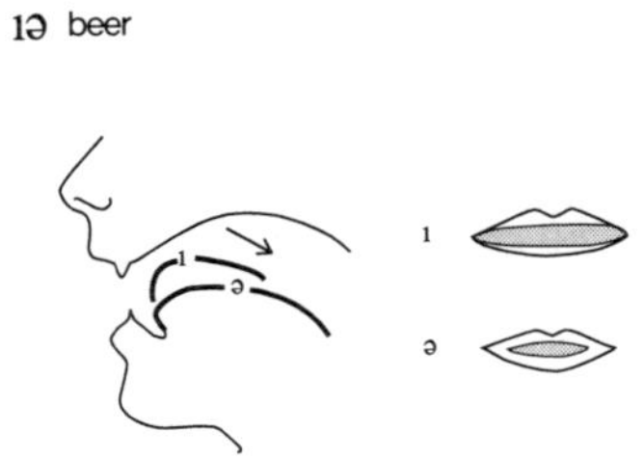

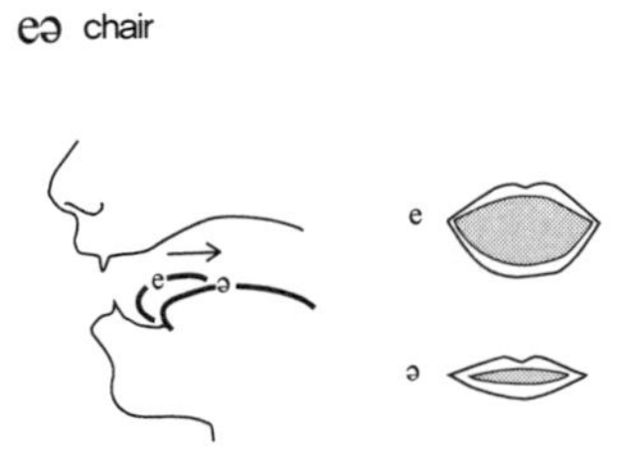

가 있다. 마찬가지로 핵음인 /i, ɛ, u/에서 출발하여 약모음인 /ə/로 미끄러지는 하강리듬의 소리이다.[6] 이때 beer[biər], chair[ʧɛər], poor[puər]는 하강이중모음인 동시에 모음 다음에 /r/발음이 나오는 r-음색(r-colored)의 모음이다.

---

6) 모음 다음의 /y, w/를 이중모음의 후모음 /i, u/로 보았듯이, 모음 다음의 /r/을 이중모음의 후모음 /ə/로 보고. door[dɔːr]와 heart[hɑːrt]를 이중모음 /ɔə/, /ɑə/에서 유래된 것으로 보는 학자도 있다.

ɜ:r bird

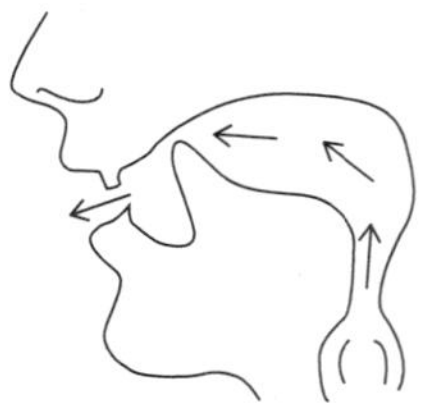

early, bird, worm처럼 모음 다음에 나오는 /r/ 소리는 모음 발음과 동시에 혀끝을 치경에서 약간 꼬부려 공기를 흘려 내보내는 소리이다. 모음 앞의 /r/소리와 달리 모음 발음시의 상태에서 약간 혀끝을 끌어 올려 긴장한 상태로 혀를 떨면서 굴리는 r-음색의 모음발음이다. 예를 들어 father의 /ər/ 소리는 비강세 이완모음인 /ə/를 발음 하면서, 혀끝을 약간 올려 길게 울리면서 동시에 떨면서 굴러가는 r-음색의 모음발음을 한다. 따라서 /ər/로 표기하기도 하지만 모음에 얹혀서 난다고 하여 /ɚ/로 표기하기도 한다. 한편 영국영어에서는 모음 다음에 /r/발음이 생략되므로 Jones(1967)는 길게 발음 나는 장모음 /ə:/로 표기한다. 강세 이완 모음인 bird[bɜ:rd]의 경우도 /ɜ:r/이나 /ɝ:/로 표기하기도 하는데, 영국영어에서는 /r/발음을 생략하여 장모음 /ɜ:/로 발음하기도 한다. 이외에도 r-음색의 모음 발음으로 four[fɔ:r], hard[hɑ:rd]의 /ɔ:r/, /ɑ:r/ 등이 있다.

Pronunciation Drill 9

A 이중모음의 미끄럼형 리듬의 발음

01 다음 단어나 구의 밑줄 친 부분의 이중모음과 장모음을 미끄럼형 리듬으로 발음해 보시오.

/ey/ 1. stay 2. day 3. eight
4. stay all day 5. a late date
6. a pay raise

/iy/ 1. we 2. me 3. tea
4. green tea 5. sweet dream
6. He seemed pleased to see me

/ay/ 1. tie 2. my 3. eye
4. five ties 5. light in my eyes
6. The pie was a surprise.

/ow/ 1. go 2. note 3. own
4. Oh, no! 5. My toes froze!
6. So it goes.

/uw/ 1. shoe 2. blue 3. moon
4. Move the new shoes. 5. Excuse me.
6. May I have a soup spoon?

02 다음 구나 문장의 밑줄 친 부분의 이중모음을 미끄럼형 리듬으로 발음해 보시오.

/aw/ 1. downtown 2. around the fountain
3. a loud sound

/ɔy/ 1. The boy found his toy. 2. Avoid spoiled milk.
3. Destroy the poison.

03 다음 문장의 밑줄 친 부분의 이중모음이나 장모음을 미끄럼형 리듬으로 발음해 보시오.

1. /ey/ Change the date to the eighth.
2. /iy/ Leave the keys on the seat.
3. /ay/ Mike would like some rice.
4. /ow/ He told me an old joke.
5. /uw/ The new shoes are huge.
6. /aw/ I found the town in an hour.
7. /ɔy/ The boy enjoys his toy.

B r-음색의 모음 발음

01 다음 밑줄 친 부분의 r-음색의 비강세 모음 /ər/를 발음해 보시오.

1. daughter	2. doctor	3. percent	4. pleasure
5. regular	6. yesterday	7. neighbor	8. forward
9. forgot	10. modern	11. information	

02 다음 밑줄 친 부분의 r-음색의 강세 모음 /ɜːr/를 발음해 보시오.

1. bird	2. burn	3. word	4. circle
5. turn	6. heard	7. hurt	8. work

9. worse	10. first	11. serve	12. earth
13. her	14. were	15. shirt	16. term

03 다음 밑줄 친 부분의 r-음색의 강세 모음 /ɔːr/를 발음해 보시오.

1. tore	2. sore	3. war	4. shore
5. more	6. short	7. corn	8. formal
9. door	10. warm	11. four	12. floor

04 다음 밑줄 친 부분의 r-음색의 강세 모음 /ɑːr/를 발음해 보시오.

1. car	2. start	3. yard	4. hard
5. heart	6. large	7. charge	8. sharp
9. part	10. garden	11. guard	12. mark

05 다음 문장의 밑줄 친 부분의 r-음색의 모음 /ɜːr/, /ɔːr/, /ɑːr/를 구별하여 발음해 보시오.

1. I heard the class is hard.
2. Her birthday is March first.
3. I need to learn more words.
4. He parked his car in front of the store.
5. I hurt my arm at the party.
6. The door is always locked on Thursday morning.

06 다음 단어 쌍의 발음을 들어 보고, 모음 /ɜːr/와 /ɑːr/를 구별하여 발음했는지, 같은 발음을 연속해서 발음 했는지 고르시오.

1. hard / heard	2. were / war
3. for / far	4. heart / hurt

5. burn / barn

6. shirt / short

07 다음 r-음색의 모음을 구별하여 발음해 보시오.

1. /iɚ/	here	ear	fear
2. /ɛɚ/	air	fair	there
3. /ɑːr/	far	heart	park
4. /ɔːr/	four	pour	door
5. /aiɚ/	fire	hire	dryer
6. /auɚ/	our	sour	flour

Unit 10
철자와 영어 모음발음 연구

Pronunciation Guide

1) 영어의 기본모음 발음과 철자 모음발음을 알고 발음하자.
2) 비강세음절의 모음은 철자와 상관없이 /ə/로 발음하자.

1) fact / face best / these fish / life
lock / nose dust / rule
2) along problem animal collect suggest

1. 영어의 기본 모음발음과 철자이름 모음발음

영어의 발음과 철자는 영어의 역사와 함께 변하여 왔기 때문에 매우 복잡하고 불규칙하다. 특히 영어 모음은 혀의 위치에 따라 상대적으로 정해진다. 따라서 세월이 흐름에 따라 상당히 변하였기 때문에 철자와 영어모음 발음과의 연관성을 찾기란 매우 어렵다. 그래도 모국어 화자들은 영어 철자만 보고도 정확한 모음 발음을 한다는 것을 보면 어느 정도 규칙성이 있다는 것을 알 수 있다. 다음은 이와 같은 규칙성을 설명한 것이다.

첫째 모음 다음에 자음이 하나나 둘이 나온 -VC(C)형태의 1음절 단어에서의 영어모음 발음은 철자에 대한 기본 모음 발음을 한다. 영어 모음철자에 따른 기본 모음발음은 다음과 같다.

1) a → /æ/ : fact tap bag
2) e → /ɛ/ : best left spell
3) i → /i/ : fish kill bit
4) o → /ɑ/ : lock cop hot
5) u → /ʌ/ : dust cup fun

둘째 모음 다음에 자음과 묵음의 -e로 끝난 -VCe형태의 1음절 단어에서의 영어모음 발음은 영어 모음철자 이름에 해당하는 발음을 한다.

1) a → /ei/ : cake face name
2) e → /iː/ : these Pete
3) i → /ai/ : life smile time
4) o → /ou/ : nose home wrote
5) u → /(j)uː/ : rule cute rude

셋째 두 개의 문자로 된 이중모음 및 장모음 발음은 앞 문자의 영어 모음철자 이름에 해당하는 발음을 한다.

1) ai → /ei/ : main train paint
2) ea → /iː/ : seat bean please
3) ie → /ai/ : pie tie
4) oe → /ou/ : toe goes
5) oa → /ou/ : boat goat

2. 비강세음절의 모음 발음

철자에 상관없이 비강세음절의 모음은 비강세의 약모음으로, 영어의 가장 대표적인 이완모음 /ə/로 발음한다.

1) /ə/ a : along, Canada animal
e : problem telephone instrument
i : animal
o : collect profession common
u : suggest, instrument

2) /ər/ : ar : regular
er : percent daughter modern
or : forgot information doctor
ur : pleasure

3. 전설 긴장모음과 이완모음

먼저 고 전설모음에서 일반적으로 긴장모음이면서 장모음인 /i:/는 강세음절의 강세모음으로 철자 e와 연관이 있고, 이완모음이면서 단모음인 /ɪ/는 일반적으로 비강세음절에 나오지만 강세음절에서도 철자 i 와 관련이 있다.

1) /i:/ ee : cheese green knee fourteen
ea : tea mean east stream
ie : piece believe movie (receive)

2) /ɪ/ i : mílk míllion fínger ríver
British swímming

둘째 중 전설모음에서 긴장모음인 /ei/는 철자 a, ai, ay, ei 등과 관련 있고, 이완모음인 /ɛ/는 철자 e, ea 와 관련 있다.

1) /ei/ a : Asia table potato
ai : train Spain painter
ay : May gray play
ei : rein eight neighbor

2) /ɛ/ e : dentist, Mexico, November,
ea : head bread sweater

Pronunciation Drill 10

A 영어 철자와 모음발음 기본 원칙

01 다음은 모음의 철자가 가장 기본적인 발음(base sound)을 하는 경우이다. 발음해 보고 음절구조상의 특징을 설명해 보시오.

map	best	fish	hot	fun

02 다음 단어의 밑줄 친 /ɛ/, /æ/, /ʌ/, /ɑ/ 소리를 구별하여 발음해 보고, 그 발음과 철자와의 관계가 있다면 설명해 보시오.

/ɛ/ /æ/ /ʌ/ /ɑ/

1. net - Nat - nut - not
2. leg - lag - lug - log
3. pet - pat - putt - pot
4. Tex - tax - tucks - tocks
5. den - Dan - done

03. 다음 단어를 발음해 보고, 모음 발음 중 철자 이름과 같은 발음이 나는 것을 고르시오. 또 '–VCe' 형태일 때(cake)와 '–VC(C)' 형태일 때(fact)의 차이를 설명해 보시오.

cake	fact	life	tap	cup	left	home
these	bit	cute	spell	bag	drop	tape
smile	rule	soft	nose	kill	dust	

04 다음 단어에서 어느 모음에 강세가 오고, /ə/로 발음 나는 부분이 어디인지 철자별로 정리해보시오.

across problem magazine tomorrow probably
profession curious instrument suggest animal
common committee

05 강세음절을 표시하여 다음을 발음해 보고, 밑줄 친 마지막 음절의 모음이, 기본모음(B)으로 발음 나는 경우, 모음철자 이름(N)대로 발음 나는 경우, schwa 모음(S)으로 발음 나는 경우를 구별해 보시오.

1. minute 2. suppose 3. purpose 4. confuse
5. interrupt 6. assistant 7. private 8. accurate
9. relate 10. encourage 11. represent 12. frequent
13. determine 14. define

B 철자와 모음발음

01 다음 단어의 밑줄 친 부분의 /iː/와 /i/소리를 구별하여 발음해 보고, 그 발음과 철자와의 관계가 있다면 설명해 보시오.

/iː/ 1. need see feet tree
2. east read leave seat
3. receive ceiling key people
4. piece believe police machine

/i/ 1. sit, rich, grin, minute
2. busy, business, build,

02 다음 단어의 밑줄 친 부분 /ei/와 /ɛ/ 소리를 구별하여 발음해 보고, 그 발음과 철자와의 관계가 있다면 설명해 보시오.

/ei/	1. face	name	make,	date
	2. wait	rain	day	play
	3. rein	eight	neighbor	
	4. they	convey	break	great
/ɛ/	1. let	get	egg	best
	2. bread	head	instead	breakfast

03 다음 단어의 밑줄 친 /ei/, /ɛ/, /i/ 소리를 구별하여 발음해 보고, 그 발음과 철자와의 관계가 있다면 설명해 보시오.

/ei/ /ɛ/ /i/

1. mate - met - mitt
2. pain - pen - pin
3. late - let - lit
4. sail - sell - sill
5. H - etch - itch
6. takes - Tex - ticks

04 다음 단어의 밑줄 친 /æ/와 /ɛ/ 소리를 구별하여 발음해 보고, 그 발음과 철자와의 관계가 있다면 설명해 보시오.

1. bath ↔ beth   2. past ↔ pest   3. laughed ↔ left
4. sat ↔ set   5. gas ↔ guess   6. bad ↔ bed
7. axe ↔ X   8. sad ↔ said

05 다음 단어 쌍의 첫 단어 모음발음은 /ʌ/이다. 같거나 비슷한 철자의 두 번째 단어 모음발음과의 관계를 설명해 보시오.

1. what ↔ hat 2. flood ↔ foot 3. country ↔ count
4. sun ↔ son 5. luck ↔ lock 6. tough ↔ though
7. cut ↔ company 8. one ↔ won 9. done ↔ bone
10. rush ↔ touch

06 다음 단어의 밑줄 친 부분의 /ou/, /ɑ/, /ɔ/ 소리를 구별하여 발음해 보고, 그 발음과 철자와의 관계가 있다면 설명해 보시오.

/ou/ 1. coat 2. frozen 3. October 4. show
5. drove 6. ago 7. home

/ɑ/ 8. rob 9. shot 10. cop 11. rock
12. stocking 13. car 14. possible

/ɔ/ 15. fought 16. thought 17. long 18. loss
19. caught 20. law 21 crawl

Chapter 3

음절 구조와 자음군
(Syllable Structure & Consonant Cluster)

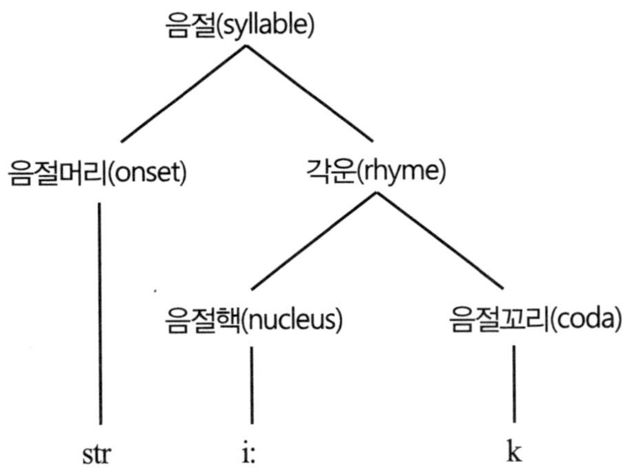

1음절 단어도 미끄럼형 리듬으로
부드럽게 발음하자

1. 영어음절 구조

영어발음을 얼마나 잘 할 수 있는가 중의 하나는 영어음절이 어떻게 구성되어있는지를 알고 한국어의 음절과는 어떤 차이가 있는가를 아는 일이다. 왜냐하면 영어와 한국어의 음절구조가 다르기 때문에 그러한 차이에서 오는 언어전이(transfer)에 의한 간섭 문제가 발생할 수 있기 때문이다. 한국어의 음절구조는 단순형으로 음절머리에 자음이 하나밖에 배열되지 않고, 음절꼬리에도 하나밖에 배열되지 않으므로 [아], [가], [암], [갑]과 같이 V, CV, VC, CVC형의 네 가지 유형의 음절 조직 밖에 없다. 그러나 영어의 음절구조는 한국어처럼 a[ə], go[gou], own[oun], love[lʌv] 등과 같은 단순형 외에도 복합형으로 모음 앞에 자음이 최대 세 개, 모음 뒤에 자음이 최대 네 개까지 올 수 있다. please[pli:z], springs[spriŋz], strengths [strɛŋkθs] 등과 같은 복합형이 가능하다. 그렇기 때문에 한국인이 영어음절 구조의 발음을 익힐 때 어려움이 따른다. 예를 들어 twinkles[twinklz]의 경우 한국인이 발음하면 각 자음 뒤에 모음 [으]를 삽입시켜 발음하기 쉽기 때문에 결과적으로 [트윙클즈]처럼 4음절로 잘못 발음하게 된다.

한편 영어와 국어의 음절은 최대음절의 크기 (영어는 CCCVCCCC, 국어는 CVC)라는 외형상으로도 큰 차이를 보일 뿐만 아니라, 내부구조에서도 대조를 보인다. 음절의 내부구조(the internal structure of the syllable)란 주어진 한 음절이 어떻게 나누어지는 가를 보여주는 것이다. 예를 들어, 1 음절어 pen은 논리적으로 세 가지의 내부구조가 가능하다.

(1) a. [p]+[e]+[n], b. [p]+[en] c. [pe]+[n]

(1a)는 음절 pen을 구성하는 개별음 /p, e, n/이 위계적 관계없이 모음을 중심으로 대칭으로 구성되어 있음을 나타내고, (1b)는 모음과 음절말의 자음이 하나의 단위를 이루고 있으며, (1c)는 음절머리의 자음과 모음이 하나의 단위를 이루고 있다. 실제 영어의 음절의 내부구조는 (1b)처럼 되어 있다. 영어 음절의 내부구조가 (1b)와 같다는 것은 개별 자모음보다는 크지만 음절보다는 작은 중간 단위가 있다는 것을 뜻한다. 이 중간단위, 즉 위의 (1b)에서 [en]을 각운(rhyme)이라고 한다. 각운이 영어의 주요 음운단위라는 증거는 여러 곳에서 찾아 볼 수 있다. 첫째, smoke와 fog의 합성어인 smog의 합성원리를 생각해 보자. 철자만을 생각하면 다음의 (2a), (2b)가 모두 가능한 결합형인 것 같지만, 세 단어 smoke[smouk], fog[fɔg], smog[smɔg]의 발음을 보면, (2b)의 결합형이 맞음을 알 수 있다.

(2) a. smo + g = smog: [smou]+[g] = *[smog]
b. sm + og = smog: [sm]+[ɔg] = [smɔg]

(2b)에 나타난 합성의 원리를 생각해 보면, smog의 내부구조는 sm-과 -og[ɔg]로 나눌 수 있으며, smoke는 sm-과 -oke[ouk]로 fog는 f-와 -og[ɔg]로 나눌 수 있다. 이처럼 영어 음절은 2대요소 즉 음절머리 자음군과 각운으로 이루어져 있음을 확인할 수 있다. 위와 같은 예는 mook (magagine+book) 과 같은 합성어에서도 볼 수 있다. 이와 같은 영어의 음절구조를 예를 들어 strengths[strɛŋkθs]라는 단어를 갖고 그림으로 나타내면 다음과 같다.

(3)

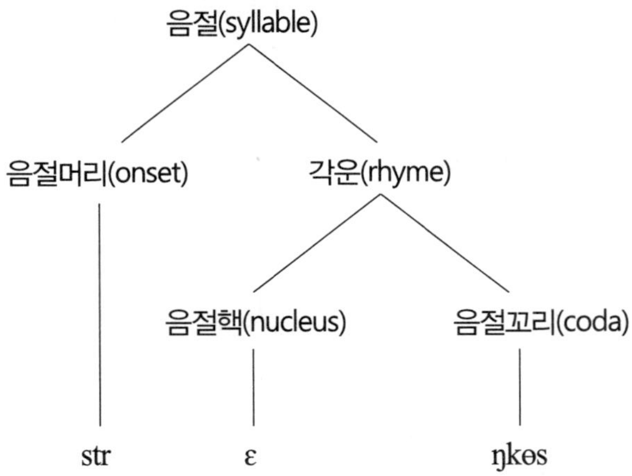

그렇다면 국어 음절은 어떻게 나눌 수 있을까? 영어에서처럼 각운이라는 단위가 존재하는 증거는 전혀 없고, 정 반대로 영어에서는 fool을 f와 -ool로 나눌 수 있다면, 국어에서는 예를 들어, 음절 [불]을 [부]와 [ㄹ]로 나누게 된다. 한 실험에서 영어를 모국어로 배우는 아이들이 CAT라는 단어를 인지하는 속도를 [CA+T]라는 상황과 [C+AT]라는 상황에서 비교했을 때, 영어의 음절내부구조와 일치되는 후자의 경우에 인지 속도가 빨랐다고 한다. 이와는 반대로 국어를 배우는 아이들은 [밤]이라는 글자를 [바]에 [ㅁ]을 더하는 것으로 배우지, [ㅂ]에 [ㅏㅁ]을 더하는 식으로 배우지는 않는다.

이처럼 음절구조의 차이가 영어발음연습을 하는데 시사하는 바가 크다. 예를 들어, 새로운 단어의 발음을 배울 때, 다음의 (4a)처럼 그 단어와 같은 각운을 가지고 있는 단어들을 중심으로 하거나, (4b)와 같은 문장을 이용하는 것도 효과적이다

(4) a. spoon-moon, house-mouse, tower-flower

b. That fat cat sat on the mat

위와 같은 연습의 반복을 통하여, 하나의 음운단위로서 영어의 각운을 자연스럽게 접하도록 하는 것은 영어 발음의 원리를 습득하는데 큰 도움을 준다. 각운을 더욱 흥미롭고 자연스럽게 접할 수 있도록 유아운율(nursery rhyme)과 같은 노래나 게임 등을 이용하는 것도 효과적이다.

(5) Teddy bear, Teddy bear, turn around,
Teddy bear, Teddy bear, touch the ground,
Teddy bear, Teddy bear, show your shoe.
Teddy bear, Teddy bear, that will do!

한편 영어는 한국어와 달리 강세박자 언어로 리듬 있는 언어이다. 2음절 이상의 단어에 반드시 강약이나 약강과 같은 리듬이 있듯이, 1음절 단어도 리듬이 있다. 즉 1음절 단어는 심장박동이 한번 있는 것으로 심장이 한번 [쿵]하고 뛴다고 할 수 있는 데, 국어는 [김], [박], [이]와 같은 1음절 단어의 경우 [쿵]하고 강하게 한 번 뛰는 데 비하여, 영어의 경우는 [쿠$_{웅}$]하고 미끄러지듯 부드럽게 발음하는 리듬이 있다. 즉 [기$_{임}$], [바$_{악}$], [이$_{이}$]와 같은 미끄러지는 리듬이다. 따라서 영어의 1음절 단어를 발음할 때 습관적으로 모음 [으]를 집어넣지 말고 미끄러지듯 부드럽게 발음하도록 하자.

2. 자음군(consonant cluster)과 음소배열제약

2.1 영어 음절머리의 자음군과 음소배열제약

영어의 음절구조에서 음절머리의 자음이 세 개, 음절꼬리의 자음이 4개 까지 올 수 있는 자음군(consonant cluster)이 가능하다고 해도, 아무런 자음이 다 나 올 수 있는 것은 아니다. 음절 머리에 자음이 한 개만 올 경우는 모든 자음이 가능하지만 /ʒ/ 와 /ŋ/만은 오지 못한다. 그것은 생성음운론의 분석방법을 따를 때 /ŋ/은 기저형이 /ŋg/라는 사실에 그 이유를 찾을 수 있다. 즉 어두에 /mb/, /nd/와 같이 비음과 조음위치가 같은 유성 폐쇄음이 오지 못하는 것도 같은 이유이다.

또 음절머리에 자음이 두 개가 오는 것이 흔하다고 하여 모든 자음군이 다 허용되는 것이 아니다. 자음 24개 중에서 어말이나 음절 꼬리에만 오는 /ŋ/을 빼고 23개의 자음이 다른 자음과 결합할 수 있는 경우의 수는 506가지이지만, 실제적으로는 다음 (6-8)처럼 40가지이고, 그 중에서 전이음 /j, w/와의 결합을 빼면 20가지 밖에 되지 않는다.

먼저 음절머리의 첫 자음이 폐쇄음이 오는 경우 그 다음 자음은 /r, l/과 같은 유음이거나 /j, w/와 같은 전이음이다.

(6) a. pray, tree, crow, broad, dray, grass
b. play, */tl/ clay, blue, */dl/ glow
c. */pw/, twelve, quick, */bw/, dwell, gwine
d. pure, tube, cute, beauty, duty, gules

(6a,b)와 같이 유무성 폐쇄음 /p, t, k, b, d, g/ 다음에 /r, l/과 같은 유음과 (6c,d)와 같이 /w, j/와 같은 전이음이 온 자음군이 가능하다. 이때

유음과 전이음을 합쳐 조음기관이 완전히 막히지 않고 개방적으로 모음에 접근되어 있는 음이라 하여 (개방) 접근음((open) approximant)으로 분류하는 학자도 있다. 즉 공명도가 가장 낮은 폐쇄음 다음에 자음 중 공명도가 비교적 높은 개방 접근음이 오고, 다음에 공명도가 가장 높은 완전 개방음인 모음이 오는 방식이다. 이때 두개의 연속적인 순음 */pw/, */bw/와 두개의 연속적인 치경음 */tl/ */dl/가 불가능한 것은 조음학상 불가능한 경우로 특별히 체계적인 갭(systematic gaps)이라고 한다.(틀린 문장이나 단어 앞에는 흔히 *를 붙인다.) 또 (6d)에서 보듯 철자상으로는 없는 /j/발음이 후설모음인 /u/모음 앞에서 발음을 용이하게 하기위해 일종의 음운첨가 현상으로 삽입되는 것을 엿볼 수 있다.(이 경우 연속된 두 개의 자음으로 보지 않고 상승이중모음 /ju/로 보기도 한다.)

다음 음절머리의 첫 자음이 /s/를 제외한 무성 마찰음 /f, θ, ʃ, h/가 오고 그 다음 자음은 /r, l, j, w/와 같은 공명도가 높아 모음성이 강한 개방 접근음이 오는 경우이다.

(7) a. fry, throw, shrink, */hr/
b. flow, */θl/, schlemiel, */hl/
c. */fw/, thwart, */ʃw/, which
d. few, thews, */ʃj/ , huge

(7a,b)처럼 무성 마찰음 /f, θ, ʃ/ 다음에 유음 /r, l/이 온 자음군이 가능하고, (7c,d)처럼 전이음 /w, j/이 온 자음군이 가능하다. 이 때 */hr/과 */hl/이 없는 것은 우연히 없는 경우라 하여 우연한 갭(accidental gaps)라고 한다. 그러나 */fw/이 불가능 한 것은 조음학상 연속적인 순음(순치음과 순음)이 불가능하기 때문이고, */θl/이 불가능한 것은 조음학상 치음(치간음과 치경음)을 연속적으로 발음하기 불가능하기 때문으로

체계적인 갭에 해당한다. 또 (7d)의 few, thews, huge 보듯 철자상으로는 없는 /j/ 발음이 후설모음인 /u/ 모음 앞에서 발음을 용이하게 하기 위해 일종의 음운첨가 현상으로 삽입되는 것을 엿볼 수 있다. 그러나 */ʃj/는 없는 것은 mission [míʃən]에서 보듯 /s/음 다음에 /j/이 올 경우 치경음 /s/가 경구개음 /j/의 영향을 받아 /ʃ/로 변하고 /j/가 생략되기 때문이다.(상호동화라고도 하고 융합이라고도 한다)

다음은 음절머리의 첫 자음이 /s/일 경우 그 다음 자음은 무성 폐쇄음 /p, t, k/과 무성마찰음 /f/가 오거나, 비교적 공명도가 높은 비음 /m, n/, 유음 /r, l/, 전이음 /w, j/ 등이 올 수 있다.

(8) a. spend, stone, score, sphere
b. small, snow, Sri Lanka, slay, swim, suit

(8a)처럼 마찰음 /s/ 다음에는 무성폐쇄음 /p, t, k/가 올 경우 무성폐쇄음 /p, t, k/는 무기음 [p', t', k']로 변하여 마찰음 /s/보다 공명도를 높인다. /sr/의 경우 Sri Lanka와 같은 외래어에서나 볼 수 있듯이 매우 드물다.

다음 파찰음 /tʃ, ʤ/다음에 공명도가 높은 전이음 /j/가 오고, 비음 /m, n/, 유음 /l/ 다음에 전이음 /j/가 오는 경우가 가능하다.

(9) a. chew, juice
b. music, new, lute

(9a)와 같이 /tʃj/, /ʤj/ 등의 자음군이 가능하다. 또 (9b)처럼 /mj/, /nj/, /lj/ 등의 자음군이 가능하다. 그러나 이 경우도 연속된 두 개의 자음으로 보지 않고 상승이중모음 /ju/로 보는 것이 더 일반적이다.

요약하면 두 개의 자음군이 음절머리로 나온 경우, (6, 7)처럼 순수 자음인 패쇄음, 마찰음과 같이 장애를 많이 받아 공명도가 낮은 장애음 다음에 공명도가 비교적 높아 모음에 근접한 접근음인 유음, 전이음 등이 오는 경우가 많다. 또 (8)처럼 /s/ 다음에 다른 자음이 오는 경우와 (9)처럼 파찰음과 공명도가 높은 비음 및 유음 다음에 전이음 /j/가 오는 경우로 대별해 볼 수 있다.

한편 */pt/와 같은 폐쇄음과 폐쇄음 결합은 불가능하고, */pn/이나 */np/와 같은 폐쇄음과 비음, 또는 비음과 폐쇄음의 결합은 불가능하다. 이는 조음학상 두 개의 연속적인 폐쇄음을 발음할 수 없기 때문으로 일종의 체계적인 갭에 해당한다. 또 */ts/와 같은 폐쇄음과 마찰음의 결합 및 */ft/와 같은 마찰음과 폐쇄음의 결합도 불가능 하다. 즉 폐쇄음과 마찰음은 방해를 많이 받고 나오는 저해음이기 때문에 연속해서 발음할 수 없기 때문이다. 따라서 두 개의 자음이 결합할 경우 공명도가 낮은 저해음과 공명도가 비교적 높은 비음이나 유음 및 전이음의 결합이 가능함을 알 수 있다. 예를 들어 play, pray는 영어 단어이지만 *lpay, *rpay는 그렇지 않음을 우리는 직감적으로 알 수 있다. 이러한 음절구조제약은 영어 사용자가 갖고 있는 영어에 대한 내면적인 지식(intrinsic knowledge)이며, 영어 발음을 향상시키는 것에는 이러한 지식을 향상시키는 것도 포함된다.

다음 (10)처럼 음절머리에 자음이 세 개 오는 경우에 첫 자음은 반드시 /s/이어야 하며, 두 번째 자음은 무성폐쇄음 /p, t, k/중 하나이며, 세 번째 자음은 접근음 /r, l, j, w/ 중 하나이다.

(10) a. spring, splash, spew, */spw/
b. stray, */stl/, studio */stw/
c. screw, sclaff, skew, square

이때 (10a, b)에서 */spw/와 */stl/이 불가능한 것은 조음학상 연속적인 두개의 순음 */pw/와 두개의 치경음 */tl/이 불가능한 체계적인 갭이고, (10b)의 /stw/가 없는 것은 우연한 갭이다. 이처럼 음절머리의 세 자음을 $C_1C_2C_3$라 할 때, 각각의 위치에 올 수 있는 자음은 다음과 같다.

(11) a. C_1: s
b. C_2: p, t, k,
c. C_3: l, r, w, y

따라서 string은 가능한 음절이지만, s-t-r의 순서를 뒤바꾼 *tsring, *rsting 등은 불가능한 영어음절이며, s-t-r을 사용하지 않은 *sdring, *lmsing도 불가능한 영어음절이다. (11)의 음절구조제약에서 중요한 것은 C_2에 올 수 있는 /p, t, k/가 서로 아무런 연관이 없는 자음이 아니라, 무성음임과 동시에 폐쇄음이라는 음성적 공통점을 가지고 있으며, 마찬가지로, C_3에 올 수 있는 /l, r, w, y/ 역시 유성음임과 동시에 모음적 성격이 강한 접근음, 즉 자음과 모음의 성격을 공유하고 있는 공명음이라는 음성적 공통점을 가지고 있다는 점이다. 또 폐쇄음, 마찰음과 같이 장애를 많이 받는 자음일수록 음절 가장자리에 오고, /l, r, w, y/처럼 음성적 특성이 모음에 가까운 자음일수록 음절의 내부에 위치한다는 점도 발견할 수 있다. 이때 음절머리의 자음군으로 /sp/, /st/, /sk/인 경우 공명도 기준으로 보면 /s/음보다 공명도가 낮은 무성폐쇄음 /p, t, k/가 음절중심 쪽에 있게 되어 음절구조에 대한 공명도 이론에 어긋나는 듯 보인다. 그러나 /s/ 다음에 오는 무성폐쇄음 /p, t, k/를 일종의 유성음화된 무기음 [p', t', k']로 발음하여 공명도를 /s/보다 높여 발음하여 이런 문제를 해결한다. 또 공명도가 같은 /sf/의 경우는 sphinx, sphincter, sphere 등 아주 극소수의 단어들에게서만 발견되는 자음군이다. 그 외는 모두 공명도가 낮은 음에서 공명도가 높은 쪽으로 자음군을 형성하고 있다. 이처럼 음절머리에 올 수 있는 자음과 그 외에 모음 및 음절꼬리에 올 수 있는 자음간의 배열 관계를 음절구조제약, 또는 음소간의 배열 관계를 정해 놓았다는 의미로 음소배열제약(phonotactics)이라고 한다.

2.2 영어 음절꼬리의 자음군과 음소배열제약

음절꼬리(coda)인 어말에 자음이 한 개가 오는 경우는 /h/를 뺀 모든 자음이 가능하다. 음절머리인 어두에 오지 못하는 /ŋ/과 체계적인 대립을 보인다. 다음으로 음절꼬리에 자음군이 두 개인 경우인데 음절머리에서보다는 훨씬 더 많은 자음군이 나타난다.

먼저 유음 /r, l/ 다음에 다른 자음이 온 경우를 보자.

(12) a. warp, cart, bark, verb, board, burg
b. turf fourth, curse, harsh -*/rh/
curve, -/rð/ cars, spurge
c. gulp, belt, milk, bulb gold,
d. wolf health, false, belch, -*/lh/
solve -/lð/, bells, belge
e. harm, carn -/rŋ/ film, kiln -/lŋ/

(12a)는 음절꼬리로 모음성이 강해 공명음이라고도 하는 유음 /r/ 다음에 순수 자음으로 폐쇄음 /p, t, k, b, d, g/ 등이 온 자음군 형태이다. (12b)는 유음 /r/ 다음에 마찰음 /v, ɵ, s, z ʃ/ 과 파찰음 /ʤ/ 등이 온 자음군 형태이다. (12c)는 공명도가 높은 유음 /l/ 다음에 폐쇄음 /p, b, t, d, k/ 등이 온 자음군이다. (12d)는 유음 /l/ 다음에 마찰음 /f, v, ɵ, s/ 등과 파찰음 /tʃ, ʤ/ 등이 온 자음군이다. (12e)는 유음 /r, l/ 다음에 비교

적 공명도가 높은 비음 /m, n/ 등이 온 자음군이다.

다음은 공명도가 높은 비음 /m, n, ŋ/ 다음에 폐쇄음, 마찰음, 파찰음 등의 장애음이 온 경우이다.

(13) a. tent, lend,
b. lenth, lense, lens, branch, change
c. pump, nymph
d. think

(13a)처럼 /n/ 다음에는 비교적 자유스럽게 다른 장애음이 오지만, (13b)처럼 /m/ 다음에는 /p, f/만이 가능하고, (13c)처럼 /ŋ/ 다음에는 /k/만이 가능하다.

다음은 마찰음과 폐쇄음 등의 장애음이 온 경우이다.

(14) a. lift, fifth, leaves, wasp mist, risk
b. apt, lapse depth width, box

(14a)처럼 마찰음 /f, s/ 다음에 폐쇄음 /p, t, k/가 가능하고, 마찰음 /f, v/ 다음에 같은 마찰음 /θ, z/ 등이 가능하다. 또 (14b)처럼 폐쇄음 다음에 같은 폐쇄음이나 마찰음이 가능하다.

음절꼬리에 자음이 세 개 오는 경우는 (15)처럼 음절머리에서보다는 다음과 같이 아주 많은 예가 발견된다.

(15) a. world, warmth, prince
b. burst, excerpt, corpse
c. twelfth, waltz
d. tempt, glimps, amongst, instinct, length
e. midst text, sixth

(15a)는 모음성이 강한 유음 /r/ 다음에 유음 /l/이나 비음 /m, n/ 등이 온 다음에, 장애음인 폐쇄음이나 마찰음이 온 자음군의 형태이다. (15b)는 유음 /r/ 다음에 폐쇄음과 마찰음 등의 장애음이 2개 나온 자음군의 경우이다. (15c)는 유음 /l/ 다음에 폐쇄음과 마찰음 등의 장애음이 2개 나온 자음군의 경우이다. (15d)는 모음성이 강한 비음 /m, n, ŋ/ 다음에 폐쇄음과 마찰음 등의 장애음이 2개 나온 경우이다. (15e)는 폐쇄음과 마찰음 등의 장애음이 연속해서 3개 나온 자음군의 경우이다.

다음은 음절꼬리의 자음군이 4개인 경우이다.

(16) a. Ernst Harpst
b. texts prompts glimpsed
c. sixths twelfths thousandths
d. warmth months lengths

(16a)는 사람 이름과 같은 고유명사에서 모음성이 강한 유음이나 비음이 연속해서 나온 다음에 마찰음, 폐쇄음 등의 장애음이 연속 2개 나오거나, 유음 다음에 장애음이 연속 3개 나온 자음군의 형태이다. (16b)는 text와 같이 연속된 3개의 자음군 다음에 복수형 어미 /s/가 붙거나, prompt와 같이 연속된 3개의 자음군 다음에 3인칭 단수 현재시제동사 어미 /s/가 붙거나, glimpse와 같이 연속된 3개의 자음군 다음에 과거형 어미 /t/가 붙어 연속 4개의 자음군이 나온 형태이다. 특히 (16c)는 six, twelve, thousand와 같이 연속된 2개의 자음군 다음에 서수굴절어미 -th/θ/와 복수어미 /s/가 붙어 4개의 자음군이 된 경우이다. (16d)는 중간에 삽입자음 /p, t, k/ 등이 들어가 4개의 자음이 된 경우이다.

한편 모든 발화는 하나 또는 두 개 이상의 음절로 이루어져 있다. 가장 간단한 음절은 자음과 모음으로 이루어진 음절 즉 CV이다. CV음절은 그 연속 CVCV... 로서 공명성이 높은 모음이 음절 꼭대기가 되고, 공명성이 없는 자음이 음절 골짜기가 된다. 그래서 그 공명 꼭대기와 공명 골짜기가 상승과 하강을 이르면서 리듬을 형성하게 된다. 또 음절 꼭대기와 음절 골짜기를 구분 짓는데 이용되고 있는 공명도는 음향학적으로 공명(resonance)이나 음향학적 에너지(acoustic energy)와 연상해서 생각해 볼 수 있다. 즉 음향학적으로 공명이 크게 일어나거나 에너지가 큰 것을 공명도가 높은 것이라 생각할 수 있고, 지각(perception)적인 측면에서는 (멀리까지) 크게 잘 들리는 것이 공명도가 높은 것이라고 생각할 수 있다. 조음적인 측면에서 공명도가 높은 음들이 더 힘들여 더 확실하게 조음되는 음이다. 그러나 공명도란 엄밀한 음성학적 실험이나 연구로서 입증되지 못한 추상적인 개념으로 다음과 같은 가상적인 하나의 위계 속에서 상대적인 개념으로 이용되고 있다.

(17) a. 모음(저모음-중모음-고모음) 〉 활음 〉 자음(유음-비음-장애음)
b. 장애음: 마찰음 〉 폐찰음 〉 폐쇄음

즉 모음이 공명도가 가장 높고 자음이 가장 공명도가 낮으며, 모음 중에서는 입을 가장 많이 벌리는 저모음(특히 /ɑ/)이 가장 공명도가 높고, 자음 중에서는 방해를 덜 받는 유음(l, r)이 가장 높으며 방해를 많이 받는 장애음이 가장 낮다. 장애음 중에서는 다시 (17b)처럼 마찰음이 가장 높고 폐쇄음이 가장 낮다. 그리고 장애음 내부에서 유성음은 무성음보다 공명도가 높다. 따라서 유성마찰음, 유성폐찰음, 유성폐쇄음, 무성마찰음, 무성폐찰음, 무성폐쇄음으로 순서를 다시 정할 수 있다.

이와 같은 공명도 이론에 따르면 소리마다 공명도가 다르기 때문에 어떤 주어진 음의 연쇄에는 공명도의 정점(peak)이 있고, 이러한 정점이 음절핵을 이루면서 음절을 이룬다. 즉 공명도 위계에 따라 음절은 다음과 같이 구성된다. 이러한 음절구조에 맞는 음들을 배열해 놓은 것이 (18c)이다.

	음절머리		음절핵		음절꼬리
(18) a.	공명도 점점 높아짐	→	공명도 정점	←	공명도 점점 높아짐
b.	공명도 점점 낮아짐	←	공명도 정점	→	공명도 점점 낮아짐

c. 폐쇄음, 마찰음, 비음, 유음, 활음, 모음, 활음, 유음, 비음, 마찰음, 폐쇄음

Unit 11
어말 자음군과 1음절 미끄럼형 리듬 연구

Pronunciation Guide

1) word를 [워어드]가 아니라, [워얼]처럼 미끄러지듯 발음하자.
2) asks를 [애스크스]가 아니라, [애sks]처럼 미끄럼형 리듬으로 발음하자

> 1) He hasn't said a word.
> 2) asks : [æsks], just : [dʒʌst], touch : [tʌʧ]

1. 어말 자음군 word의 미끄럼형 리듬

의사소통에서 사용되는 언어는 언어마다 고유의 리듬이 있다. 우리나라 말은 음절박자 리듬(syllable-timed rhythm)으로 음절단위로 또박또박 발음하는데 비하여, 영어는 강세박자 리듬(stress-timed rhythm)으로 강약이 교체하면서 리듬을 타고 끊어지지 않고 부드럽게 발음한다. 즉 영어는 강세음절과 강세가 없는 비강세 음절(unstressed syllable)이 교대로 반복되는 리듬구조를 갖으며, 박자(beat)는 강세가 있는 음절로 이루어진다.

한편 다음 (1a)의 word와 같은 1음절 단어에도 고유한 리듬이 있다.

즉 영어모음은 공명도 즉 울림이 좋아 높은 소리로 강하고 길게 발음하여 명료하고 똑똑하게 들리는 음절 핵(peak)을 이루나, 단어 끝의 자음은 일반적으로 공명도가 낮아 소리가 낮고 약하고 짧게 나므로 잘 들리지 않는 음절꼬리(coda)를 이룬다. 따라서 자연스럽게 강하고 길고 높은 음절핵인 모음에서 약하고 짧고 낮은 음절꼬리인 자음으로 미끄러지는 1음절 리듬이 된다. 이는 다음과 같은 억양표시를 보면 쉽게 이해할 수 있다.

(1) a. He hasn't said a **word**.

b. She is my **mother**.

즉 강하고 명료하게 발음하는 [wɚ]에서 자음 [d]로 떨어지는 미끄럼형 리듬(glide down)으로 발음해야한다. 반면 (1b)의 2음절 단어 mother는 음절단위로 또박 또박 발음하는 [마더]가 아니라, 강음절인 첫음절 [mɑ́]에서 약음절인 [ðər]로 계단식으로 떨어지는 리듬(step down)으로 발음을 해야 한다.

2. asks 등처럼 모음 다음 자음이 4개까지 가능한 어말 자음군

(2) asks : [æsks], just : [dʒʌst], touch : [tʌʧ]

한국사람들은 asks, just, touch처럼 단어 끝에 자음이 연속하여 나온 경우 발음하기 힘드므로 습관적으로 모음 /으/를 집어넣어 [애스크스], [져스트]처럼 발음하는 경향이 있다. 또 touch처럼 단어 끝에 경구개 자음 /ʧ/로 끝난 경우 경구개 근처에서 나는 모음 /이/를 습관적으로 집어넣어 [터취]로 발음하는 경향이 있다. 그러나 위 단어의 발음기호를 보듯 모음 하나에 자음이 붙어 있는 1음절 단어들이다. 즉 자연스럽게 강하고 길고 높은 소리인 모음에서 약하고 짧고 낮은 음절꼬리인 자음으로 미끄러지는 1음절 리듬이 된다.

한편 영어는 단어 끝에 자음이 4개까지 겹쳐올 수 있다. 먼저 다음처럼 자음이 한 개 나오는 경우부터 보자.

(3) a. cap : [kæp], sat : [sæt], dock : [dɔk]
b. cuff : [kʌf], path : [pæθ], gas : [gæs]

어말자음을 정확하게 다 발음하려다 보면, 자음 뒤에 습관적으로 모음 /으/를 집어넣어 [캐프], [새트, [더크], [커프], [패쓰], [개스]로 2음절로 발음하기 쉽다. 그러나 단어 끝의 폐쇄음 /p, t, k/는 다음처럼 공기의 흐름을 막기만 한 상태에서 발음을 끝내거나, 파열을 시키더라도 힘을 빼고 살짝 파열시켜 거의 들리지 않도록 해야 한다.

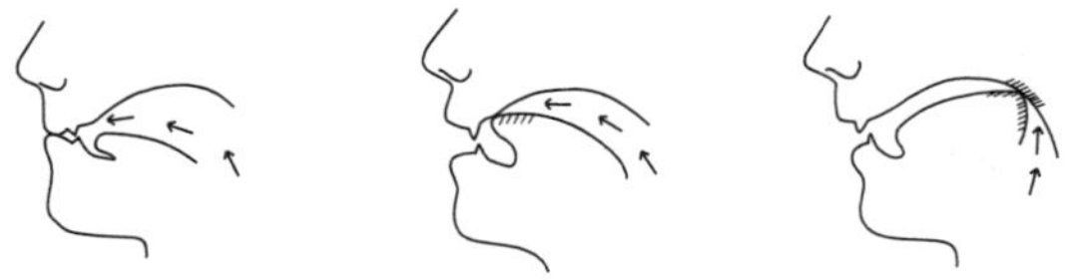

폐쇄음 /p/ 폐쇄음 /t/ 폐쇄음 /k/

또 단어 끝의 마찰음 /f, θ, s/도 다음처럼 조음기관을 좁혀서 공기를 마찰시켜 내는 소리이다. 따라서 단어 끝에서는 가볍게 마찰을 시켜 거의 들리지 않을 정도로 다음 그림과 같은 상태에서 발음을 끝내면 된다.

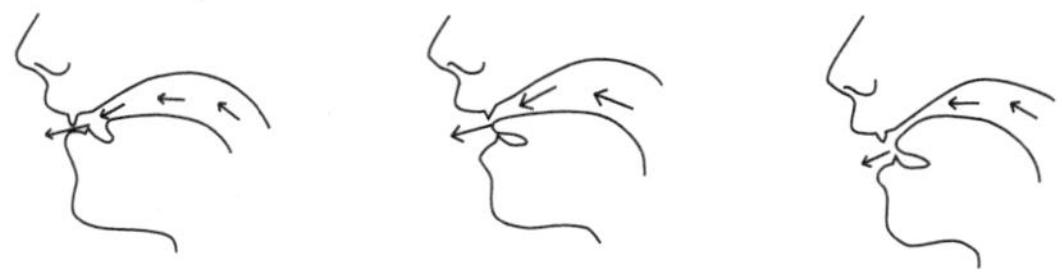

/f/ 발음시 /θ/ 발음시 /s/ 발음시 혀위치

따라서 [캡], [샙], [덬], [커$_f$], [패$_θ$], [개$_s$]처럼 자연스럽게 미끄러지는 1음절 리듬의 발음이 된다. (이때 이해하기 쉽게 우리말 표기를 하였으나 영어와 우리말 자모음 소리가 일치하지 않으므로 필요시 영어 발음 기호와 함께 표기하고자 한다. 특히 영어의 자음 중 마찰음은 우리말 자음과 일치하는 것이 없어 그대로 표기한다.)

다음 단어 끝에 두 세 개의 자음이 겹쳐 나올 때도 모음 /으/를 집어넣지 말고 1음절 미끄럼형 리듬으로 발음하자.

(4) 음절꼬리의 어말자음군의 자음이 두 개인 경우

	잘못된 음절박자 리듬	미끄럼형 리듬
a. bump:	[범프]	[bʌmp]
b. wasp:	[와스프]	[wɑsp]
c. depth:	[데프쓰]	[depθ]

첫째 (4a)처럼 비교적 공명도가 높은 비음 /m, n ŋ/이나 흐르는 소리인 유음 /l, r/ 뒤에 공명도가 낮은 폐쇄음, 마찰음, 및 파찰음이 올 경우, 비록 단어 끝에 자음이 두 개 겹쳐 나왔지만, 처음 자음이 공명도가 높은 비음이나 유음이기 때문에 그렇게 큰 어려움은 없다. 즉 비음이나 유음은 모음과 함께 공명도가 높으므로 분명하고 명확하게 발음하고, 음절꼬리의 자음만 모음 /으/나 /이/가 없이 발음하면 된다. 둘째 (4b)처럼 음절꼬리의 자음군의 처음 자음이 마찰음이고, 나중 자음이 폐쇄음 /p, t. k/일 경우, 자연스럽게 공명도가 낮은 자음순으로 배열된

경우이므로 공명도가 높은 음절핵인 모음에서 공명도가 낮은 음절꼬리의 어말 자음군쪽으로 미끄러지는 리듬으로 발음하면 된다. (4c)처럼 음절꼬리의 어말자음군중 처음 자음이 /p, b, t, d, k, g/와 같은 폐쇄음이고, 주로 나중 자음은 마찰음 /θ, s, z/ 등이 나오는 경우 약간 공명도상의 배열이 어긋나지만, 둘 다 공명도가 낮은 순수 자음이므로 강하고 높은 음으로 분명하게 들리는 음절핵인 모음에서 순간적인 멈춤만 있어 속으로 중얼거리는 듯한 폐쇄음에 이어 약하게 마찰하여 발음하는 마찰음으로 미끄러지는 발음을 하면 된다.

다음 음절꼬리의 자음이 3개 이상인 경우를 보자.

(5) 음절꼬리의 어말자음군이 3-4인 경우

	잘못된 음절박자 리듬	미끄럼형 리듬
a. pumped:	[펌프트]	[pʌmpt]
b. lapsed:	[래프스트]	[læpst]
c. twelfths:	[트웰프쓰스]	[twɛlfθs]

(5a)처음 음절꼬리의 어말 자음군의 첫 자음이 공명도가 높은 비음이나 유음인 경우, 자음이 세 개 겹쳐 나왔다 하여도 그렇게 큰 어려움은 없다. 음절꼬리의 어말 자음군이 두 개인 경우와 같이 자연스럽게 미끄럼형 리듬으로 발음하면 된다. 다음 (5b-c)처럼 음절꼬리의 세 개의 자음군이 공명도가 낮은 폐쇄음이거나 마찰음인 경우 한국 사람은 습관적으로 폐쇄음과 마찰음 다음에 모음 [으]를 붙여 [펌프트], [래프스트], [트웰프쓰스]처럼 3음절이나 4음절로 발음하는 경향이 있으므로 매우 조심해야 한다. 즉 강하고 길고 높고 분명하게 발음되는 음절핵인 모음발음에서, 약하고 낮아 거의 들리지 않을 정도로 중얼거리듯 발음하는 음절꼬리의 세 개의 연속된 자음발음으로 미끄러지는 미끄럼형 리듬으로 발음하면 된다.

3. 각운에 따른 시의 운율

영어 음절의 내부구조는 음절꼬리의 자음군과 음절핵인 모음을 합쳐 음절보다는 작은 단위인 각운(rhyme)이라는 중간 단위를 두고 있다. 즉 각운은 공명도가 가장 높은 음절 핵인 모음에서 공명도가 점점 낮아지는 음절 꼬리의 자음군으로 떨어지는 미끄럼형 리듬의 운율적인 발음이다. 한편 영시에서는 이와 같은 운율을 사용하여 시의 음악적인 효과를 내고 있다.[7] 다음은 "사월은 잔인한 달"이라는 말을 세계적으로 유행시킨 T. S. Eliot(1888-1965)의 황무지(The Waste Land)란 시의 첫 7행이다.

The Waste Land - T. S. Eliot

1. THE BURIAL OF THE DEAD

April is the cruelest month, breeding
Lilacs out of the dead land, mixing
Memory and desire, stirring
Dull roots with spring rain.
Winter kept us warm, covering
Earth in forgetful snow, feeding
A little life with dried tubers.

---

7) 한편 시에는 독특한 운율이 있다. 주로 두운, 요운, 각운으로 크게 나눈다.
* 두운 : 시행이나 시어의 앞에 같은 음이 오는 것
* 요운 : 시행이나 시어의 중간에 같은 음이 오는 것
* 각운 : 시행이나 시어의 끝에 같은 음이 오는 것으로 비슷한 음을 반복함으로 독특한 운율을 살리며 영시에서 가장 많이 나타난다.

사월은 가장 잔인한 달
죽은 땅에서 라일락을 키워 내고
추억과 욕정을 뒤섞고, 잠든 뿌리를 봄비로 깨웁니다.
겨울은 오히려 따뜻했지요.
망각의 눈으로 대지를 덮고
마른 뿌리로 약간의 목숨을 남겨 주었습니다.

위시의 첫 7행에서 aaabaac(a: /iŋ/: breeding, mixing, stirring, covering, feeding)의 각운을 사용하여 운율적 효과를 내고 있다.

한편 하나의 음운단위로서 영어의 각운과 같은 운율은 영어 발음의 원리와 어휘 습득에 큰 도움을 준다. 다음의 (6a)처럼 같은 각운을 가지고 있는 단어들을 중심으로 영어단어 공부를 하거나, (6b)와 같은 각운의 단어로 구성된 문장을 이용하여 영어 운율을 학습하면 영어문장을 암기하거나 연상하는 데 효과적이다.

(6) a. spoon-moon, house-mouse, tower-flower
b. That fat cat sat on the mat.

Pronunciation Drill 11

A 미끄럼형 리듬의 발음

01 다음 문장의 괄호 안 단어 쌍에서 어말 자음이 있는 경우와 없는 경우의 발음에 유의하여 실제 발음한 단어를 고르고, 의미상 맞는 단어를 골라 발음해 보시오.

The (phone / foe) is not installed yet.

1. I (need / knee) a car wash.
2. The (hike / hi) was fun.
3. I got a (loan / low) to buy my car.
4. The (plane / play) takes off at noon.
5. Take a (bite / buy) of the cookie.
6. I have to (move / moo) in January.
7. Jeffrey got (lost / law) on his way to the highway.
8. There was a long (line / lie) at the post office.

02 다음 구를 미끄럼형 하강조(glide down)와 계단형 하강조(step down)를 구별하여 발음해 보고, 그 이유를 설명해 보시오.

some cold **WAter**.

1. walking **SLOWly** an electric **LIGHT**

2. a famous **MAN**   loves **MUsic**

3. the last **CHANCE**   a messy **PAper**

03 다음 문장을 미끄럼형 하강조와 계단형 하강조를 구별하여 발음해 보고, 그 이유를 설명해 보시오.

1. Here's a glass of **WAter**.   It's a piece of **CAKE**.

2. I like it a **LOT**.   She wants to **SEE** you.

3. It's time to **GO**.   I'll see you **LAter**.

4. I need some **HELP**.   He forgot to **BRING** it.

B 어말 자음군의 미끄럼형 리듬 발음

01 다음 괄호 안 단어 쌍의 어말 자음이 있는 경우와 없는 경우의 발음에 유의하여 실제 어떤 발음을 했는지 고르고, 의미상 맞는 단어를 골라 발음해 보시오.

My (<u>bike</u> / buy) is broken. My (bike / <u>buy</u>) is broken.

1. The (phone / foe) is ringing next door.
2. Last week he (made / may) a lot of money.

3. Please (move / moo) your car out of the way.
4. My insurance (rates / ray) went up this year.

02 다음 음절꼬리에 두 개의 연속된 자음군의 발음을 미끄럼형 리듬으로 발음해 보고, 그 특징을 설명해 보시오.

1. verb herb suburb board burg
2. warp chirp sharp cart bark park lark
3. curve cars purge fourth curse harsh
4. bulb weld gold child
5. gulp help scalp belt milk silk
6. valve solve belge
7. self wolf health false belch
8. harm carn film kiln
9. tent hint tense tenth branch
10. lend band lens lense change
11. lift fifth leaves wasp mist risk
12. apt lapse depth width box

03 다음 단어 쌍에서 어말 자음군 발음을 구별하여 발음을 해 보시오.

1. bell ↔ belt
2. men ↔ meant
3. car ↔ card
4. furs ↔ first
5. hole ↔ hold
6. fell ↔ felt
7. were ↔ word
8. lamb ↔ lamp

04 다음 단어 쌍의 발음을 들어 보고, 어말 자음군 발음을 구별하여 발음했는지, 같은 발음을 연속해서 발음 했는지 고르시오.

1. thing / think
2. start / star

3. shirt / shir　　4. clothes / closes
5. month / months　　6. built/ bill

05 다음 음절꼬리에 세 개의 연속된 자음군의 발음을 미끄럼형 리듬으로 발음해 보고, 그 특징을 설명해 보시오.

1. world　warmth　burst　excerpt　corpse
2. twelfth　waltz
3. tempt　glimps　amongst　instinct　ength(/ŋkθ/)
4. midst　text　next　sixth

06 다음 음절꼬리에 네 개의 연속된 자음군의 발음을 미끄럼형 리듬으로 발음해 보고, 그 특징을 설명해 보시오.

1. Ernst　Harpst　twelfths
2. prompts　glimpsed　thousandths
3. texts　sixths
4. warmth / rm(p)+θ/　months / n(t)θ+s/　lengths / ŋ(k)θ+s/

C 영시와 각운

■ 다음 워즈워드의 시를 읽고 각운을 설명해 보시오.

Splendor in the Grass - William Wordsworth (1770-1850)

from Ode: Intimations of Immortality from Recollections of Early Childhood

What though the radiance which was once so bright
Be now for ever taken from my sight,
Though nothing can bring back the hour
Of splendor in the grass, of glory in the flower
We will grieve not, rather find
Strength in what remains behind;
In the primal sympathy
Which having been must ever be;
In the soothing thoughts that spring
Out of human suffering;
In the faith that looks through death,
In years that bring the philosophic mind.

초원의 빛 -윌리엄 워즈워스-

<어린 시절을 회상하면서 영생불멸을 깨닫는 노래>에서

한때 그처럼 찬란했던 광채가
이제 눈앞에서 영원히 사라졌다 한들 어떠랴
초원의 빛, 꽃의 영광 어린 시간을
그 어떤 것도 되불러올 수 없다 한들 어떠랴
우리는 슬퍼하지 않으리, 오히려
뒤에 남은 것에서 힘을 찾으리라
지금까지 있었고 앞으로도 영원이 있을
본원적인 공감에서
인간의 고통으로부터 솟아나
마음을 달래주는 생각에서
죽음 너머를 보는 신앙에서
그리고 지혜로운 정신을 가져다 주는 세월에서

Unit 12
축약형 및 굴절어미 리듬 연구

Pronunciation Guide

1) [I'v], [I'd]등의 축약형의 경우 모음 [으]를 집어넣지 말고 미끄럼형 리듬으로 부드럽게 발음하자.
2) belts / balls, stopped / sagged 등 문법적 굴절 어미는 동화현상에 따라 어말 자음군의 미끄럼형 리듬으로 발음하자.

> 1) (I've) (lived) a life (that's) full.
> 2) belts[bɛlts] / balls[bɔlz] stopped[stɔpt] / sagged[sægd]

1. 축약형(contractions)의 빠르고 부드러운 미끄럼형 리듬 발음

	음절박자 리듬	1음절 미끄럼형 리듬
1. I've: [aiv]	[아이브]	[아$_{\text{이v}}$]
2. I'd: [aid]	[아이드]	[아$_{\text{읻}}$]

한국사람들은 조동사 축약형 I've, I'd처럼 모음 뒤에 마찰음이나 폐쇄음 자음으로 축약된 경우 두 단어가 합쳐진 경우로 생각하여 무의식적으로 모음 /으/를 집어넣어 [아이브], [아이드]처럼 발음하는 경향이 있다. 그러나 위의 발음기호에서 보듯 이중모음 뒤에 마찰음 /v/나

폐쇄음 /d/가 붙어 있는 1음절 발음이다. 즉 두 단어가 아니라 이중모음 뒤의 자음으로 연결된 경우로 미끄러지듯 부드럽게 발음하는 1음절 고유의 리듬으로 발음하여야 한다. 이중모음 /ai/의 미끄러지는 리듬과 음절 끝의 마찰음 /v/나 폐쇄음 /d/는 울림이 적어 잘 들리지 않는 발음이므로 모음 /으/를 집어넣지 말고 발음하도록 유의해야 한다. 즉 마찰음 /v/는 조음위치인 윗니를 아랫입술에 살짝 갖다 대는 식으로 약하게, 또 폐쇄음 /d/는 조음위치인 잇몸에 혀를 갖다 대는 식으로 약하게 속으로 중얼거리듯이 발음하여, 전체적으로 부드럽게 미끄러지는 1음절 고유의 리듬으로 발음한다.

이처럼 영어 구어체에서는 약하게 발음하는 be 동사와 조동사와 같은 경우 축약형을 사용하여 더 빠른 리듬의 발음을 한다.

(1) a. I'*m* **go**ing to(=gonna) **stu**dy. [æm] 〉 [əm] 〉 [m]
b. **Ann's** **go**ing. [iz] 〉 [z] / Pat's going. [iz] 〉 [s]

(2) a. I'*ve* **been** to A**me**rica. [hæv] 〉 [həv/əv] 〉 [v]
b. My **mo**ther's **been** there **twice**. [hæz] 〉 [z]
c. I'*ll* **have** a**no**ther **cup** of **co**ffee. [wil] 〉 [l]
d. They'd **wan**ted to see the **play**. [hæd] 〉 [d]

(1a)의 am은 약형의 발음 [əm]이나, 구어체에서는 아주 축약하여 [m]으로 속으로 중얼거려 발음한다. (1b)의 is의 경우도 구어체에서는 축약형 's가 쓰이나 앞의 발음에 따라 유성음일 때는 같은 유성음인 [z]로, 무성음일 때는 같은 무성음인 [s]로 발음한다. (2a)의 조동사 have는 약형인 [həv/əv]로 더 많이 발음하는 데 구어체에서는 아주 약모음 [ə]까지 축약하여 [v]로 발음한다. (2b)의 조동사 has, (2c)의 will, 및 (2d)의 had의 경우도 마찬가지이다.

2. 문법적인 굴절 어미에 따른 어말 자음군의 미끄럼형 리듬

영어의 문법적인 굴절어미란 명사의 복수형에 붙는 '-s' 및 소유격 '-s'와 동사의 3인칭 단수현재형에 붙는 '-s'나, 과거형어미 '-ed'등을 말한다. 이들은 굴절어미이기 때문에 어말에 자음이 붙어 어말 자음군의 숫자가 늘어나는 모습을 보인다. 그러나 복수형 및 소유격 어미와 3인칭 단수어미 -s는 /s/나 /z/와 같은 마찰음으로 발음 나므로 공명도가 낮아 잘 들리지 않게 가볍게 미끄럼형 리듬으로 발음하면 된다. 특히 과거형 어미 -ed는 /t/나 /d/와 같은 폐쇄음으로 발음 나므로 어말 폐쇄음은 막기만 하고 파열시키지 않는 불파음이므로 발음하는 시늉만 해도 된다.

(3) a. belts [bɛlts], wallets [wɑlɪts], tanks [tæŋks]
　　b. balls [bɔlz], plugs [plʌgz], eggs [ɛgz]
(4) a. stopped [stɔpt], talked [tɔkt], laughed [læft]
　　b. pinned [pɪnd], sagged [sægd], loved [lʌvd]

(3a)의 명사의 복수형 굴절어미 '-s'는 무성음 /p, t, k/로 끝나는 단어에서는 같은 무성음 /s/로 발음나고, (3b)와 같은 유성음 /b, d, g/로 끝나는 단어에서는 같은 유성음인 /z/로 각각 동화되어 발음한다. 즉 음절꼬리의 연속된 2-3개의 자음군 발음으로 중얼거리듯 미끄럼형 리듬으로 발음하면 된다. (4a)의 동사 과거형 굴절어미 '-ed'의 발음도 역시 무성음 /p, k, f, s/로 끝나는 단어에서는 같은 무성음 /t/로 발음나고, (4b)와 같은 유성음 /b, g, v, z/로 끝나는 단어에서는 같은 유성음인 /d/로 각각 동화되어 부드럽게 발음된다. 특히 폐쇄음 /t, d/나 마찰음 /

s, z/는 울림이 적어 잘 들리지 않는 발음이므로 모음 /으/를 집어넣지 말고 발음하도록 유의한다. 이때 청취시 폐쇄음 /t, d/나 마찰음 /s, z/가 울림이 적어 잘 들리지 않는 발음이므로 오히려 발음하지 않은 줄 알고 원형의 발음으로 알아듣는 경우가 있으므로 조심해야 한다.

Pronunciation Drill 12

A 축약형의 미끄럼형 리듬 발음

01 다음 축약형(contractions)어미 '–s'에 따른 어말 자음군 발음을 구별하여 발음해 보고, 실제 발음한 것을 고르시오.

1. (It / It's) very hot today.
2. (That / That's) to our advantage.
3. (Where / Where's) the entrance?
4. (What / What's) your name?

02 다음 밑줄 친 축약형 발음에 유의하여 대화를 발음해 보시오.

1. A: Let's hurry. We'll be late.
   B: Don't worry. We've got time.
2. A: They aren't home yet.
   B: They're probably stuck in traffic.
3. A: I've heard she's a professional skater.
   B: Really? I didn't know that.
4. A: I think you'll like this restaurant.
   B: I'm sure you're right.
5. A: We're leaving at 8:30.
   B: Don't worry. I won't forget.
6. A: She doesn't work here anymore.
   B: Do you have her phone number? I'd like to call her.

03 다음 밑줄 친 축약형 발음과 비슷한 단어의 발음에 유의하여, 문장을 발음해 보시오.

1. Nick'll give a nickel.
2. I'll bring them all.
3. He'll climb the hill.
4. Mr. Peep'll meet people.
5. Rose's near the roses.
6. Mr. Loak'll take the local train.
7. Some're coming this summer.
8. Your price's higher than their prices.

04 다음 괄호 안에 밑줄 친 발음과 비슷한 발음의 축약형을 적어 넣고, 실제 발음해 보시오.

1. (　　　) Ima.　　　2. (　　　) Yuri.
3. (　　　) there.　　　4. (　　　) Eaz.
5. (　　　) weird.　　　6. (　　　) itsy.
7. (　　　) always try.
8. (　　　) weed the garden if we could.

05 다음 문장을 듣고 괄호안의 발음이 축약형 발음인지 아닌지 고르고, 실제 두 발음을 구별하여 발음해 보시오.

1. The (teacher's not / teacher is not) here today.
2. I (didn't / did not) like that movie.
3. You (aren't / are not) eating your dinner.
4. I think (it's / it is) raining.
5. We (can't / cannot) go out tonight.
6. He (doesn't / does not) work very hard.

7. (They'd / They would) like to see you.
8. (I'll / I will) see you there.

06 다음 괄호안의 축약형 발음을 적어 넣고 발음해 보시오.

1. (   ) not married.
2. We (   ) come tonight.
3. (   ) time for class.
4. (   ) late.
5. (   ) call you tomorrow.
6. (   ) going to miss the show.
7. (   ) never liked that actress.
8. (   ) 25.

B 문법적인 굴절 어미에 따른 어말 자음군의 미끄럼형 리듬

01 복수형 어미 –s에 따른 어말 자음군 발음에 유의하여 문장에서 실제 발음한 것을 고르고, 문법적으로 맞는 발음을 해 보시오.

I bought two (bag / bags) of popcorn.

1. The (charge / charges) on my bill are wrong.
2. Steve is twenty (year / years) old.
3. Two of your (tire / tires) look worn.

02 3인칭 단수 현재 동사어미 –s에 따른 어말 자음군 발음에 유의하여 문장에서 실제 발음한 것을 고르고, 문법적으로 맞는 발음을 해 보시오.

1. She (like / likes) to ride horses.
2. Maria always (balance / balances) her checkbook.
3. Paco (leave / leaves) for work at eight o'clock.

03 소유격어미 -s에 따른 어말 자음군 발음에 유의하여 문장에서 실제 발음한 것을 고르고, 문법적으로 맞는 발음을 해 보시오.

1. Someone found (George / George's) wallet.
2. I like the (clown / clown's) costume.
3. The (plumber / plumber's) tools are in his truck.
4. Look at my (niece / niece's) picture.

04 현재형과 과거형어미에 따른 어말 자음군 발음에 유의하여 문장에서 실제 발음한 것을 고르고, 두 발음을 구별하여 발음을 해 보시오.

It (tastes / tasted) good.

1. It (rains / rained) a lot here.
2. He (wants / wanted) the warmest gloves possible.
3. Rico (likes / liked) the book.
4. Isabel (laughs / laughed) at my joke.
5. My father (visits / visited) me every Sunday.
6. She (shares / shared) her lunch with her friend.
7. Mario (believes / believed) him.
8. Aiko (donates / donated) her time.

05 다음 문장을 듣고 실제 발음한 것을 괄호 안에서 고르고, 두 발음을 구별하여 발음해 보시오.

(I'll look / I've looked) at the letter.

1. (I'll call / I've called) him every day.
2. They (look / looked) over all the documents.
3. (He'll decide / He decided) about it after the meeting.
4. It (makes / made) me laugh.
5 They said (they'd call / they called) before it started.
6. They (pack / packed) up the suitcases for you.

Unit 13
어두 자음군 및 음절수에 따른 빠른 발음 연구

Pronunciation Guide

1) drowns를 [드라운즈]가 아니라 [ㄷ롸운z]로 미끄러지듯 부드럽게 발음하자.
2) 이중모음 및 어두 및 어말의 연속된 자음 발음에 유의하여 음절수에 맞게 빠르고 부드럽게 발음 해 보자

Some **say** love, it is a riv**er** that **drowns** the tender r**eed**.
Some **say** love, it is a raz**or** that leaves your **soul** to bl**eed**.

1. 어두의 연속된 자음군 발음

어두에 자음이 연속된 drowns, bleed의 경우 일반적으로 [드라운즈], [브리드]처럼 어두자음 뒤에 습관적으로 모음 /으/를 집어넣어 음절박자로 발음하는 경향이 있다. 그러나 실제로 영어발음은 폐쇄음이나 마찰음 다음 공명도가 비교적 높은 유음이 나와 그에 흡수되고 모음은 장모음이나 이중모음이므로 미끄럼형 리듬으로 우리말 [ㄷ롸운z], [ㅂ리읻]처럼 미끄러지듯 부드럽게 발음한다.

먼저 연속된 자음이 폐쇄음으로 시작하는 경우를 보자.

(1) a. play: [plei], tray: [trei], clay: [klei]
b. bring: [briŋ], drip: [drip], glass: [glæs]

한국사람은 [프레이], [트레이], [크레이]로 자음 뒤에 습관적으로 모음 [으]를, 집어넣어 2음절이나 3음절로 발음하기 쉽다. 그러나 실제로 영어발음은 무성 폐쇄음 /p, t, k/가 파열이 심하지 않은 약한 소리로, 그 뒤의 공명도가 비교적 높은 유음이나, 활음에 흡수되고 모음과 합쳐 발음한다. 즉 우리말 [ㅍ레이], [ㅌ뤠이], [ㅋ레이]와 비슷한 1음절 미끄럼형 리듬의 발음이 된다. 유성 폐쇄음 /b, d, g/의 경우인 bring[briŋ], drip[drip], glass[glæs]의 경우도 [브링], [드리프], [그래스]처럼 모음 [으]를 첨가하여 음절박자로 발음하지 말고, 1음절 미끄럼형 리듬으로 부드럽게 발음하자.

다음 어두에 마찰음으로 시작하는 경우를 보자.

(2) fly: [flai], throw: [θrou], smoke: [smouk]

[프라이], [쓰로우], [스모우크]로 자음 뒤에 습관적으로 모음 /으/를 집어넣어 3음절, 4음절로 발음하기 쉽다. 이때 모음 /으/를 쓸데없이 집어넣지 말어야 하지만, 단어 첫 자음인 무성 마찰음 /f, θ, s/도 우리말 /ㅍ, ㅆ, ㅅ/ 발음과는 사뭇 다르다. 마찰음 /f/는 윗니와 아랫 입술사이에서, 마찰음 /θ/는 양 이빨 사이에 혀를 가까이 대고, 마찰음 /s/는 잇몸에 혀를 가까이 대고 약하게 공기를 내보낼 때 나는 소리다. 따라서 어두에 나온 마찰음 /f, θ, s/는 약하게 공기를 내보내는 둥하다가 그 뒤의 공명도가 비교적 높은 유음이나, 활음으로 재빨리 넘어가 모음과 합쳐 발음한다. 이어 어말의 음절 꼬리인 약한 자음으로 미끄러진다. 즉 우리말 [f라이], [θ로우], [s모욱]와 비슷한 1음절 리듬으로 미끄러지듯 부드럽게 발음한다.

다음 /s/ 다음에 자음이 하나만 나온 경우부터 살펴보자.

		음절박자 리듬	1음절 미끄럼형 리듬
(3)	a. spade: [speid]	[스페이드]	[s뻬$_{\text{잇}}$]
	b. stop: [stɑp]	[스타프]	[s따$_{\text{앞}}$]
	c. skate: [skeit]	[스케이트]	[s께$_{\text{잇}}$]

[스페이드], [스타프], [스케이트]로 자음 뒤에 습관적으로 모음 [으]를 집어넣어 3음절이나 심지어 4음절로 발음하려고 한다. 그러나 [s]소리는 잇몸에 혀를 가까이 대고, 마찰을 시키는 듯 마는 듯 하면서 폐쇄음 /p, t, k/를 우리말의 /ㅃ, ㄸ, ㄲ/ 소리에 가깝게 발음하여 [s뻬$_{\text{잇}}$], [s따$_{\text{앞}}$], [s께$_{\text{잇}}$]과 비슷한 1음절 미끄럼형 리듬으로 발음하도록 한다.

한편 영어는 어두에 자음이 세 개 겹쳐올 수 있는 데, 그 경우 영어는 첫 자음은 반드시 /s/이어야 하고 그 다음 자음은 /p, t, k/중 하나이며, 세 번째 자음은 유음 /r, l/이거나 활음 /j, w/이다.

		음절박자 리듬	1음절 미끄럼형 리듬
(4)	a. splay: [spleɪ]	[스프레이]	[s$_{\text{ㅃ}}$레$_{\text{이}}$]
	b. strike: [straik]	[스트라이크]	[s$_{\text{ㄸ}}$라$_{\text{잇}}$]
	c. screen: [skri:n]	[스크린]	[s$_{\text{ㄲ}}$리$_{\text{인}}$]

어두의 마찰음 /s/소리 다음의 폐쇄음은 가벼운 된소리로 우리말의 /ㅃ, ㄸ, ㄲ/에 가까운 소리로 발음하고, 그 뒤의 /r, l/ 소리로 이어져 정점인 모음과 함께 음절핵을 이루고, 어말의 음절 꼬리인 약한 자음으로 미끄러진다. 즉 자음 뒤에 습관적으로 모음 /으/를 집어넣어 3-5음절로 발음하는 [스프레이드], [스트라이크], [스크린]이 아니라, [s$_{\text{ㅃ}}$레$_{\text{이}}$], [s$_{\text{ㄸ}}$라$_{\text{잇}}$], [s$_{\text{ㄲ}}$리$_{\text{인}}$]과 비슷한 1음절 리듬으로 발음한다.

2. 음절수에 따른 빠르고 부드러운 발음

(3) a. I've **lived**, a **life** that's **full**.
b. I've **tra**veled **each**, and **e**very **high**way.

(3a) 문장은 모두 1음절 단어로 구성된 6음절의 문장이다. 한국사람은 어말 자음뒤나 사이에 습관적으로 모음 /으/를 삽입하여 발음하려는 습관과 이중모음을 또박 또박 2음절로 발음하려는 습관 때문에 심한 경우 [아이브 리브드 어 라이프 대트즈 풀]로 14음절로 발음할 수 있다. (3b)도 10음절의 문장인데, traveled의 어두 연속된 자음에 모음 /으/를 삽입하거나 each의 /ʧ/다음에 모음 /이/를 삽입하여 발음하려는 습관 때문에 심한 경우 [아이브 트래블드 이치 앤드 에브리 하이웨이]로 17음절로 발음할 수 있다. 따라서 가사를 보고 노래를 따라 부르려할 때 도저히 따라 하기 힘들다는 것을 여러 번 경험했을 것이다. 그러나 이와 같은 음절박자의 습관을 버리고 1음절 단어들을 부드럽게 미끄러지는 1음절 리듬으로 발음하고 또 강세 있는 내용어만 강하게 발음하여 강세박자 리듬에 맞추면 힘들지 않고 따라 부를 수 있다.

먼저 다음과 같은 짧은 문장을 갖고 연습해 보자.

(4) a. **Wásh** your **hánds**. : 3 syllables, not 7 syllables
b. **Wátch** your **stéps**. : 3 syllables, not 8 syllables
c. This **físh** is **frésh**. : 4 syllables, not 9 syllables
d. This **flásh** is **bríght**. : 4 syllables, not 11 syllables

"Wash your hands."는 1음절 단어로 구성된 3음절의 문장이다. 심한 경우 [워쉬 유어 핸드즈]로 7음절로 발음할 수 있다. 이와 같은 음절박자의 습관을 버리고 1음절 단어들을 부드럽게 미끄러지는 1음절 리듬으로 발음해서 빠르고 부드럽게 발음하자. 특히 대명사 your는 강세가 없기 때문에 앞의 단어 wash에 붙여 [워$_{\text{슈어}}$ 핸$_{\text{ㄷz}}$]로 강약의 리듬에 따라 3음절의 한 단어처럼 빠르게 발음해야 한다. "Watch your steps."의 경우도 심한 경우 [워취 유어 스테프스]로 8음절로 발음할 수 있으나 3음절의 한 단어 [와$_{\text{쳐어}}$ $_{s}$땦$_{s}$]처럼 강약의 리듬에 따라 빠르고 부드럽게 발음하자. "This fish is fresh."의 경우도 심한 경우 [디스 휘쉬 이즈 프레쉬]로 9음절로 발음할 수 있으나 미끄럼형 리듬의 4음절로 빠르고 부드럽게 발음해야 한다. 이 경우 강세를 주어 발음해야 되는 곳은 명사 fish와 형용사 fresh로 is 동사의 경우 강하게 발음되는 앞 단어 fish에 붙여 [디s휘$_{\text{쉬z}}$ $_{f}$뤠$_{\text{ʃ}}$]로 한 단어처럼 강약의 리듬에 따라 빠르게 발음해야 한다. "This flash is bright."의 경우도 심한 경우 [디스 휘래쉬 이즈 브라이트]로 11음절로 발음할 수 있으나 습관성 [으]나 [이] 부착증을 버리고, 이중모음을 미끄럼형 리듬으로 발음해서 4음절로 빠르고 부드럽게 발음해야 한다. 이 경우에도 강세를 주어 발음해야 되는 곳은 명사 flash와 형용사 bright이므로 [디s $_{f}$뢔$_{\text{쉬z}}$ $_{\text{ㅂ}}$롸$_{\text{잍}}$]로 4음절의 한 단어처럼 강약의 리듬에 따라 빠르게 발음해야 한다.

Pronunciation Drill 13

A 어두 자음군 발음

01 다음 단어의 밑줄 친 음절 머리의 연속된 자음군 발음에 유의하여 발음해 보시오.

1. brown	2. price	3. black	4. blue
5. place	6. dress	7. angry	8 climb
9. drive	10. three	11. great	12. clothes
13. clock	14. cry	15. floor	16. problem

02 다음 단어의 밑줄 친 s–로 시작하는 음절 머리의 연속된 자음군 발음에 유의하여 발음해 보시오.

1. school	2. skate	3. stay	4. stop
5. steam	6. strong	7. street	8. speak
9. spring	10. small	11. smell	12. smile
13. snake	14. snow	15. slow	16. swim

03 다음 단어의 밑줄 친 음절 머리의 연속된 자음군 발음에 유의하여 발음해 보시오.

1. smell	2. stay	3. snow	4. stranger
5. splendid	6. school	7. gray	8. brown
9. throw	10. tree	11. draw	12. frighten
13. flower	14. glad	15. flat	16. cloudy
17. plant	18. blouse	19. question	20. quiet
21. quick	22. twin	23. Gwen	24. shrink

04 다음 단어 쌍의 밑줄 친 연속된 어두자음군 발음에 유의하여 발음을 구별하여 해보시오.

1. crown ↔ clown 2. crime ↔ climb
3. flows ↔ froze 4. crowd ↔ cloud
5. grass ↔ glass

05 다음 문장의 괄호안의 단어 쌍에서 어느 단어로 발음했는지 고르고, 두 발음을 구별하여 발음해 보시오.

The children (played / prayed) at the church.

1. I saw a picture of a (crown / clown).
2. It's a major (crime / climb).
3. The river (flows / froze) all winter.
4. There's a (crowd / cloud) in the distance.
5. The (grass / glass) is wet.

06 음절 머리의 연속된 자음군 발음에 유의하여 다음 단어 쌍의 발음을 구별하여 발음해 보시오.

1. parade ↔ prayed 2. esteem ↔ steam
3. polite ↔ plight 4. state ↔ estate
5. Clyde ↔ collide 6. estrange ↔ strange
7. claps ↔ collapse 8. sport ↔ support
9. black ↔ back 10. grass ↔ gas
11. please ↔ peas 12. kite ↔ quite

07 다음 문장의 밑줄 친 음절 머리의 연속된 자음군 발음에 유의하여 발음해 보시오.

1. The estate taxes are higher than the state taxes.
2. We prayed the parade would proceed as planned.
3. I scream, you scream, we all scream for ice cream.
4. Answer the quiz questions quickly but quietly, and don't forget to quote the queen.
5. The crowd of clever climbers clad in clean climbing clothes crossed the clearing to the cliff.

08 다음 음절 머리의 자음과 음절 꼬리의 자음이 하나씩 늘어나는 것에 유의하여 발음해 보시오.

1. a [ə] - as [əz] - ask [æsk] - asked [æskt]
2. see [sɪy] - sick [sɪk] - six [sɪks] - text [tɛkst] - texts [tɛksts]
3. spa [spa] - smell [smɛl] - smells [smɛlz] glimpse [glɪmps] - glimpsed [glimpst]
4. spray [sprey] - spring [sprɪŋ] - springs [sprɪŋz] strength [strɛŋkθ] - strengths [strɛŋkθs]

B 음절수에 따른 빠르고 부드러운 발음

01 다음 구나 문장에서 이중모음이나 단어 경계사이의 연속된 자음군을 음절수에 맞게 빠르고 부드럽게 발음해 보시오.

my favorite movie Where's my wallet?

1. It's Monday.
2. the bus driver

3. an electric stove	4. five dollar
5. That's fine.	6. a card store
7. stop shouting	8. cooked supper
9. a word processor	10. a television station

02 다음 구나 문장에서 이중모음이나 단어 경계사이의 연속된 자음군을 음절수에 맞게 빠르고 부드럽게 발음해 보시오.

1. It looks like new	2. What's the problem?
3. She turned the corner.	4. It's an expired contract.
5. vine ripened	6. stop watch
7. waste basket	8. tax forms

03 다음 구의 단어 경계사이에서 연음되거나 연속된 자음군을 음절 수에 맞게 빠르고 부드럽게 발음해 보시오.

1. look-at-art	2. watch-a-movie	3. send-a-package
4. answer-it	5. wake-up	6. eat-tacos
7. walk-quickly	8. give-Valentines	9. take-class
10. watch-races	11. close-the-door	12. wash-clothes
13. drive-slowly	14. shoot-basket	15. read-books

04 다음 괄호 안에 어떤 구로 발음했는지 고르고, 실제 연속된 자음군을 음절수에 맞게 빠르고 부드럽게 발음해 보시오.

Moved over / move it over

1. Look at the (rows of bushes / rose bushes).
2. It's an (integrated school / in a great school).

3. Was (it Colorado / color added)?
4. The (corporation / cooperation) was helpful.
5. She speaks her (regional language / original language).
6. It's (numerical / a miracle).
7. (Simplify / Simply say) your answer.
8. He (marketed / marked) the toys.

C 팝송과 발음

■ 다음 팝송을 어두 자음군과 및 어말 자음군을 모음 /으/를 집어 넣어 음절수를 늘리지 말고, 또 이중모음을 음절수에 따른 빠른 발음으로 미끄러지듯 또 각운에 유의하여 리듬있게 발음하자.

The Rose - Bette Midler -

Some say love, it is a river, that (drowns) the tender reed.
Some say love, it is a razor, that leaves your soul to (bleed).
Some say love, it is a hunger, an endless aching need.
I say love, it is a (flower), and you it's only seed.

It's the heart, afraid of (breaking), that never learns to dance.
It's the (dream), afraid of waking, that never takes a chance.
It's the one who won't be taken, who cannot seem to give.
And the soul, afraid of dyin', that never learns to live.

When the night has been too lonely,
and the road has been too long,
And you think that love is only,
for the lucky and the (strong),

Just remember in the winter, far beneath the bitter (snows),
Lies the seed, that with the sun's love, in the (spring) becomes the rose.

☞ Key Point :

1) 어두 자음군 발음

a) 두 개 연속된 어두자음군
drowns, bleed, flower, break, dream, snows,

b) 세 개의 연속된 어두자음군
strong, spring

2) 어말 자음군 발음

a) 자음 하나로 끝난 경우:
love, seed, bleed, need, heart, night, give, live, rose,

b) 자음 두개이상으로 끝난 경우:
drowns, leaves, learns, takes, won't, think, ☞ Review:

3) 이중모음 발음

a) /ei/: say, razor, aching, break, wake, take

b) /au/: drowns, flower,

c) /ai/: die, night, lie,

d) /ou/: soul, only, road, snow, rose.

Review: 각운에 따른 리듬 있는 발음

a) 각운 [-ər]: river, razor, hunger, flower

b) 각운 [-i:d]: reed, bleed, need, seed

c) 각운 [-iŋ]: breaking, waking,

d) 각운 [-ən]: taken, dyin'

f) 각운 [-æns]: dance, chance,

[-iv]: give, live

g) 각운 [-i]: lonly, only,

각운 [-ɔːŋ]: long, strong,

[-ouz]: snows, rose

Chapter 4

단어강세와 구강세
(Word Stress & Phrase Stress)

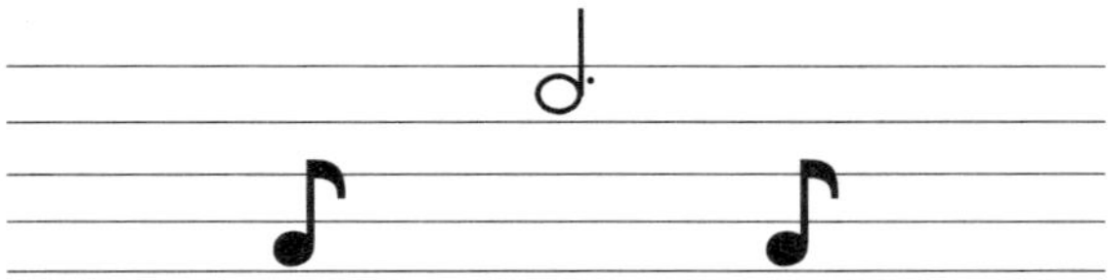

[bə - nǽ - nə]

단어와 구에서 강한 음절은
강하고, 높은 음에, 길고, 명료하게,
약한 음절은
약하고, 낮은 음에, 짧고, 모호하게
리듬 있는 발음을 하자.

1. 강세박자리듬과 단어강세

의사소통에서 사용되는 언어는 언어마다 고유의 리듬이 있다. 우리말은 음절박자 리듬(syllable-timed rhythm)으로 음절단위로 또박또박 발음하는 데 비하여, 영어는 강세박자 리듬(stress-timed rhythm)으로 강약이 교체하면서 리듬을 타고 끊어지지 않고 부드럽게 발음한다.

(1) a. Thánk you. [θǽŋk ju:]

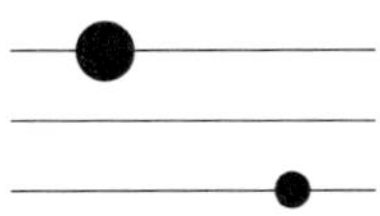

b. 감 사 합 니 다

예를 들어 thánk you에서는 [θǽŋk]에 강세가 있다. 강세음절의 모음 [æ]는 강세가 없는 음절의 [ju:]와 뚜렷한 대조를 이루고 있다. 강세 음절은 크게, 높게, 길게 발음하고, 비강세음절은 상대적으로 작게, 낮게, 짧게 발음하므로 강세음절에 흡수 통합되어 마치 하나의 덩어리처럼 되어 강에서 약으로 미끄러지듯 발음된다. 반면 국어의 '감사합니다'는 첫째 음절 '감'에만 약간의 강세가 느껴질 뿐, 나머지 네 개의 음절들은 비교적 거의 같은 크기, 높이, 길이로 들리며 경계가 뚜렷하다. 영어의 이와 같은 강세박자 리듬에 익숙지 못한 우리나라 사람은 발음뿐만 아니라 청취에도 매우 어려움을 겪게 된다.

이처럼 영어는 한국어와 달리 강세박자 언어로 리듬 있는 언어이다. 1음절 단어도 미끄럼형 리듬으로 발음되듯이 2음절 이상의 단어에서도 반드시 강약이나 약강과 같은 리듬이 있다. 1음절 단어는 심장박동이 한번 있는 것으로 심장이 한번 [쿵]하고 뛴다고 할 수 있고, 2음절 단어는 [쿵][쿵] 두 번 뛴다고 할 수 있다. 이때 [김치]와 같은 2음절 단어일 때 국어는 [김][치]하고 또박또박 음절단위로 [김]과 [치]가 똑같은 박자로 두 번 뛰나, 영어는 [쿠$_{\text{웅}}$ $_{\text{쿵}}$]과 같은 강약의 리듬이거나, [$_{\text{쿵}}$ 쿠$_{\text{웅}}$]과 같은 약강의 리듬으로 두 번 뛴다. 예를 들어 [기$_{\text{임}}$ $_{\text{치}}$]와 같은 강약의 리듬으로 발음한다.

2. 강음절과 약음절

강음절(stress syllable)의 특징은 발성적 관점과 지각적 관점에서 살펴볼 수 있다. 물론 이 두 관점은 서로 연관이 있지만 똑같은 것은 아니다. 먼저 발성적 관점에서 보면 강음절은 약음절(weak syllable)보다 발성할 때 근육 에너지를 더 많이 사용한다. 근육 에너지를 측정한다는 것은 쉬운 일은 아니지만 여러 실험 결과에 의하면 강음절을 발성할 때에는 공기를 허파에서 밖으로 내보내는 데 필요한 근육의 활동이 더 활발해지고, 또 그 결과 입 속의 공기 압력이 더 높아진다고 한다.

다음 지각적 관점에서 볼 때 모든 강음절이 공통적으로 갖는 특징이 하나 있는데 그것은 잘 들림(prominence)이다. 강음절이 강세를 받는 것으로 인식되는 것은 그 음절이 약음절보다 더 잘 들리기 때문이다. 따라서 강세는 더 잘 들리는 것 즉 들림의 강도를 말한다. 여기에는 적어도 다음 네 가지 요인이 작용한다.

첫째, 소리가 크면 잘 들린다. 강음절은 약음절보다 소리가 크다. 다시 말하면 잘 들림의 한 구성 요소는 소리의 크기이다. 의미가 없는 단어 barbara에서 어느 한 음절을 다른 두 음절보다 소리를 크게 하면 그 음절이 강음절로 들린다. 이를테면 다른 조건을 똑같이 하고 둘째 음절을 다른 음절보다 크게 하면 둘째 음절이 다른 음절에 비하여 잘 들린다. 둘째, 소리가 길면 잘 들린다. 강음절은 약음절에 비하여 소리가 길다. 다시 말하면 잘 들림의 한 구성 요소는 소리의 길이이다. 예를 들어 bababa에서 다른 조건을 꼭 같게 하고 첫째 음절을 다른 음절보다 길게 [ba:baba]로 발음하면 첫째 음절이 다른 음절보다 더 잘 들린다. 셋째, 소리가 높으면 잘 들린다. 강음절은 약음절에 비하여 소리가 높다. 다시 말하면 잘 들림의 한 구성 요소는 소리의 높이이다. 예를 들어 bababa에서 모든 다른 조건은 꼭 같게 하고 셋째 음절을 다른 두 음절보다 높게 발음하면 셋째 음절이 가장 잘 들린다. 넷째, 공명이 큰 음이 잘 들린다. 강음절은 약음절에 비하여 공명이 크다. 다시 말하면 잘 들림의 한 구성 요소는 소리의 공명 즉 소리가 가진 고유한 음질(quality)이다. 예를 들면 babebi라는 무의미 단어를 소리의 크기, 길이, 높이를 똑같게 하여 발음하면 ba가 가장 잘 들린다. 그것은 /a/가 /e/나 /i/보다 공명이 큰 음이기 때문이다. 이상에서 살펴보았듯이 소리가 잘 들림은 다음 네 가지 요인에 의하여 주로 결정된다. 즉 크기, 길이, 높이, 음질이다. 강음절은 이들 네 요소 중 어느 하나 또는 두 요소로 인하여 강세를 받게 될 수도 있지만 대개는 이들 네 요소가 결합하여 작용한다. 이처럼 강음절은 높은 음에 길고 강하게 나는 긴장모음의 강모음(strong vowel)이 쓰인다는 것이 특징이다.

한편 약음절(weak syllable)은 낮은 음에 짧고, 약하게 나는 데, 주로 이완모음이 쓰인다. 영어의 대표적인 이완모음은 /i, u, ə/ 이지만, 그 중에서도 /ə/모음이 90% 이상 비강세인 약음절에 쓰인다.

3. 완전모음과 약화모음

강음절은 높은 음에 길고 강하게 나며 더 명료한 소리라고 했다. 따라서 강음절의 모음은 원래의 음가를 지니게 된다. 즉 'banana[bənǽnə]'에서 첫째 음절과 마지막 음절의 모음은 약음절이기 때문에 /ə/로 약화되지만, 강세음절인 둘째 음절의 모음은 /i/나 /ə/로 약화됨이 없이 본래의 모음 /æ/로 발음된다. 이와 같이 강음절에서 모음이 본래의 음가를 그대로 가지고 발음되는 것을 완전모음(full vowel)이라 하고, 약음절에서 짧고 약하게 발음되면서 모음이 본래의 음가를 잃어버리고 /i/나 /ə/로 약화되는 것을 약화모음(reduced vowel)이라고 한다. 영어의 리듬과 리듬교육에서 이러한 모음의 구분은 매우 중요하다.

모음의 약화와 생략은 영어발음의 리듬, 그리고 철자와 발음과의 관계를 이해하는 데 필수적이다. 다음과 같이 모음 a는 강세를 받는 경우는 [æ]로, 강세가 없는 경우는 /ə/로 약화되거나 생략되기도 한다.

모음약화 모음생략

(2) a. Canada -------〉 [kǽnədə] --------〉 [kǽndə]
b. banana -------〉 [bənǽnə] --------〉 [bnǽnə]

위에서 보인 모음 발음 변화는 한 단어뿐만 아니라, 다음에서 볼 수 있듯이 연관된 단어간의 강세 이동에서도 흔히 보인다.

(3) a. ánalyze : [ǽnəlaiz] 〉 análysis: [ənǽlisis]
b. grámmer : [grǽmər] 〉 grammátical: [grəmǽtikəl]

위에 보인 모음 교체형은 거의 모든 영어의 파생어에 나타나는 현상으로, 이러한 단어들을 정확히 발음하기 위해서는 강-약 음절의 명료한 대조가 필수적이다.

4. 강세 위치의 예측

영어 단어의 강세는 단어의 앞보다는 뒤에서 예측하는 것이 효과적이다. 그 이유는 대부분의 접미사(예를 들어 -ity, -ic, -ical)가 강세의 위치를 결정해 주기 때문이다. 다음 세 단어의 강세 위치를 앞에서 세었을 경우와 뒤에서 세었을 경우를 비교해 보자:

		음절 수	강세 (앞에서)	강세 (뒤에서)
(4)	a. gráduate:	3	첫 번째 음절	세 번째 음절
	b. partícipate:	4	두 번째 음절	세 번째 음절
	c. recapítuate:	5	세 번째 음절	세 번째 음절

위의 세 단어의 강세의 위치를 앞에서부터 세어 보면 다르게 나온다. 이는 음절수가 각각 다르기 때문이고, -ate로 끝난다는 공통점에 착안하여 뒤에서부터 세어보면, 강세의 위치가 동일함을 알 수 있다. 위의 세 단어와 같이 -ate로 끝나는 라틴계 단어들은 예외 없이 끝에서 세 번째 음절에 강세가 온다.

이처럼 영어의 단어 강세는 접미사의 종류 또는 단어 끝부분의 형태에 따라 효과적인 예측이 가능하며, 영어 단어의 강세는 다음과 같은 세 종류로 크게 나눌 수 있다:

(5) a. Ultimate 강세 : 끝에서 첫 번째 음절
b. Penultimate 강세 : 끝에서 두 번째 음절
c. Antepenultimate 강세 : 끝에서 세 번째 음절

이러한 강세의 분류가 시사하는 바는 영어 단어의 강세는 뒤에서부터 예측하는 것이 효과적일 뿐만 아니라, 단어의 길이에 상관없이 대부분 끝에서 세 번째 음절에 제 1강세가 온다. 이 중 끝에서 첫 번째 음절(Ultimate) 강세는 다소 예외적인데, 이런 단어로는 다음과 같이 두 개의 자음으로 끝나는 동사들을 예로 들 수 있다:

(6) a. arrést, colléct, invént
b. interrúpt, represént, understánd
c. assígn, enróll, resígn

2음절어인 (6a)와 3음절어인 (6b)를 비교해 보면, 음절수에 상관없이 두 개의 자음으로 끝나고 있는 마지막 음절에 강세가 오는 것을 알 수 있다. (6c)의 경우에는 발음상으로는 하나의 자음이지만, 철자 상으로는 두 개의 자음임에 주목해야 한다. 이처럼 중(重)자음으로 끝나는 음절은 강세를 받는 경우가 흔하지만, -ish로 끝나는 distínguish, fínish 등은 예외가 된다. 이외에도 cómment, ínterest, expériment 같은 예외가 있다.

끝에서 두 번째 음절(Penultimate) 강세를 받는 대표적인 경우로는 -ion 으로 끝나는 단어들을 들 수 있다:

(7) a. proféssion(<profèss), introdúction(<introdúce),
examinátion(<exámine)
b. calculátion, decorátion, graduátion

5. 구 강세 및 숫자 리듬

강세는 그것이 부여되는 언어 단위의 유형에 따라 단어 강세(word stress), 구강세(phrase stress), 문장 강세(sentence stress)로 구분한다. 단어 강세란 문장에서 단어를 떼어서 단독으로 발음할 때 단어가 갖는 강세형을 말하며, 구강세는 구 속에서 단어가 부여받는 강세형을 말한다. 문장 강세란 문장 속에서 단어가 갖는 강세형이다. 단어강세는 앞에서 다루었으므로 구강세에 대해 살펴보자.

5.1 강세의 종류

먼저 강세 중 가장 간단한 유형이 1음절로 된 단어의 강세이다. man, go, kind, yes, what, not, one 등의 1음절 단어에도 제1강세가 있다. 사전에 이들 단어에 강세 표시를 하지 않는 것은 일일이 강세 표시를 하기가 번거롭기 때문에 편의상 표시하지 않았을 뿐이다. 그러나 2음절 이상의 단어에서는 일반사전에서 강세를 제1강세, 제2강세 비강세의 세단계로 분류하여 제1강세 표시가 있다. 이때 음성학자들이 사용하는 강세에는 다음과 같이 네 단계로 분류한다.

(8) 제1강세 : / ´/ 약강세 : / ˘/
제3강세 : / `/ 제2강세 : /^/

먼저 제1강세(primary stress) 표시는 제1강세를 받는 음절의 앞이나 뒤에 짧은 수직선 [']표시를 하는 등 여러 가지 표시 방법이 있으나, 일반적으로 강세를 받는 음절의 모음 위에 / ´/ 표시를 한다. 다음 약강세는 일반적으로 특별한 표시를 하지 않으나, 꼭 필요한 경우에는 /˘/ 로 다음과 같이 표시하기도 한다.

(9) cítў, dóctŏr, ăbóut, ăbóve

제3강세(tertiary stress)는 제1강세보다는 잘 들리지 않지만, 약강세보다는 더 잘 들리는 경우를 말한다. 다음과 같이 3음절 이상의 단어, 복합어의 두 번째 단어, 접두사 등에서 찾아볼 수 있으며, 꼭 필요한 경우가 아니면 대체로 표시하지 않지만, 해당 음절 위에 /`/로 표시한다.

(10) a. émphasìze (강조하다) exàminátion (시험)
b. Whíte Hòuse (백악관) íce-crèam
c. ùnfamíliar (잘 모르는) rèmátch (재시합)

(10a)는 3음절 이상의 단어에서 리듬을 맞추기 위해 제1강세보다 약한 제3강세를 둔 경우이다. 일반적으로 사전에서는 제2강세로 정의되던 경우이다.[8] (10b)는 복합어(compound words)인 합성명사에서 두 번째 단어에 제3강세가 온 경우이다. (10c)는 접두사 un-, re- 등에 붙는 제3강세의 예이다.

한편 제2강세(secondary stress)는 단어 내에서가 아니라, 다음과 같이 구에서 제1강세보다는 약하나, 제3강세보다는 강한 강세를 말한다. 이 강세는 / ^ /로 표시한다.

---

8) 앞 단어강세에서는 강약중의 3단계로 보고 이를 제2강세로 보고 중강세로 정의했으나, 음성학자는 4단계로 엄밀하게 구별하여 구강세나 문장강세에서 제1강세에서 한 단계 떨어진 강세를 제2강세로 보고, 중강세는 제2강세보다 약한 제3강세로 보고 있다.

(11) a. The family lives in the whîte hóuse.

b. He's not the person I was lôoking úp.

(11a)의 whîte hóuse(하얀집)는 형용사가 명사를 수식하고 있는 명사구로 명사나 형용사는 모두 내용어(content words)이므로 일단 제1강세가 있는 것으로 본다. 그러나 중심어인 명사 house는 그대로 제1강세를 유지하나, 수식하는 형용사 white는 이보다 한 단계 떨어진 제2강세가 된다. (11b)의 구동사 look up(존경하다)의 up은 전치사성 부사이므로 제1강세가 오고 동사는 이보다 한 단계 떨어진 제2강세가 온다. 이처럼 제2강세는 내용어의 결합인 형용사+명사인 명사구나, 동사+부사인 동사구에서 제1강세는 뒤에 남고, 앞의 제1강세가 제2강세로 떨어지는 경우이다.

Unit 14: 강세와 비강세 모음 연구

Pronunciation Guide

1) háppen를 강약의 강세박자 리듬으로
2) arríve를 약강의 강세박자 리듬으로 발음하자

sád - **háp**pen - ar**ríve**

1. 음절수와 강세 박자 리듬

(1) a. **SAD** **ONCE**

b. **HAP**pen **FOL**low

c. ar**RIVE** de**LAY**

한국어는 음절수에 따라 발음 나는 시간이 정해지는 음절 박자 리듬의 언어이지만, 영어는 음절수와 상관없이 강세음절의 수에 따라 발음 나는 시간이 정해지는 강세박자 리듬의 언어이다. 1음절 단어도 강세 표시가 없을 뿐 모음에 강세가 있다. 따라서 (1a)처럼 1음절 단어도 공명도가 높은 음절의 핵인 모음에서 공명도가 낮은 음절꼬리인 자음으로 미끄러지는 미끄럼형 리듬으로 발음된다. 2음절 이상의 단어에서도 반드시 (1b)처럼 강약리듬으로 발음하거나, (1c)처럼 약강의 리듬으로 발음한다. 즉 1음절 단어는 심장박동(beat)이 한번 있는 것으로 생각할 때, 심장이 한번 [쿵]하고 뛰면서 강세표시만 없다뿐이지, 음절의 핵인 모음에 강세가 있다. 즉 강하고 높은 음에 잘 들리는 공명음인 모음에서 공명도가 떨어지는 자음으로 미끄러지는 리듬으로 발음한다. 이때 2음절이상의 단어는 심장박동이 두 번 있는 경우로 반드시 강한 박동과 약한 박동의 리듬이 있다. 예를 들어 국어의 [김치]와 같은 2음절 단어를 한국 사람은 [김][치]하고 또박 또박 음절단위로 [김]과 [치]가 똑같은 강세로 음절박자의 리듬으로 발음하나, 미국사람들은 우리말 김치를 [기임 치]와 같은 강약의 리듬으로 발음하거나, [김 치이]와 같은 약강의 리듬으로 발음한다.

(2)

	음절박자 리듬	강세박자 리듬
a. **SAD**[sǽd]	[새드]	[**sǽd**]
b. **HAP**pen[hǽpən]	[해픈]	[**hǽ**pən]
c. ar**RIVE**[əráiv]	[어라이브]	[ə**ráiv**]

위의 예에서도 한국사람은 일반적으로 습관성 /으/부착증과 함께 음절수를 늘려 [새드], [해픈], [어라이브]와 같이 음절박자 리듬으로 발음하기 쉽다. 그러나 영어는 강한 곳은 강하게, 약한 곳은 약하게 발음하는 리듬 있는 언어로 1음절 단어는 미끄럼형 리듬으로 발음해야 하고, 2음절 단어는 강세박자 리듬에 맞추어 강약(● ○)이나 약강(○ ●)의 리듬으로 발음해야 한다. 한편 강음절(strong syllable)은 강하게 발음할 뿐만 아니라, 높은 음에 길게 발음하고, 약음절(weak syllable)은 약하게 발음할 뿐만 아니라, 낮은 음에 짧게 발음함으로 이를 피치곡선으로 나타내면, 강약은 [pitch curve] 으로 약강은 [pitch curve] 으로 나타낼 수 있다. 이때 비강세인 약음절은 영어의 대표적인 이완모음인 /i, u, ə/ 쓰이지만, 그 중에서도 /ə/ 모음이 90%이상 쓰인다. 영어의 모음은 장모음과 단모음으로 구분할 수 있고 이들은 혀가 올라가는 부분과 정도 및 입술의 모양에 따라 구별되는데, 약모음 /ə/는 단모음이면서 중앙모음이다. 따라서 영어의 모음 중에서 발성기관이 이완되었을 때 가장 자연스럽게 발음되는 모음으로 가장 약하고 애매모호한 모음인 이 /ə/가 약음절에 쓰이는 것은 자연스러운 현상이다.

2. 강세음절과 무강세음절의 특징

한편 강세 음절은 비강세 음절에 비해 네 가지 측면, 즉 i) 음의크기, ii) 음의 길이, iii) 음의 높이, iv) 음의 명료성에서 상대적으로 우월하다. 즉 강세음절과 비강세 음절은 서로 긴밀한 관계에 있으므로, 정확한 영어발음은 강세 음절과 비강세 음절의 또렷한 대조에서 기인하는 것이지, 강세 음절의 정확한 발음만이 중요한 것은 결코 아니다. 즉 흔히 간과하기 쉬운 비강세가 강세를 이해하는데 필수적이라는 것이다. 이러한 비강세의 중요성이라는 관점에서는 앞에서 살펴 본 네 번째 측면인 명료성이 더욱 부각된다.

명료성의 측면에서 강세음절과 대조해 보면, 비강세 음절은 다음과 같은 중요한 특징을 갖는다.

(3) a. 자음은 약하게 발음되거나 부분적으로 생략된다.
b. 모음 역시 약화되어 영어의 대표적인 애매 모음인 /ə/로 발음되거나, 완전히 생략된다.

위의 두 가지 특징 중에서 특히 중요한 것은 (3b)처럼 약모음 /ə/의 발음이다. 예를 들어 baNAna의 발음은 [bənǽnə]로 약강약의 리듬을 지니는데, 철자는 모두 똑같은 a로 쓰였지만 가운데 있는 강세음절 (stress syllable)을 제외한 앞뒤의 비강세 음절의 모음은 모두 약모음 /ə/로 발음한다. 이처럼 약모음 /ə/는 낮고 짧고, 약하게 내는 이완모음으로 강세박자에 익숙하지 못한 한국사람들에게는 매우 어려운 발음이다. 조음상 /ə/ 발음은 입술을 한 일자로 약간 벌리고, 모든 근육에 긴장을 풀고 혀는 입의 바닥에 이완된 상태로 놓은 채로, 혀의 중설부와 입천장 사이의 공간을 통해 공기의 흐름이 빠져나가며 짧고 가볍게 발음되는 모음소리이다.

한편 baNAna[bənǽnə]를 통해 강세음절과 약음절의 특징을 악보로 표시하여 나타내면 다음과 같다.

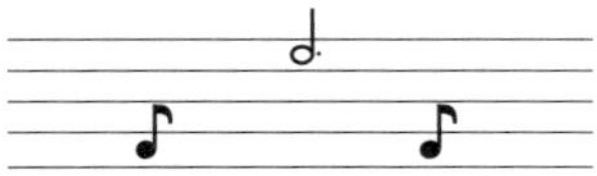

[bə - nǽ - nə]

강음절 [nǽ]는 높고, 길고, 강하고, 명료하다.
약음절 [bə]와 [nə]는 낮고, 짧고, 약하고, 명료하지 않다.

몇 가지 예를 갖고 약음절의 특징에 대해 더 살펴보자.

		음절박자 리듬	약강 리듬
(4)	a. Ber**LÍN**:	[베르린]	[bər**lín**]
	b. Ja**PÁN**:	[재팬]	[ʤə**pǽn**]
	c. Ko**RÉA**:	[코리아]	[kə**ríə**]
	d. at**TÁCK**:	[어태크]	[ə**tǽk**]

위의 예에서 한국사람은 일반적으로 습관성 /으/ 부착증과 함께 약강의 2음절 단어를 또박 또박 2-3음절 음절박자로 발음하여 [베르린],

[재팬], [코리아], [어태크]로 발음하기 쉽다. 첫 음절인 약음절의 모음은 철자가 각각 e, a, o, a로 쓰였지만 모두 약하고 부드럽게 힘들이지 않고 발음하는 약모음 /ə/로 발음하여야 한다. 다음 강세음절은 높은 음으로, 길고, 크고, 울리도록 발음해서 [bərlín], [jəpǽn], [kəríə], [ətǽk]과 비슷하게 약강의 강세박자 리듬으로 부드럽게 발음한다.

특히 우리나라 사람의 경우 약음절의 약모음 /ə/가 철자상에 나타나지 않기 때문에 철자로 표현된 다른 모음으로 발음하는 경우가 많다. 오직 약음절에서 나타나는 이 약모음을 제대로 사용하는 방법을 습득하지 않고서는 영어의 리듬을 생각할 수 없고, 더욱이 영어를 영어답게 발화할 수 없다. 이것은 영어를 말할 때 뿐만 아니라 영어를 들을 경우에도 똑같이 적용되는 문제이다.

3. 2음절 단어의 강세박자 리듬

먼저 2음절 단어의 강약 강세박자 리듬을 연습해 보자.

(5) 강약의 강세박자 리듬 :

	음절박자 리듬	강약 리듬
a. **RÓ**bot:	[로보트]	[**róu**bət]
b. **DÍ**Nner:	[디너]	[**dí**:nɚ]
c. **Ó**pen:	[오픈]	[**óu**pən]

일반적으로 한국사람들은 음절박자 리듬에, 철자식 발음에, 습관성 [으] 부착증으로, 또박또박 발음하는 스타카토 리듬으로 [로보트], [디너], [오픈]으로 발음하는 경향이 있다. 그러나 영어는 강한 곳은 강하

게, 약한 곳은 약하게 발음하는 강약(● ○)이 확실한 리듬 있는 언어로, 위의 예는 [음- ₒ]와 같이 강할 뿐만 아니라, 높은 음에 길고 명확한 소리의 강음절에서 약할 뿐만 아니라 낮은 음에 짧게 불분명한 소리의 약음절로 떨어지는 억양리듬도 갖고 있다. 이 둘의 특징을 합쳐 로 나타낼 수 있다. 즉 [róubət], [dí:nɚ], [óupən]과 같이 1음절의 강세 음절은 이중모음이나 장모음의 강음절로 강할 뿐만 아니라, 공명도가 높아 잘 들리는 명확한 모음(full vowel)으로 높은 음에 길고 강하게 발음한다. 2음절의 비강세 음절은 철자에 상관없이 모두 공명도가 낮아 잘 들리지 않은 약모음(weak vowel)인 /ə/로 약할 뿐만 아니라 낮고, 짧게 발음하여 강약의 리듬이 있는 부드러운 발음을 해야 한다.

다음 2음절 단어의 약강 강세박자 리듬을 연습해 보자.

(6) 약강의 강세박자 리듬:

	음절박자 리듬	약강 리듬
a. ap**PLY**:	[어프라이]	**[əpláɪ]**
b. be**LÍEVE**:	[비리브]	**[bəlí:v]**
c. at**TRÁCT**:	[어트랙트]	**[ətrǽkt]**

마찬가지로 한국사람들은 음절박자 리듬에, 철자식 발음에, 습관성 [으] 부착증으로, [어프라이], [비리브], [어트랙트] 등으로 3-4음절로 발음하려는 경향이 있다. 이들 단어는 모두 둘째 음절이 이중모음이거나 장모음이다. 또 단모음이라도 음절 꼬리의 자음이 둘 이상인 경우로 중음절(heavy syllable)을 이루고 있다. 동사의 경우 중음절을 이루는 둘째 음절에 강세가 와, 약강(○ ●)의 리듬으로 **[əpláɪ]**, [bə**lí:v**], [ə**trǽkt**]와 같이 둘째 음절을 높고 길고 강하게 발음한다. 즉 강약의 리듬과 반대로 [ₒ 음-]와 같이 약할 뿐만 아니라 낮은 음에 짧게 불분

명한 소리의 약음절에서 강할 뿐만 아니라, 높은 음에 길고, 명확한 소리의 강음절로 이어지는  억양리듬을 갖고 있다. 즉 이 둘이 특성을 합쳐  로 나타낼 수 있다. 따라서 비강세의 약음절인 첫째 음절은 철자에 상관없이 모두 /ə/ 모음으로 약화되어 낮고 짧고, 약하게 발음하여 약강의 리듬이 있는 부드러운 발음을 한다.

Pronunciation Drill 14

A 음절수와 강세리듬

01 음절수에 따른 단어의 밑줄 친 모음발음에 유의하여 발음해 보고, 강세모음과 비강세모음의 특징에 대해 설명해 보시오.

1. One Syllables

ALL **CUP** **MAN** **CAKE**

CHEESE **BOAT** **CRY**

2. Two Syllables:

AN-swer **STU**-dent a-**FRAID** de-**GREE**

3. Three or more Syllables:

RA-di-o po-**TA**-to de-**PART**-ment

dis-**COV**-er-y vo-**CAB**-u-lar-y

02 다음 단어의 음절수를 적어보고 강세음절이 어디에 있는지 유의하여 발음해 보시오.

1. doctor 2. children 3. open 4. product
5. today 6. police 7. again 8. animal
9. Canada 10. tomorrow 11. remember 12. tomato

03 다음 단어나 구의 음절수를 적어보고 강세음절이 어디에 있는지 유의하여 발음해 보시오.

for**GET** it. (3)

1. illustrate (　　)　2. crashed (　　)　3. returned it (　　)
4. academic (　　)　5. magnification (　　)

04 다음 대화를 들어보고, 밑줄 친 단어의 강세에 유의하여 발음해 보시오.

1. A: What do you want for dinner?
   B: How about pasta and a salad?
2. A: Do you like bananas?
   B: Yes, I love them. They're delicious.
3. A: How do you feel today?
   B: I feel pretty good. I slept really well last night.
4. A: How's your new apartment?
   B: It's terrible. My neighbors are noisy, and my refrigerator doesn't work.

05 다음 음식에 관한 단어들의 음절수를 적어보고, 강세음절이 어디에 있는지 유의하여 발음해 보시오. (위 (4) 1–2 대화의 대문자로 된 음식명 대신 집어넣어 대화를 해 보시오.)

1. hamburgers　2. hot dogs　3. soda　4. candy bars
5. pretzels　6. popcorn　7. potato chips　8. tacos
9. cookies　10. tortilla chips　11. carrots　12. celery
13. apples　14. pizza　15. ice cream　16. french fries
17. bananas　18. yogurt

B 강세음절과 비강세음절의 특징

01 다음 발음기호의 단어를 강세박자 리듬에 따라 발음해 보시오. 또 발음기호에 해당하는 단어를 써 보고, 강세음절과 비강세음절의 특징을 설명해 보시오.

1. [əwéi] _____ 2. [tədéi] _____ 3. [əgén] _____
4. [pəlíːs] _____ 5. [dɑ́ktər] ____ 6. [féiməs] _____
7. [íŋglənd] _____ 8. [prɑ́bləm] _____ 9. [vízit] or [vízət]
10 [əpɑ́rtmənt] ____ 11. [təmɑ́rou] _____ 12. [ǽnəməl] ____
13. [bənǽnə] _____ 14. [əlǽskə] _____ 15. [éiprəl] _____

02 다음 단어 쌍의 밑줄 친 모음을 비교하여 발음해 보고, 비강세음절의 약화모음에 대해 설명해 보시오.

1. man ↔ woman 2. fast ↔ breakfast
3. band ↔ husband 4. ad ↔ advice
5. ban ↔ urban 6. fin ↔ murfin
7. stage ↔ hostage 8. sip ↔ gossip
9. pro ↔ productive 10. no cent ↔ innocent

03 다음 동물에 대한 단어를 강세박자 리듬에 따라 발음해 보고, 강세음절과 비강세음절의 특징과 철자에 대해 설명해 보시오.

1. élephants 2. giráffes 3. tígers 4. líons
5. zébras 6. búffalo 7. óstriches 8. pándas
9. léopards 10. cámels 11. pénguins 12. cóbras

04 다음 문장에서 밑줄 친 단어의 강세에 유의하여 발음해 보고, 강세음절

과 비강세음절의 철자의 특징을 설명해 보시오.

1. Go away.
2. The police are here.
3. This is Alaska.
4. I'm leaving in April.
5. He's famous.
6. Who'll be here tonight?
7. Don't open that now.
8. It's six o'clock.

05 다음은 비슷한 발음의 단어 쌍을 강세박자 리듬에 따라 발음해 보고, 문장에서 구별하여 발음해 보시오.

désert ↔ dessért	méssage ↔ masság e
cómedy ↔ commíttee	a jéep ↔ Égypt
Árabic ↔ aeróbics	mísery ↔ Missóuri

1. Look at the (desert / dessert).
2. He gave me a (message / massage).
3. She worked on the (comedy / committee).
4. He lives in (a jeep / Egypt) now.
5. I'm taking an (Arabic / aerobics) class.
6. My aunt lives in (misery / Missouri).

C 2음절 단어의 강세박자 리듬

01 다음은 2음절 단어의 강약과 약강의 강세박자 리듬이다. 강세음절과 비

강세음절의 발음에 유의하여 발음해 보시오.

1. 강 약 : ● ○ 

   a. **PEN**-cil   **DOZ**-en   **SO**-fa   **PAR**-ty

   b. a DOZ-en **PEN**-cils   a NEW **SO**-fa

2. 약 강 : ○ ● 

   a. pre-**PARE**   ap-**POINT**   re-**CEIVE**   en-**JOY**

   b. pre-PARE the **DIN**-ner,   ap-POINT the **OF**-fi-cers
   re-CEIVE a **CALL**

02 다음 2음절 단어를 강세박자 리듬에 따라 발음해 보시오.

1. connect   2. letter   3. receive
4. modem   5. houses   6. compare
7. movie   8. surprise

03 다음 강약의 2음절 단어를 비강세음절의 약모음 발음에 유의하여 발음해 보고, 문장 속에서 연습해 보시오

CHIL-dren	**BAG**-gage	**CAR**-pet
BUDG-et	**HUS**-band	**PRI**-vate

1. Where are your children?
2. They're watching my baggage.
3. Did she pay to clean the carpet?
4. No, it's not in her budget.
5. I would like to meet her husband.
6. She has a private room.

04 다음 약강의 2음절 단어를 비강세음절의 약모음 발음에 유의하여 발음해 보고, 문장 속에서 연습해 보시오.

a-**SLEEP**	a-**SIDE**	a-**WAY**
a-**LIKE**	com-**PARE**	po-**LITE**

1. Go to sleep. I was asleep.
2. It's on my side. I said, "Put it aside."
3. Your paper is in the way. Put it away.
4. He's like you; you're both alike.
5. Don't compare him to me.
6. It's not polite to do so.

05 다음 문장에서 밑줄 친 2음절 단어의 비강세음절의 발음에 유의하여 강약의 강세 박자 리듬에 따라 발음해 보시오.

1. **PRO**blem: What's the problem?
2. **MO**ment: Wait a moment.
3. **SEAT**ed: Please seated.
4. **ROS**es: I bought a dozen Roses.
5. **HU**man: It's only human.

06 다음은 2음절 단어의 강약과 약강의 강세박자 리듬이다. 강세음절과 비강세음절의 발음에 유의하여 발음해 보시오.

1. success: It's a success.
2. depart: It's time to depart.
3. today: Today is Monday.
4. tonight: Let's go tonight.

5. salad: I like salad.
6. famous: She is famous.
7. added: I added the tip.
8. wallet: Where's my wallet.

Unit 15
3음절이상 단어의 강세리듬 연구

Pronunciation Guide

고유명사 Plato, Socrates를 [플라톤], [소크라테스]가 아니라, 강세 박자리듬에 따라 [pléiřou], [sɑ′krəti:z]로 발음하자.

Plato [pléiřou]	Aristotle [ǽristɑ́tl]	Socrates[sɑ́krəti:z]
Pop eye [pɑ′pai]	Ottawa [ɑ′řəwɑ̀]	

1. 고유명사 발음도 강세에 따라 리듬 있게 발음하자.

		음절박자 리듬	강세박자 리듬
(1)	a. **PLA**to :	[플라톤]	[pléiřou]
	b. Aris**TO**tle:	[아리스토틀]	[ǽristɑ́tl]
	c. **SO**crates	[소크라테스]	[sɑ́krəti:z]
	d. **POP** eye	[뽀빠이]	[pɑ́pai]
	e. **OT**tawa	[오타와]	[ɑ́řəwɑ̀]

사람이름이나 지명 등 고유명사의 발음을 한국사람들은 일반적으로 음절박자 리듬에, 철자식 발음으로, [플라톤], [아리스토틀], [소크라테스], [뽀빠이], [오타와] 등으로 발음하기 쉽다. 그러나 영어는 강약이 확실한 리듬 있는 언어로, Plato는 [pléiřou]로 [플라톤]이 아니

라 2음절의 강약 리듬인 [ㅍ레이로우]에 가까운 발음을 한다. Aristotle은 [ǽristɑ́tl]로 [아리스토틀]이 아니라 4음절의 중약강약 리듬인 [애뤄s타뜰]에 가까운 발음을 한다. Socrates도 [sɑ́krəti:z]로 [소크라테스]가 아니라 3음절의 강약약 리듬인 [사ㅋ뤄티이z]에 가까운 발음을 한다. Pop eye는 [pɑ́pai]로 [뽀빠이]가 아니라 2음절의 강약리듬인 [파빠이]에 가까운 발음을 한다. 또 Ottawa도 [ɑ́ɾəwɑ̀]로 [오타와]가 아니라 3음절의 강약중 리듬인 [아뤄와]에 가까운 발음을 한다. 이 경우에도 약음절은 철자에 상관없이 대부분 약모음 [ə]로 발음된다는 점을 유의해야 한다.

한편 음성학자들이 사용하는 강세에는 네 종류가 있다. 먼저 제1강세는 강세를 받는 음절의 모음 위에 /´/ 표시를 한다. 다음 약강세는 일반적으로 특별한 표시를 하지 않으나, 꼭 필요한 경우에는 cíty̆처럼 /˘/로 표시하기도 한다. 제3강세(tertiary stress)는 제1강세보다는 잘 들리지 않지만, 약강세보다는 더 잘 들리는 경우를 말한다. Whíte Hòuse처럼 복합어의 두 번째 단어나, ùnfamíliar처럼 접두사와 émphasìze처럼 3음절 이상의 단어에서 찾아볼 수 있으며, 해당 음절 위에 /`/로 표시한다. 또 whîte hóuse와 같은 구강세에서 제1강세보다는 약하나 제3강세보다는 강한 제2강세(secondary stress)를 찾아 볼 수 있다. 이 강세는 /^/로 표시한다. 여기서는 이와 같이 세분된 복잡한 강세 표시보다는 제1강세가 아닌 강세를 대략적으로 중으로 보아 강약중으로 표시하고자 한다.

2. 3음절의 강세 박자 리듬

3음절 단어의 강세유형은 네 가지 유형으로 분류할 수 있다. 먼저 3음절 단어의 강약약 강세박자 리듬을 연습해 보자.

A) 강약약 강세박자 리듬:

(2) 강약약의 강세박자 리듬: 

	음절박자 리듬	강약약 리듬
a. **BÁ**chelor:	[배챌러]	[bǽʧələ]
b. **BÉAU**tiful:	[비우티플]	[bjú:tifəl]
c. **RÉ**gister:	[레지스터]	[rédʒistə]

우리나라 사람은 음절박자 리듬, 철자식 발음, 습관성 [으] 부착증으로, [배챌러], [비우티플], [레지스터]로 3음절뿐만 아니라 4음절로 발음하는 경향이 있다. 특히 bachelor는 [ㄹ] 발음을 겹쳐 발음하기도 한다. 그러나 영어는 강한 곳은 강하게, 약한 곳은 약하게 발음하는 리듬 있는 언어로, [bǽʧələ], [bjú:tifəl], [rédʒistə]처럼 강약약의 ● ○ ○ 리듬을 갖고 있다. 이때 강음절인 첫째 음절은 강할 뿐 만 아니라 높고 길고 명확한 모음으로 발음하고, 비강세의 약음절은 약할 뿐만 아니라 낮고 짧고 불분명한 모음으로 철자에 상관없이 이완모음인 /ə/나 /i/ 로 약화되어 약모음으로 발음한다. (따라서 이를 수정하여  로 표시할 수도 있다.)

다음 3음절 단어의 약강약 강세박자 리듬을 연습해 보자.

(3) 약강약의 강세박자 리듬: 

	음절박자 리듬	약강약 리듬
a. Ma**NÍ**la:	[마닐라]	[mənílə]
b. Vir**GÍN**ia:	[버지니아]	[vərdʒíniə]
c. to**MÁ**to:	[토마토]	[təméitə]〉 [təméiřə]

우리나라 사람들은 위와 같은 3음절 단어의 경우도 음절박자 리듬

에 철자식 발음을 하므로, [마닐라], [버지니아], [토마토]로 발음하려는 경향이 있다. 그러나 영어는 강한 곳은 강하게, 약한 곳은 약하게 발음하는 리듬 있는 언어로, [mənílə], [vərdʒíniə], [təméiřə]처럼 약강약의 ○ ● ○ 리듬을 갖고 있다. (그러나 강세뿐만 아니라 장단과 고저가 같이 따라오므로 •▬•으로 표시할 수 있다.) 위의 예에서도 약음절인 첫 음절과 마지막 음절의 철자가 Maníla에서는 a로, Virgínia에서는 i(a)로, tomato에서는 o로 쓰였지만, 모두 약하고 부드럽게 힘들이지 않고 발음하는 이완모음인 /ə/로 발음된다. 따라서 이와 같은 약모음 /ə/의 발음을 완전히 터득해야만 3음절 단어에서도 리듬 있는 영어 발음을 완벽하게 할 수 있다.

다음 3음절 단어의 중약강 강세박자 리듬을 연습해 보자.

(4) 중약강의 강세박자 리듬: ◯ ○ ●

	음절박자 리듬	중약강 리듬
a. SÈven**TÉEN**:	[세븐틴]	[sèvəntí:n]
b. ÈNter**TÁIN**:	[엔터테인]	[èntɚtéin]
c. ÌNtro**DÚCE**:	[인트러듀스]	[ìntrədjú:s]

일반적으로 [세븐틴], [엔터테인], [인트러듀스]로 음절박자 리듬에 맞춰 4음절, 5음절로 발음하는 경향이 있다. 그러나 영어발음은 약이 반복되는 약약강 리듬보다는 첫음절에 제2강세를 두어 중약강 강세리듬으로, [sèvəntí:n], [èntɚtéin], [ìntrədjú:s]처럼 발음한다. 제2강세의 첫 음절은 약간 긴장하여 발음하고, 비강세의 둘째음절은 철자에 상관없이 주로 이완모음인 /ə/ 발음이나 /i/ 발음으로 낮고 짧고, 약하게 발음하고, 강음절인 셋째 음절은 높고 길고 강하게 발음해야 한다.

다음 3음절 단어의 강약중 강세박자 리듬을 연습해 보자.

(5) 강약중의 강세박자 리듬: ● ○ ◯

	음절박자 리듬	강약중 리듬
a. **ÁP**peTÌTE:	[애퍼타이트]	[ǽpətàit]
b. **PHÓ**toGRÀPH:	[포터그래프]	[fóutəgræ̀f] 〉 [fóuřəgræ̀f]
c. **DÉ**coRÀTE:	[데커레이트]	[dékərèit]

[애퍼타이트], [포터그래프], [데커레이트]로 음절박자 리듬에 맞쳐, 습관적으로 [으]모음 부착하여 5음절로 발음하는 경향이 있다. 그러나 영어발음은 강약중의 3음절 강세리듬으로 [ǽpətàit], [fóuřəgræ̀f], [dékərèit]처럼 제1강세의 첫 음절은 높고 길고 강하게 발음하고, 비강세의 둘째음절은 철자에 상관없이 주로 이완모음인 /ə/ 발음이나 /i/ 발음으로 낮고 짧고, 약하게 발음하고, 제 2강세의 셋째 음절은 이중모음나 약간 강한 모음발음으로 리듬 있는 부드러운 발음을 해야 한다. 이때 3음절어의 강세는 대체로 장모음이나 이중 모음 또는 자음이 둘 이상 있는 중음절(heavy syllable)에 온다.

3. 4음절의 강세 박자 리듬

다음 4음절 단어의 강약약약 및 강약중약 강세박자 리듬을 연습해 보자.

(6) 강약약약/강약중약의 강세박자 리듬: ● ○ ○ ○ / ● ○ ◯ ○

	음절박자 리듬	강약약약 / 강약중약 리듬
a. **CÁ**terpillar:	[케터필라]	[kǽtərpilər] 〉 [kǽřərpìlər]
b. **MÉ**lancholy:	[멜란코리]	[mélənkəli] / [mélənkɑ̀li]

c. **CRÍ**ticism: [크리티스즘] [krířisizəm] / [krířisìzəm]

4음절 단어의 경우도 [케터필라], [멜란코리], [크리티스즘]으로 음절박자 리듬에 맞쳐, 습관적으로 [으]모음 부착하여 4-5음절로 발음하는 경향이 있다. 그러나 영어발음은 강약약약의 4음절 강세리듬으로 [kǽtərpilər], 또는 약음절의 /t/ 음이 단타음이 된 [kǽřərpilər]로, [mélənkəli], [krířisizəm]처럼 제1강세의 첫 음절은 높고 길고 강하게 발음하고, 비강세의 둘째, 셋째, 넷째음절은 철자에 상관없이 주로 이완모음인 /ə/ 발음이나 /i/ 발음으로 낮고 짧고, 약하게 발음한다. 이때 약음절이 3번 계속되므로 리듬이 맞지 않는다고 생각하여 3음절에 제2강세를 두어 강약중약의 강세리듬으로 [kǽřərpìlər], [mélənkàli], [krířisìzəm]으로 발음하기도 한다.

다음 4음절 단어의 약강약약 강세박자 리듬을 연습해 보자.

(7) 약강약약의 강세박자 리듬: ○ ● ○ ○

	음절박자 리듬	약강약약 리듬
a. A**MÉ**rica:	[아메리카]	[əmérikə]
b. E**LÍ**zabeth:	[엘리자베쓰]	[əlízəbeθ]
c. Mont**GÓ**mery	[몬고메리]	[məngáməri]

음절박자 리듬에, 철자식 발음에, 습관성 [으] 부착증으로, [아메리카], [엘리자베쓰], [몽고메리]로 발음하려는 경향이 있다. 그러나 영어는 리듬 있는 언어로, 위의 예는 약강약약의 리듬이다. 즉 비강세의 약음절은 모두 약하고 낮고 짧게 발음되는 /ə/로 [əmérikə], [əlízəbeθ], [məngáməri]처럼 부드럽고 리듬 있는 발음을 한다. 위의 4음절 이상의 다음절 단어에서도 약음절인 첫 음절과 세 번째, 네 번째 음절의 철자가 América에서는 a와 i, Elízabeth에서는 e와 a로, Montgómery에서

는 o와 e로 쓰였지만 모두 약하고 부드럽게 힘들이지 않고 발음하는 이완모음인 /ə/로 발음된다. 따라서 4음절 단어에서도 이와 같은 이완모음 /ə/의 발음을 완전히 터득해야만 리듬 있는 영어발음을 완벽하게 할 수 있고 청취할 수 있다.

다음 4음절 단어의 약강약중의 강세박자 리듬을 연습해 보자.

(8) 약강약중의 강세박자 리듬: ○●○◯

	음절박자 리듬	약강약중 리듬
a. ac**CLÍ**maTÌZE:	[어크라이머타이즈]	[əkláimətàiz]
b. ne**GÓ**tiÀTE:	[니고시에이트]	[nigóuʃièit]
c. so**LÍ**diFY	[솔리더화이]	[səlídəfài]

음절박자 리듬에, 철자식 발음에, 습관성 [으] 부착증으로, [어크라이머타이즈], [니고시에이트] , [솔리더화이]로 6음절 7음절로 발음하려는 경향이 있다. 그러나 영어는 리듬 있는 언어로, 위의 예는 약강약중의 리듬이다. 즉 [əkláimətàiz], [nigóuʃièit], [səlídəfài]와 같이 1음절과 3음절은 비강세의 약음절로 약하고 낮고 짧게 약모음인 /ə/나 /i/로 발음하고, 2음절에는 제1강세, 4음절에는 제2강세가 있는 강음절로 강하고, 높은음에 길게 이중모음인 /ai/, /ou/, /ei/ 등으로 발음을 한다. 즉 (8)의 약강약약의 강세리듬은 약이 뒤에서 두 번 반복되므로 4음절에 제2강세를 두어 약강약중의 리듬있는 부드러운 발음이 되는 경우이다.

다음 4음절 단어의 중약강약의 강세박자 리듬을 연습해 보자.

(9) 중약강약의 강세박자 리듬: ◯○●○

	음절박자 리듬	중약강약 리듬
a. ÌNde**PÉN**dent:	[인디펜던트]	[ìndipéndənt]
b. DÈcla**RÁ**tion:	[데크러레이션]	[dèkləréiʃən]

c. DÌploMÁtic: [디프로매틱] [dìpləmǽtik] 〉 [dìpləmǽřik]

[인디펜던트], [데크러레이션], [디프로매틱]으로 철자식 발음에, 음절박자 리듬에 맞춰 습관적으로 [으]모음 부착하여 5음절 6음절로 발음하는 경향이 있다. 그러나 영어발음은 중약강약의 강세리듬으로 [ìndipéndənt], [dèkləréiʃən], [dìpləmǽřik]처럼 제1강세의 세째 음절은 본래 철자에 가까운 강모음 발음으로 높고 길고 강하게 발음하고, 제2강세의 첫째 음절은 긴장모음으로 중강세의 발음이 된다. 나머지 비강세 음절은 철자에 상관없이 주로 이완모음인 /ə/나 /i/ 발음으로 낮고 짧고, 약하게 발음하여 중약강약의 리듬 있는 부드러운 발음을 해야한다.

다음 4음절 단어의 강약약중 및 중약약강 강세박자 리듬을 연습해 보자.

(10) 강약약중의 강세박자 리듬: ●○○◯

	음절박자 리듬	강약약중 리듬
a. **CÁp**itaLÌZE :	[캐피탈라이즈]	[kǽpitəlàiz] 〉 [kǽpiřəlàiz]
b. **CÓUN**teratTÀCK:	[카운터어택트]	[káuntərətæ̀k] 〉 [káunřərətæ̀k]

(11) 중약약강의 강세박자 리듬: ◯○○●

	음절박자 리듬	중약약강 리듬
a. SÙperim**PÓSE**:	[슈퍼임포즈]	[sjùpə-impóuz]
b. ÀQuama**RÍNE**:	[애커마린]	[æ̀kwəmərí:n]

[캐피탈라이즈], [카운터어택트], [슈퍼임포즈], [애커마린]으로 철자식 발음에, 음절박자 리듬에 맞춰 습관적으로 [으]모음 부착하여 음절수를 늘려 또박 또박 발음하는 경향이 있다. 그러나 영어발음은 (10)의

단어는 [kǽpitəlàiz], [káuntərətǽk]로 비강세의 약음절은 철자에 상관없이 주로 이완모음인 /ə/나 /i/ 발음으로 낮고 짧고, 약하게 강약약중의 강세박자 리듬으로 부드럽고 리듬있게 발음한다. 이때 약음절의 /t/음이 단타음화되어 최종적으로 [kǽpiřəlàiz], [káunřərətǽk]처럼 발음된다. 또 (11)의 단어는 [sjùpə·impóuz], [ǽkwəmərí:n]처럼 중약약강의 강세박자 리듬으로 부드럽고 리듬있게 발음한다. 제1강세의 음절은 본래 철자에 가까운 강모음 발음으로 높고 길고 강하게 발음하고, 제2강세의 음절은 긴장모음으로 약한 강세의 발음이 된다. 나머지 비강세 음절은 철자에 상관없이 주로 이완모음인 /ə/나 /i/ 발음으로 낮고 짧고, 약하게 리듬 있는 발음을 하여야 한다.

4. 영시의 음보

영어는 강세박자 리듬의 언어로 일반 대화상황에서 사용하는 모든 발화들도 자연스럽게 리듬적이다. 따라서 일반 글인 산문과 운율적인 음악성을 지닌 시 사이에 기본적인 리듬의 유사성이 있다고 가정할 수 있다. 운율분석에 따르면 시의 음보(foot)는 시의 리듬을 측정할 수 있는 양식화된 관습적인 단위로 고대로부터 많은 논란이 되어왔지만, 현대에 와서는 일반적으로 강세와 음절수 모두를 고려한 운율분석 방법을 택하고 있다. 즉 음보는 강세를 받는 한 개의 음절과 강세를 받지 않는 한 개 내지는 두 개의 음절로 구성된다고 본다. 영시에서 가장 보편적으로 사용되는 기본적인 음보를 소개하면 다음과 같다.

(12) a. 약강격(iambic): destróy: 강세를 받지 않는 음절 하나와 강세를 받는 음절 하나로 구성된다.
b. 강약격(trochaic): tópsy: 강세를 받는 음절이 앞에 오고,

강세를 받지 않는 음절이 뒤에 오는 경우이다.

c. 강약약격(dactylic): mérrily: 강세를 받는 음절 하나가 앞에 오고 강세를 받지 않는 음절 두 개가 뒤에 따라온다.

d. 약약강격(anapestic): intervéne: 강세를 받지 않는 음절 두 개가 앞에 오고 강세를 받는 음절 하나가 뒤에 온다.

e. 강강격(spondaic): húm-drúm: 강세를 받는 음절 두개로 구성되는 경우로 두음절 모두가 동일한 정도로 강조된다.

f. 약약격(pyrrhic): the séason of míst: 강세를 받지 않는 음절 두 개로 이루어진 경우로 séason of에서 -son of의 경우이다.

다음은 약강 음보에 대한 예로 제시한 John Keats의 무자미한 미녀(La Belle Dame Sans Merci)라는 시행이다.

(13)
x / x / x / x /
She found | me **roots** | of **rel-** | ish **sweet.**
x / x / x / x /
And **hon-** | ey **wild,** | and **man-** | na **dew**

영시의 운율분석에서는 일반적으로 강세를 받는 음절을 나타낼 때는 그 음절 위에 / 표를 하고, 강세를 받지 않는 음절을 나타낼 때는 그 위에 X 표를 한다. 1, 2행 모두 약강음보가 네 개로 이루어진 시행들이므로 약강 4보격(iambic tetrameter)이라 한다.[9)]

9) 음보의 길이를 행의 길이에 따라 부르는 법을 소개하면 다음과 같다.

1 음보: 1 보격 (monometer), 2 음보: 2 보격 (dimeter)
3 음보: 3 보격 (trimeter), 4 음보: 4 보격 (tetrameter)
5 음보: 5 보격 (pentameter), 6 음보: 6 보격 (hexameter)
7 음보: 7 보격 (heptameter), 8 음보: 8 보격 (octameter)

Pronunciation Drill 15

A 고유명사의 강세박자 리듬

01 다음 나라와 사람 이름 등의 고유명사를 강세박자 리듬에 따라 발음해 보시오.

1. Ja**PÁN**	2. Ko**RÉA**	3. **GÉR**many	4. **CHÍ**na
5. **FÍN**land	6. Mo**RÓC**co	7. **PÓL**and	8. **Í**taly
9. **ÁL**ice	10. **NÓR**man	11. **MÁR**sha	12. **KÁR**en
13. **ÁL**lan	14. **MÁR**vin	15. Re**BÉC**ca	16. **KÉN**neth

02 다음 사람 이름 및 지명 등의 고유명사의 구를 강세박자 리듬에 따라 발음해 보시오.

1. Shìrley **Tém**ple	2. Mìchal **Jór**dan
3. Mòther Te**ré**sa	4. Thòmas **Jéf**ferson
5. The Ròcky **Móun**tain	6. Àmerican **Áir**lines
7. Niàgara **Fálls**	8. Mèxico **Cí**ty
9. Fròzen **Píz**za	10. Dìet **Kó**la
11. Bòiling **Wá**ter	12. Wìnter **Jác**ket

03 다음 거리나 도시 이름 등의 고유명사를 강세박자 리듬에 따라 발음해 보시오.

① 1. Seàttle, **Wásh**ington　　2. Càlgary, Al**bér**ta
3. Trénton, New **Jér**sey　　4. Fìfth **Á**venue
5. Lìncoln **Blú**evard

② 1. **Fóuth** Street　　2. **Nínth** Street
3. **Gín**ger Street

B 3음절 단어의 강세박자 리듬

01 다음은 2–3음절 단어 강세박자 리듬이다. 그림에 나타나 있는 강세박자 리듬에 따라 리듬 있게 발음해 보시오.

1.	2.	3.	4.
MUsic	oc**CUR**	a**NO**ther	**PRE**sident
PROmise	a**FRAID**	to**MOR**row	**NA**tional
TRAvel	de**CIDE**	re**MEM**ber	**DIF**ficult
HAPpen	to**DAY**	pro**FES**sor	**BEAU**tiful

02 다음 3음절 단어 강약약, 약강약, 약약강의 강세박자 리듬이다. 그림에 나타나 있는 강세박자 리듬에 따라 발음해 보시오.

1. 강약약 :
   a. **TER**-ri-ble　　**WON**-der-ful　　**GOV**-er-ment
   b. a TER-ri-ble **AC**-ci-dent,　a WON-der-ful i-**DE**-a
   a GOV-er-ment **A**-gen-cy

2. 약강약 :
   a. com-**MIT**—tee　　ex-**AM**-ple　　fan-**TAS**-tic
   b. a LARGE com-**MIT**-tee,　a GOOD ex-**AM**-ple
   a fan-TAS-tic **PLAN**

3. 약약강 :
   a. un-der-**NEATH**　　af-ter-**NOON**　　un-der-**STAND**

b. un-der-NEATH the un-**BREL**-la, this af-ter-**NOON**
EA-sy to un-der-**STAND**

03 다음 3음절 단어를 강세박자 리듬에 따라 리듬 있게 발음해 보시오.

1. im-**POR**-tant 2. ap-**POINT**-ment 3. in-tro-**DUCE**
4. **COM**-pa-ny 5. en-gi-**NEER** 6. **VI**-si-tor
7. Sep-**TEM**-ber 8. **PO**-pu-lar 9. com-pre-**HEND**

04 다음 3음절단어 강세리듬이다. 비강세음절의 약모음 발음에 유의하여 발음해 보고, 문장 속에서 연습해 보시오.

pa-**JA**-mas	em-**BAR**-rass	**SYL**-la-bles
e-**FFI**-cient	a-**PART**-ment	**FOR**-tu-nate

1. He likes to wear pajamas.
2. Don't embarrass him.
3. Did you mark the correct syllables?
4. Yes, I was very efficient.
5. Did you rent the apartment?
6. Yes, I was fortunate to get it.

05 다음 2–3음절 단어 쌍에서 두 단어가 같은 강세박자 리듬인지 아닌지를 고르고, 실제 발음해 보시오.

búsy ↔ bígger (same pattern)

1. appeal ↔ apple 2. appetite ↔ animal
3. exercise ↔ excuses 4. atlas ↔ at last

5. applesauce ↔ apple pie
6. possible ↔ possession
7. ridiculous ↔ radishes
8. addendum ↔ added them
9. subway ↔ subtract
10. airport ↔ report

C 4음절 단어의 강세박자 리듬

01 다음 4음절 단어 강약약약 약강약약, 약약강약의 강세박자 리듬이다. 그림에 나타나 있는 강세박자 리듬에 따라 발음해 보시오.

1. 약약강약: 
   a. oc-cu-**PA**-tion ex-pla-**NA**-tion a-ca-**DEM**-ic
   b. a NEW oc-cu-**PA**-tion, a GOOD ex-pla-**NA**-tion
   an a-ca-DEM-ic **CLASS**
2. 약강약약: 
   a. pre-**OC**-cu-py a-**NAL**-y-sis as-**TROL**-o-gy
   b. a psy-**CHOL**-o-gy CLASS, the as-**TROL**-o-gy CHART
   a LONG a-**NAL**-y-sis
3. 강약약약: 
   a. **SEC**-re-ta-ry **ME**-di-a-tor **AP**-pe-ti-zer
   b. an ef-FI-ci-ent **SEC**-re-ta-ry, a COM-pe-tent **ME**-di-a-tor
   a de-LI-cious **AP**-pe-ti-zer

02 다음 4음절 단어를 강세박자 리듬에 따라 리듬 있게 발음해 보시오.

1. **SE**-con-da-ry
2. po-pu-**LA**-tion
3. mil-**LEN**-ni-um
4. **Te**-le-vi-sion
5. en-**JOY**-a-ble
6. po-li-**TI**-cian
7. **CE**-me-te-ry
8. en-ter-**TAIN**-ment
9. ex-**CEP**-tion-al
10. im-**MED**-i-ate.

03 다음은 3–4음절 단어 강세박자리듬유형을 구나 문장의 강자박자 리듬으로 확대한 경우이다. 이들 단어, 구, 문장을 강세박자 리듬에 따라 리듬 있게 발음해 보시오.

1. re-pu-**TA**-tion   See you **LA**ter.
   Glad to **MEET** you.   How's your **FAM**ily?
2. com-pre-**HEND**   in the **END**
   Make a **FRIEND**.   Pay the **BILL**.
3. fan-**TAS**-tic   It's **PLAS**tic
   Let's **FAX** it   The **CAB'S** here.

04 다음 3–4음절 단어의 강세박자 리듬유형을 문장의 강자박자 리듬으로 확대하여 문장을 만들어 발음해 보시오.

1. ac-**QUAINT**-ed : He **FAINT**ed.
2. un-der-**STAND** : Hold my **HAND**.
3. con-**TENT**-ed : He **SENT** it.
4. in-ter-**ACT** : It's a **FACT**.
5. ap-**PRO**-pri-ate : I **NO**ticed it.

05 다음 다음절 단어의 강세박자리듬유형을 구나 문장의 강자박자 리듬으로 확대하여 구나 문장을 만들어 발음해 보시오.

1. com-**MIT**-tee : 
   the **CI**ty,   she's **PRET**ty.   He's **WIT**ty.
2. in-ter-**ACT** : 
   It's a **FACT**.   Don't re**ACT**.   Here's your **HAT**.
3. in-ter-**RUP**-tion : 
   in the **MID**dle.   He's my **UN**cle.   Let's have **LUNCH** now.
4. a-**RITH**-me-tic: 

a **BIRTH**day gift. I **LOOKED** at it. He **LIFT**ed it.

5. in-ap-**PRO**-pri-ate: ●● ▬ ●●
   I can **HOP**E for it. You can **OPEN** it.
   It's not **Over** yet.
6. ac-com-mo-**DA**-tion: ●●● ▬ ●
   an obli**GA**tion, I'm on va**CA**tion.
   They're not re**LA**ted.
7. i-den-ti-fi-**CA**-tion: ●●●● ▬ ●
   He went on va**CA**tion. Prescribe medi**CA**tion.
   I made the ar**RANG**ments.

D 영시와 강세

- 다음 Frost의 시를 낭송하고 약강 5보격(iambic pentameter)에 대해 설명해 보시오. (abaab의 각운 구조에 기본적으로 약강 5보격의 5행연의 4개의 시로 구성됨)

The Road Not Taken -Robert Frost- (1874-1963)

Two roads diverged x in a yellow wood,
And sorry I could not x travel both
And be one traveler, x long I stood
And looked down one as far as I X could
To where it bent in the x undergrowth;

Then took the other, x as just as fair,
And having x perhaps the better claim,

Because it was grassy and wanted wear;
Though as for that the passing there
Had worn them really about the same,

And both that morning equally lay
In leaves no step had trodden black.
Oh, I kept the first for another day!
Yet knowing how way leads on to way,
I doubted if I should ever come back.

I shall be telling this with a sigh
Somewhere ages and ages hence:
Two roads diverged in a wood, and I ---
I took the one less traveled by,
And that has made all the difference.

abaab의 각운 구조를 취한 약강 5보격의 5행연 4개로 이루어졌다. 이 작품의 내용은 간단하다. 숲 속에 두 갈래 길이 나 있었고, 화자가 두 길을 한 번에 다 갈 수는 없었기 때문에 사람들이 보다 적게 다닌 듯이 보이는 길로 걸어갔는데, 처음에는 다시 되돌아 올 수 있으리라고 생각했으나 되돌아 올 수 없었고, 그로 인하여 큰 차이가 생겼다는 것이다. 일견 지극히 평범한 산책로의 이야기이지만 여기에는 그의 사상과 철학이 스며있다.

가지 않은 길 -로버트 프로스트-

노란 숲속에 난 두 갈래 길
아쉽게도 한 사람 나그네
두 길 갈 수 없어 길 하나
멀리 덤불로 굽어드는 데까지

오래도록 바라보았다.

그리곤 딴 길을 택했다. 똑같이 곱고
풀 우거지고 덜 닳아 보여
그 길이 더 마음을 끌었던 것일까.
하기야 두 길 다 지나간 이들 많아
엇비슷하게 닳은 길이었건만.

그런데 그 아침 두 길은 똑같이
아직 발길에 밟히지 않은 낙엽에 묻혀 있어
아, 나는 첫째 길을 후일로 기약해 두었네!
하지만 길은 길로 이어지는 법이라
되돌아올 수 없음 알고 있었다.

먼 먼 훗날 어디선가 나는
한숨지으며 이렇게 말하려나
어느 숲에서 두 갈래 길 만나, 나는--
덜 다닌 길을 갔었노라고
그래서 내 인생 온통 달라졌노라고.

Unit 16
강세의 일반원칙 연구

Pronunciation Guide

photograph[fóutəgræf] - photography[fətάgrəfi] 등과 같은 다음절어의 강세유형은 어떻게 예측 가능한지 생각하며 발음하자

> Our friends are so **unreasonable**.
> They do the **unpredictable**.

1. 앵글로 색슨 계통의 고유어들의 강세유형

모든 영어 단어의 강세를 예측할 수는 없지만 일반적인 원칙에 적용되는 많은 단어들이 있다. 첫째 앵글로 색슨 계통의 고유어들은 강세가 첫 음절에 있으며, 뒤에 파생 접사가 붙더라도 강세의 위치가 변하지 않고 고정된다.

(1) lóve, lóvely, lóvable, lóveliness

위의 예에서 보듯 강세는 항상 어근(root)인 love에 와있다. 강세가 첫 음절에 오는 것은 영어나 독일어 등이 속하는 게르만 계통 언어들의 공통된 특징이다. 앵글로 색슨 계의 단어들은 대개 단음절어들이고, 이들은 간결하며 남성적이고, 소박하고 힘 있는 것을 그 특징이다.

단음절어가 많으므로 그것이 곧 어근이 되며, 그 뒤에 오는 것은 대개 굴절 어미이거나 파생접사이다. 따라서 가장 중요한 음절에 강세가 온다는 강세 원칙에 의해 첫 음절에 강세가 오는 것은 당연하다. 다음처럼 다양한 접미어가 붙을 때에도 어근에 강세가 온다.

(2) a. kíndly hármful bóokish fríendship
b. réader gódlike bóyhood mánly
c. lónger hóuses ádded cóming

다음 어두에 접두어가 붙을 때에도 어근에 강세가 온다.

(3) a. abóard, asíde, aríse, asléep,
b. behóld, besét,
c. forgíve, forbéar, foretéll,
d. misléad

또 -teen이나 -self로 끝나는 단어는 첫 음절에 제 3강세가 오고 -teen과 -self에 제 1강세가 온다. 또 re-, pre-, mis-, sub- 등의 접두사를 갖는 2음절어는 접두사인 첫 음절에 제 3강세가 오고 어근인 둘째 음절에 제 1강세가 온다.

(4) a. thìrteén, yòursélf
b. rèjóin, prèpaíd, mìstéll, sùbjóin

2. 라틴어 계통의 차용어의 강세유형

앵글로 색슨 계통의 고유어들은 일반적으로 고정강세인데 비하여, 라틴어 계통의 차용어의 강세는 가변강세이다. 이들 차용어들은 대개 단어 끝에서 세 번째 음절에 강세가 오며, 뒤에 파생접사가 붙으면 그 어미의 음절수만큼 강세의 위치가 뒤로 물러난다. 그러한 이유 때문에 진행강세라고 불리기도 한다.

(5) a. phótogràph: [fóutəgræ̀f]
b. photógraphy: [fətágrəfi], photógrapher: [fətágrəfər]
c. phòtográphic: [fòutəgrǽfik] 〉 phòtográphical: [fòutəgrǽfikəl]

phótogràph는 첫 음절에, photógraphy는 두 번째 음절에, phòtográphic는 세 번째 음절에 강세와 강세위치가 뒤로 물러난다. 그러나 단어 끝에서 보면 끝에서 세 번째 음절에 강세가 온다. phòtográphic는 끝에서 두 번째 인 것 같지만, 이는 본래 photographical에서 어미 -al이 탈락하면서 강세가 뒤에서 두 번째로 놓이게 된 것으로 보인다. 이처럼 라틴계 계통의 차용어의 강세는 단어의 앞보다는 뒤에서 예측하는 것이 효과적이다. 그 이유는 대부분의 접미사(예를 들어 -ity, -ic, -ical. -ion)가 강세의 위치를 결정해 주기 때문이다. 예를 들어 gráduate, partícipate, recapítuate 의 세 단어의 강세 위치를 앞에서 세었을 경우 첫 번째 음절, 두 번째 음절, 세 번째 음절로 각각 다 다르다. 이는 음절수가 각각 다르기 때문이고, -ate로 끝난다는 공통점에 착안하여 뒤에서부터 세어보면, 강세의 위치가 동일함을 알 수 있다. 위의 세 단어와 같이 -ate로 끝나는 라틴계 단어들은 예외 없이 끝에서 세 번째 음절에 강세가 온다.

이처럼 라틴 계통의 단어 강세는 접미사의 종료 또는 단어 끝 부분의 형태에 따라 효과적인 예측이 가능하다. arrést, colléct, invént 등과 같은 동사는 끝에서 첫 번째 음절에 강세가 오는 Ultimate 강세이고, calculátion, decorátion, graduátion 등과 같이 -tion으로 끝난 단어들은 끝에서 두 번째 음절에 강세가 오는 Penultimate 강세이다. Ultimate 강세와 Penultimate 강세의 강세교체현상은 다음에서 엿 볼 수 있다.

(6) a. proféssion, < proféss
b. introdúction, < introdúce
c. examinátion, < exámine

한편 끝에서 세 번째 음절에 강세가 오는 Antepenultimate 강세는 앞에서 살펴본 라틴계 동사, 즉 -ate로 끝나는 동사들이다. 이와 같은 경우에는 다음에서 나타난 대로 매우 규칙적으로 Antepenultimate 강세와 Penultimate 강세의 교체 현상을 볼 수 있다.

(7) a. gráduate gràduátion
b. íllustrate ìllustrátion
c. óperate òperátion

한편 graduation에서 첫음절의 제3강세의 중약강약의 패턴은 다음과 같은 4음절 고유명사에도 규칙적으로 나타난다.

(8) Càlifórnia, Còlorádo, Mìnnesóta, Mìssissíppi,

3. 명사 동사 등 통사적인 품사와 관련된 원칙

일반적으로 2음절어 명사(N)와 형용사(A)의 90%는 첫음절에 강세가 있고, 2음절어 동사(V)의 60%는 두 번째 음절에 강세가 있다. 단 동사의 경우 2음절이 자음으로 끝나거나 모음이 장모음인 중음절(heavy syllable)이어야 한다.

(9) a. dáughter húsband kítchen dóctor
 b. fámous cáreful módern fríendly
 c. forgét prefér cárry fríghten

(9a)의 명사와 (9b)의 형용사는 모두 첫음절에 강세가 오는 강약의 리듬의 발음이다. 그러나 (9c)의 동사중 forget과 prefer는 둘째 음절이 자음으로 끝나는 중음절이므로 강세가 오지만, carry는 모음으로 끝나는 개방음절이고, frighten은 자음 n이 음절 핵 역할을 하는 경우로 강세가 오지 않는 경우이다.

한편 다음과 같이 똑같은 철자의 2음절어에서 첫 음절에 제1강세가 오면 명사나 형용사가 되고, 둘째 음절에 제 1강세가 오면 동사가 되며, 의미에도 차이가 생긴다.

	(N)	(V)
(10)	a. áttribute (속성)	attribúte (~의 탓으로 돌리다)
	b. cónduct (행위)	condúct (이끌다, 행동하다)
	c. cónflict (투쟁)	conflíct (다투다)
	d. cóntest (경쟁)	contést (경쟁하다)

	(A)	(V)
(11) a.	présent (현재의)	presént (선물하다)
b.	pérfect (완전한)	perféct (완결하다)
c.	fréquent (흔한)	freqúent (자주 가다)

Pronunciation Drill 16

A 접두사, 접미사와 관련된 강세유형

01 다음 단어를 강세박자 리듬에 따라 발음해 보고, 접두사와 접미사와 관련된 강세유형을 설명해 보시오.

1. un- : unhealthy unwise unnecessary
2. in- : intolerant insufficient indifferent
3. pre- : prevent prefer predict
4. ex- : explain expose experience
5. mis- : misplace mistake misrepresent
6. -er : teacher officer fighter dresser
7. -or : doctor actor major favor

02 다음 단어를 강세박자 리듬에 따라 발음해 보고, 접미사와 관련된 강세유형을 설명해 보시오.

1. -sion, tion : decision occasion inflation preposition
2. -ic-, -ical : magic Atlantic identical symmetrical
3. -ian : Cambodian Indian Colombian technician
4. -ary, -ery : secretary voluntary vocabulary senary
5. –logy : psychology biology ecology
6. –ity : reality minority possibility
7. –tal : dental accidental developmental
8. –ium,-imum : aquarium auditorium maximum
9. -graphy : photography oceanography geography
10. –cian : physician optician mortician

11. –cial: commercial official financial
12. –able, -ible: memorable dependable sensible

03 다음 단어를 강세박자 리듬에 따라 발음해 보고, 접미사와 관련된 강세 유형을 설명해 보시오.

1. –ee : employee trustee refugee
2. –ese : Vietnamese Japanese Chinese
3. –eer : pioneer auctioneer career
4. -ique : unique antique physique
5. -ette : cassette marionette cigarette

04 다음 구를 강세박자 리듬에 따라 발음해 보고, 어근과 파생접미사와 관련된 단어들의 강세유형을 설명해 보시오.

1. a **ù**sable cas**sétte**
2. Pe**rù**vian refu**gée**
3. **Lè**banese engin**éer**
4. **Jà**panese an**tí**ques
5. **mà**ximum se**cú**rity
6. in**dì**fferent ma**jó**rity
7. un**hèard** of popu**lá**rity
8. mag**nè**tic perso**ná**lity
9. fi**nàn**cial possi**bí**lities

05 다음 단어를 강세박자 리듬에 따라 발음해 보고, 어근과 파생접미사와 관련된 단어들의 강세유형을 설명해 보시오.

어간(base)	파생명사	파생(형용사)부사	파생동사
1. **ná**tion	nàtion-**ál**-ity	**ná**tion-ally	**ná**tion-alìze
2. **psý**che	psy**chó**-logy psy**chó**-logist	psỳcho-**lóg**-ically	psy**chó**+logìze
3. e**cón**omy	èco**nóm**-ics e**cón**om-ist	èco**nóm**-ically	e**cón**om-ìze

4. **sým**pathy	**sým**pathi-es	sỳmpa**thét**-ically	**sým**path-ìze
5. **é**dit	edi**tór**-ial **é**dit-or	edi**tór**-ially	edi**tór**-ialìze
6. a**stró****n**omy	a**strón**om-er	àstro**nóm**-ically	
7. **phó**tograph	pho**tó**graph-er	phòto**gráph**-ically	pho**tó**graph-y
8. **mág**net	**mág**net-ìsm	mag**nét**-ically	**mág**net-ìze

B 품사에 따른 기본 강세리듬

01 다음은 물건의 이름이나 사람이름을 나타내는 2음절 명사이다. 강약(▬ •)의 강세박자 리듬에 따라 발음해 보시오.

1. Names of Things: **BAS**ket	2. Names of People: **ALi**ce

1. **TA**ble	**NUM**ber	**AU**to
WINdow	**OFF**ice	
2. **RO**bert	**BET**ty	**GA**ry
LINda **TAY**lor	DAVid **MIL**ler	

02 다음은 접미사 –er, –or 된 단어와 사람이름이나 직업을 나타내는 단어이다. 강약의 강세박자 리듬에 따라 발음해 보시오.

BETter	**BIG**ger	**MA**jor	**FA**vor

1. Jason	Lisa	Robert	Kathy	Allen
Nancy	Marshall	Alice	Richard	Hannah
2. artist	author	builder	doctor	farmer
lawyer	mayor	plumber	sailor	teacher

03 다음은 사람 이름과 직업에 대한 묘사이다. 빈칸에 직업을 넣어 완전한 문장으로 강세 리듬에 맞게 발음해 보시오.

Marshall teaches at a kindergarten. → Marshal is a teacher.

1. Jason writes contracts. (lawyer)
2. Lisa writes books. (author)
3. Robert serves in the Navy. (sailor)
4. Kathy works at a hospital. (doctor)
5. Allen paints pictures. (painter)
6. Nancy builds houses. (builder)

04 다음은 2음절 형용사와 명사이다. 강세박자 리듬에 따라 발음해 보고 강세유형에 대해 설명해 보시오.

1. funny story　　2. pretty picture
3. famous artist　　4. perfect weather

05 다음은 2음절 동사이다. 강세박자 리듬에 따라 발음해 보고, 강세유형에 대해 설명해 보시오.

1. I forgot to apply.
2. Will they allow it or deny it?
3. Let's announce it and repeat it later.

06 다음은 단어를 강세박자 리듬에 따라 발음해 보고, 품사에 따른 강세유형을 설명해 보시오.

1. Verbs: over**SLEEP**　　under**SOLD**
over**PRICED**　　over**LOAD**ed

2. Adverbs: be**HIND** be**LOW** a**HEAD**
a**BOVE** be**SIDE** under**NEATH**

3. Names: New **JER**sey New **BRUN**Swick New **YORK**
St. **GEORGE** San An**TON**io

4. Reflexive Pronouns: it**SELF** my**SELF** him**SELF**
her**SELF** your**SELF** our**SELVES**
It turned it**SELF** around.
I did it my**SELF**!
We learned it our**SELVES**.

07 다음을 강세박자 리듬에 따라 발음해 보고, 밑줄 친 단어의 품사에 따라 강세유형과 모음발음의 변화를 설명해 보시오.

> A. **DU**plicate: [djúplikət]: noun
> I need a duplicate of my birth certificate.
> B. **DU**pliCATE: [djúplikèit]: verb
> Can you duplicate this report?
> C. **DU**plicate: [djúplikət]: adjective
> This is a duplicate bill.

1. a. **GRA**duate: Tony is a college graduate.
   b. **GRA**duATE: When did he graduate?
2. a. **ES**timate: Here ia an estimate of the costs.
   b. **ES**timATE: Can you estimate the cost per square foot?
3. a. **AD**vocate: Michael is a woman's rights advocate.
   b. **AD**voCATE: He advocates a change in the law.
4. a. as**SO**ciate: Eleanor is an associate professor.
   b. as**SO**ciATE: She associates with people from her department.
5. a. ap**PRO**ximate: That's an approximate amount.

b. ap**PRO**xiMATE: Let's approximate the costs.

6. a. **SE**parate: That's a separate subject.

   b. **SE**paRATE: Let's separate the clothes before we wash them.

Unit 17: 구강세와 복합어 강세 연구

Pronunciation Guide

1) White House와 white house의 강세를 구별하여 발음하자.
2) forty와 fourteen의 강세를 구별하여 발음하자.

Whíte Hòuse ↔ whîte hóuse
fórty ↔ fourtéen

1. 구강세와 복합어 강세

형용사+명사로 이루어진 명사구의 구강세와 형용사+명사로 이루어진 합성명사의 복합어 강세는 다르다.

(1) a. a greên hóuse / a blâck boóard
b. a gréenhòuse / a bláckbòard

(1a)처럼 형용사가 명사를 수식하여 명사구를 이루어 하나의 의미단락을 구성하는 경우, 내용어가 두 개 존재하지만, 구강세 부여원칙에 따라 맨 끝 내용어인 명사가 제 1강세를 받고, 앞의 내용어인 형용사는 부강세인 제2강세를 가진다. 즉 /ˆ ˊ/의 강세유형이다. 이러한 명사구는 tâll bóys, swêet dréam, wîndy dáy, sêveral tímes, distînctive vóices

등 그 예가 많다. 그러나 (1b)처럼 형용사와 명사가 결합하여 새로운 합성명사를 이룰 경우, 앞의 내용어인 형용사에 제1강세가 주어지고, 뒤의 내용어인 명사에 제3강세가 주어진다. 즉 /´ `/의 강세유형을 지닌다. green house와 black board에서 뒤의 내용어인 house와 board에 제1강세가 주어지면 '초록색 집, 검은 판자'라는 보통의 명사구로 해석되지만, green과 black에 제1강세가 주어지면 '온실, 칠판'이라는 새로운 합성명사로 해석된다.

이외에도 현재분사와 명사의 결합, 명사와 명사의 결합에서도 명사구는 /ˆ´/의 강세유형을, 복합명사는 /´ `/의 강세유형을 지닌다.

(2) a. a dâncing gírl, a môving ván, a sînging téacher
b. a dáncing gìrl, a móving vàn, a sínging tèacher

(3) a. a lâdy dóctor, a tôy cár, a brîck yárd, a glâss cáse
b. a lády dòctor, a tóy càr, a brícк yàrd, a gláss càse

(2a)는 구강세의 /ˆ´/ 강세유형으로 형용사적 용법의 현재분사와 명사가 결합한 명사구이다. 즉 '춤추고 있는 소녀, 움직이는 짐차, 노래 부르는 교사'란 의미다. (2b)는 복합어의 /´ `/ 강세유형으로 복합명사이다. 즉 '직업적인 무희, 이사용 짐차, 음악교사'란 의미다. 마찬가지로 (3a)는 명사와 명사가 결합한 명사구로 '여의사, 장난감 차, 벽돌을 깐 정원, 유리로 만든 상자'란 의미이지만, (3b)는 복합명사로 '부인과 의사, 장난감을 운반하는 차, 벽돌 재조장, 유리를 넣은 상자'로 의미가 다르다.

한편 다음과 같이 동사와 목적어인 명사가 결합한 동사구의 강세도 구강세 원칙에 따라 뒤의 명사에 제1강세가 오고 앞의 동사에 제2강세가 온다. 다음의 경우를 비교해 보자.

(4) a. They are vîsiting proféssors.
    b They are vísiting profèssors.

(4a)는 동사와 목적어인 명사가 결합된 동사구의 /ˆ ´/강세유형이다. 즉 '그들은 교수님을 방문중이다.'란 의미이다. 반면에 (4b)는 '그들은 교환교수들이다.'로 복합명사구의 강세유형이다.

동사와 전치사가 결합한 전치사 동사(prepositional verb)는 내용어인 동사에 제1강세가 주어지고, 기능어인 전치사에는 강세가 주어지지 않는다. 반면에 동사와 전치사성 부사와 결합하여 구동사(phrasal verb)를 이루는 경우, 뒤에 오는 전치사성 부사에 제1 강세가 주어지고 앞의 동사에 제 3강세가 주어진다.

(5) a. The children were rúnning about the house.
    b. The children were running abóut in the garden.

(5a)는 '아이들은 집주위를 마음대로 뛰놀고 있었다.'로 about이 전치사로 쓰였기 때문에 running에 제1강세가 주어진다. 이처럼 동사+전치사와 결합하여 전치사 동사를 이루는 경우에는 전치사가 기능어이기 때문에 내용어인 동사에 제 1강세가 온다. 이와 같은 전치사 동사는 agrée with, láugh at, lóng for, díe of, persíst in, belíeve in등의 예를 들 수 있다. (5b)는 '아이들은 정원에서 마음대로 이리저리 뛰놀고 있었다.'로 about이 부사로 쓰인 경우이다. 이처럼 동사와 부사가 연결되어 부사가 동사를 수식하는 구조로 하나의 의미단락이 될 때에는 의미강세의 일반 규칙에 따라 끝에 있는 내용어인 부사에 제1강세가 오고, 그 앞에 있는 내용어인 동사는 부강세인 제2강세를 받게 된다. 이와 같은 구동사로는 rûn awáy, gô ahéad, lôok óut, mîx úp, pût ón, wâlk óut 등의 예를 들 수 있다.

한편 구동사가 아니라 복합명사가 된 경우에는 강세유형이 또 다르다.

(6) a. pî̂ck úp, hôld úp, fâll óut
b. píckùp, hóldùp, fállòut

(6a)는 구동사로 /ˆ ˊ/의 강세유형을 지닌다. 즉 '집어 들다, 치켜들다, 밖으로 떨어지다'의 의미이다. (6b)는 복합명사로 /ˊ ˋ/의 강세유형을 지닌다. 즉 '소형트럭, 강탈, 낙하물'이란 의미이다.

부사+형용사가 결합한 경우와 부사+부사가 결합한 구강세의 경우에도 뒤의 단어에 제1강세가 온다.

(7) a. âll ríght, môst políte, mûch bétter
b. jûst befóre, nôt enóugh, sô fár

(7a)의 âll ríght처럼 부사와 형용사가 결합한 경우에, 뒤에 오는 내용어 ríght에 제1강세가 주어지고, 앞에 오는 내용어 âll은 부강세인 제2강세가 주어진다. 마찬가지로 (7b)의 jûst befóre처럼 부사와 부사가 결합한 경우에도 뒤에 오는 내용어 befóre에 제1강세가 주어지고, 앞에 오는 내용어 jûst는 부강세인 제2 강세가 주어진다.

전치사구는 전치사+명사로 이루어진 구로서 뒤에 오는 명사에 강세가 있다.

(8) a. at the nearest státion
b. under the big búilding

2. 숫자의 강세리듬

2음절 이상의 숫자를 나타내는 표현에서도 일반적인 강세 원칙이 있다. -ty와 -teen으로 끝나는 단어는 다른 강세유형을 갖는데, -ty는 그 앞 음절에 강세가 있어 강약의 리듬을 지니나, -teen은 바로 그 음절에 강세가 있어 약강의 리듬을 지닌다.

(9) fórty and fourtéen

그러나 구강세나 문장강세에 있어 리듬을 맞추기 위해서나, 대조강세 때문에 강세가 이동하는 경우가 있다.

(10) a. It's ten-fiftéen.
 b. Fífteen míles an hóur.
 c. ...thírteen, fóurteen, fífteen, síxteen,...
 d. I said fífteen, not síxteen.

(10a)의 경우는 정상적으로 -teen에 강세가 온 경우이나, (10b)의 경우는 miles에 강세가 오기 때문에 바로 앞 음절인 -teen에 강세를 주면 강세 충돌이 생긴다. 따라서 강세가 그 앞 음절로 이동하여 Fífteen으로 강약강약강 리듬이 된다. 이와 같이 약강의 리듬을 맞추기 위해 들어간 강세를 리듬강세라고 한다. (10c)의 경우는 숫자를 열거한 경우로 -teen보다는 13, 14, 15, 16인지를 구별시켜주는 것이 중요하므로 앞 음절에 강세가 오는 경우이다. (10d)도 같은 경우로 서로 대조를 이루는 부분에 강세가 주어지므로 특별히 대조강세라고 한다.

한편 두 자리 이상의 숫자나 여러 숫자를 읽을 때에는 리듬을 맞추기 위해 다음과 같은 휴지를 두어 구별하기도 한다.

(11) a. 723, 236 : seven hundred twenty three thousand pause
two hundred thirty six.
b. Year 1995 : nineteen ninety five.
Year 2000 : two thousand
c. 1/3 : one third, 2/3 : two thirds

(12) a. 95 6161: nine five pause six one six one
b. 956 161: nine five six pause one six one
c. 9 561 61: nine pause five six one pause six one

Pronunciation Drill 17

A 구강세와 복합어 강세

01 다음을 구강세에 따라 발음해 보시오.

1. wâlking slówly
2. a râiny dáy
3. âpple píe
4. côlor cópies
5. sôft píllow

02 다음 구강세와 복합어 강세를 구별하여 발음해 보시오.

1. wâlking slówly ↔ wálking shòes
2. a râiny dáy ↔ a ráincòat
3. âpple píe ↔ ápple jùice
4. côlor cópies ↔ cólor blìnd
5. sôft píllow ↔ sóftwàre

03 다음 복합어를 강세박자 리듬에 따라 발음해 보시오.

1. birth date
2. graduate school
3. White House
4. age limit
5. travel agent
6. employment history
7. fingerprint
8. greenhouse
9. footbridge
10. orange judice
11. driver's license
12. darkroom
13. report card
14. blood type

04 다음을 복합어 강세인지 구강세인지 구별하여 발음해 보시오.

1. a blackboard ↔ a black board
2. the post office ↔ the new office

3. paper napkins ↔ paper clips
4. a birthday card ↔ a beautiful card
5. an impressive building ↔ an office building
6. fresh juice ↔ grape juice
7. a lighthouse ↔ a light color
8. a greenhouse ↔ a green house

05 다음 복합어 강세를 고저(성조)를 가미하여 강세박자 리듬에 따라 발음해 보시오.

1. ice cream cash register supermarket fire engine
2. grandfather software credit card milk carton
3. dishwasher phon call
4. disk drive fax machine cyberspace desktop
super drive keyboard computer screen printer cartridge
word processor download network mouse pad

06 다음 대화의 괄호 안에 있는 복합어를 복합어 강세박자 리듬에 따라 발음해 보시오.

I lost my (**cré**dit càrd).

1. A: Where is the (sales slip)?
   B: Next to the (credit card).
2. A: I need to make a (phone call).
   B: There's a (pay phone) at the corner.
3. A: I'd be happy to help with the (home assignment).
   B: Thank you, but I finished it myself.
4. A: Please send the information about your (income tax).
   B: Do you have a (fax machine)?

5. A: I can't balance my (checkbook).
   B: You can wait for your next (bank statement).
6. A: It must be (lunchtime) by now.
   B: I'm dying for a (cheeseburger).

07 다음을 복합어 강세인지 구강세인지 구별하여 발음해 보시오.

ápplesàuce: I ate some applesauce.
âpple píe : I ate some apple pie.

1. a. fresh bread : Here is the fresh bread.
   b. French bread : Here is the French bread.
2. a. sleeping bear : I saw a sleeping bear.
   b. sleeping bag : I saw a sleeping bag.
3. a. orange juice : I'd like some orange juice.
   b. orange sherbet : I'd like some orange sherbet.
4. a. fresh cream : I want some fresh cream.
   b. ice cream : I want some ice cream.
5. a. space shuttle : Let's wait for the space shuttle.
   b. last shuttle : Let's wait for the last shuttle.
6. a. golf course : We met at the golf course.
   b. new course : It was a new course.

08 다음을 구동사와 같은 구강세와 복합명사의 복합어 강세를 구별하여 발음해 보시오.

1. a. work out : How did the plan work out?
   b. workout : That was quite a workout.
2. a. drop out : Did he drop out the race?

b. dropout : He's a college dropout.
3. a. print out : I need to print out some extra copies.
   b. printout : The ink on the printout is faded.
4. a. cover up : Please cover up the baby.
   b. cover-up : The criminals were involved in a cover-up.
5. a. run off : The thief tried to run off with my wallet.
   b. runoff : The runoff is from the melting snow.
6. a. tear off : Don't tear off the label.
   b. tear-off : There is a tear-off at the bottom of the page.

09 다음을 듣고 구강세인지 복합어 강세인지를 구별하고, 파트너와 함께 대화를 발음하여 보시오.

a. A: Look at the hôt dóg. B: Let's give him a drink.
b. A: Look at the hót dòg. B: I want one for lunch.

1. A: What's he doing in the (darkroom / dark room)?
   B: He's developing pictures. ↔ He's sleeping.
2. A: Who lives in the (White House / white house)?
   B: The U.S. President does. ↔ I do.
3. A: Use ("drop out" / "dropout") in a sentence.
   B: Don't drop out of college. ↔ He's a college dropout.
4. A: Use ("print out" / "printout") in a sentence.
   B: Please print out four copies. ↔ Please give me the printout.

10 다음 대화에서 밑줄 친 8개의 구동사, 14개의 복합명사, 4개의 구, 3개의 지명이름의 강세유형에 유의하여 발음해 보시오.

A: I'm going away for the weekend. Would you and your roommate like to come along?

B: My roommate usually can't get away. She's an X-ray technician at Memorial Hospital and only gets off one weekend a month.

A: Sounds like a hard work schedule!

B: It is, but she likes her job. Where are you planning to go?

A: Sightseeing in the countryside near Angel's Ranch. I need some sunshine. I'm tired of the traffic jams and the car exhaust.

B: Sounds good to me. There's a phone booth across the street from Charlie's Market. I'll try to get ahold of my roommate.

A: (B returns.) So what did she say? Can she take off for the weekend?

B: Yes! She can! The good news is that her backache is almost gone. And her headaches aren't a problem anymore. She still gets carsick, but not if we pull off the highway every ten or fifteen minutes and let her walk around.

A: Terrific! It sounds like a great weekend.

B 숫자의 강세리듬

01 다음 숫자를 강세박자 리듬에 따라 발음해 보시오.

1. thirTEEN, fourTEEN, fifTEEN, sixTEEN
   sixTEEN DOLlars and fourTEEN CENTS
2. I moved here at the age of nine**TEEN**.
   She's only thir**TEEN**.

3. THIRty, FORty, FIFty, SIXty
   She's only **THIR**ty.
   He's running **NINE**ty.

02 다음 숫자를 강세박자 리듬에 따라 발음해 보시오.

1. a. 80 b. 18
2. a. 1960 b. 1916
3. a. 3:40 b. 3:14
4. a. 90 b. 19
5. a. 5:50 b. 5:15
6. a 2050 Main Street b. 2015 Main Street.

03 다음을 듣고 괄호안의 올바른 숫자를 고르고, 강세박자 리듬에 따라 발음해 보시오.

1. About (15 / 50) people came to the party.
2. That dress is ($ 79.99 / $ 799.99).
3. This birthday card is ($ 2.19 / $ 2.90).
4. Is your address (3015 / 3050) Oak Street ?
5. When did they move to (17th / 70th) Street.
6. The post office ia at (414 / 440) Main Street.

04 다음 문장을 사고 단위(thought group)로 끊어서, 숫자에 유의하여 강세박자 리듬에 따라 발음해 보시오.

My **PHONE** number / is **A**rea code / 3 1 **0** / 8 5 **9** / 9 7 4 **5**.

1. My address / is: 1 5 9 / Second Ave. / Freeport / Texas / 7 6 9 5 1.

2. My credit card number / is Master Card: / 4 8 8 / 1 5 7 / 9 2 6 / 1 9 7.
3. The web site address / is http : // www / .(dot) gorilla / .(dot) org.
4. "The number you have dialed / 3 1 0 / 4 5 8 / 8 0 9 7 / has been changed. / The new number is / 2 1 3 / 6 5 9 / 7 8 6 2. / Please make a note of this.

05 다음 대화를 사고 단위(thought group)로 끊어서, 숫자에 유의하여 강세 박자 리듬에 따라 발음해 보시오.

A: I'd like to order the VCR / on page 198 of your catalog. / How much does it cost ?

B: We're having a special / this month on VCR's. / That one is / 145 dollars / and 99 cents. / The shipping is about 15 dollars, / depending upon where you are. / How would you like to pay for this? / By check / or credit card?

A: Credit card./

B: I'm going to need your credit card number / and a shipping address. / May I have the type of card / and the card number first, / please.

A: Wells Fargo Master Card / number 5552 / 9491 / 2168 / 9178.

B: Let me repeat / the number. / Is it 5532...

A: No. / The first four digits are 5552.

B: O.K. / 5552 / 9491 / 2168 / 9178. / What's the expiration date?

A: / Uh oh! / I think this card has expired. / I'm sorry, / but I'll have to call you back later.

Chapter 5

문장강세와 의사단락
(Sentence Stress & Thought Group)

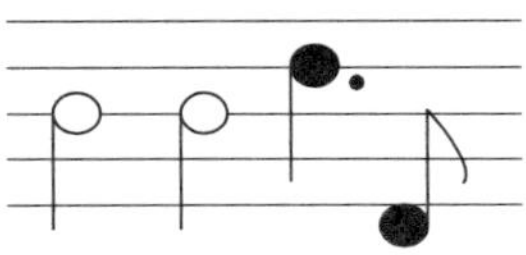

Dógs féed púppies.

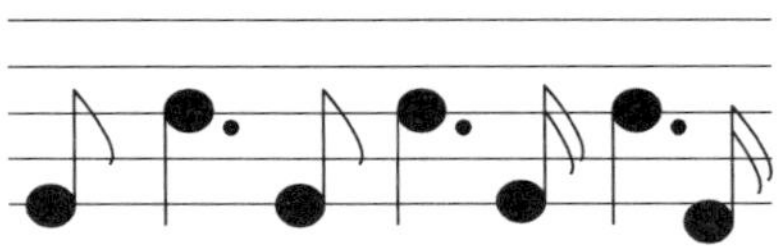

The dógs will féed the púppies.

문장강세에따라 의사단락내의 내용어는
강하고 길고 높은 음으로 명확하게,
기능어는 약하고 짧고
낮은 음으로 애매하게
리듬있는 발음을 하자

I. 문장강세와 기능어의 약형 발음

영어문장을 발음할 때에 영어다운 영어로 바르게 발음하려면 문장을 구성하고 있는 모든 단어를 동일한 강세로 발음하는 것이 아니라, 특정한 단어들만 강하게 발음하고 나머지들은 보다 약하게 발음해야 한다. 이와 같이 문장 속에서 단어가 가지는 강세를 문장 강세라고 하며, 이것은 곧 의미강세(sense stress)를 나타낸다. 일반적으로 문장 안에서 내용어(content word)는 강세를 가지나, 기능어(function word)는 강세를 갖지 못한다. 내용어란 명사, 동사, 형용사, 부사, 지시사, 의문사, 부정사, 수사 등과 같은 단어로써 그 자체가 고유의 의미를 가지는 있는 단어들이다. 따라서 의사소통과정에서 의미전달에 중요한 역할을 하므로 강세를 주어 발음한다.

1. 문장내의 강세음절 수와 등시성

음절 박자 언어인 한국어에서는 음절이 거의 같은 크기로 규칙적으로 반복되기 때문에 문장을 발음하는데 걸리는 시간은 음절수에 비례한다. 그러나 강세박자 언어인 영어는 음절이 아니라 강세 음절이 일정한 시간 간격을 두고 규칙적으로 반복되기 때문에 문장을 발음하는데 걸리는 시간은 음절의 수에 의해서가 아니라 강세 음절의 수에 의해서 결정된다. 따라서 두 강세 음절 사이에 약강세 음절이 많으면 많을수록 약강세 음절은 더 약하고, 또 더 빨리 발음한다.

다음 (1)의 각 문장에서 문장 강세가 표시되어 있다. 강세의 수는 각 문장마다 세 개로서 모두 동일하지만, 음절의 수는 하나씩 증가하고 있다.

(1) a. Dóg féed púppies.
b. The dóg féed púppies.
c. The dógs will féed púppies.
d. The dógs will féed the púppies.

(1)의 각 문장의 음절수는 계속 늘어나고 있지만, 각 문장에서 강세 음절의 수는 똑같다. 따라서 활자로 나타나는 문장의 길이에 관계없이 이들 문장을 읽는 데 소요되는 시간은 거의 비슷하다. 즉 강세의 수가 같기 때문에 각 문장을 발음하는 데 소요되는 시간은 모두 같다. 이러한 현상을 등시성(isochrosism)이라고 한다. 이처럼 음절수가 늘어나는 경우의 문장강세리듬을 다음처럼 연습해 보는 것이 좋다.

● ● ● •
(2) a. Dógs féed púppies.

• ● ● •
b. The dógs féed púppies.

• ● • ● ● •
c. The dógs will féed púppies.

• ● • ● • ● •
d. The dógs will féed the púppies.

(2a)문장은 내용어로만 구성된 문장으로 강 강 강약의 4음절 단어로 생각하고 발음한다. 이때 puppies는 강약의 2음절로 발음하는 데 걸리는 시간은 1음절 dog이나 feed 발음하는 데 걸리는 시간과 같게 한다. (2b)문장은 주어명사에 관사 the가 붙어 (2a)문장보다 1음절이 늘어났다. 그러나 the dogs는 약강의 2음절로 생각하고 1음절 feed 발음시간과 같게 한다. (2c)문장은 조동사 will이 붙어 (2b)문장보다 1음절이 늘

어났다. 이때도 will feed는 약강의 2음절로 생각하고 (2b)문장의 1음절 feed 발음시간과 같게 한다. (2d)문장은 목적어명사에 관사 the가 붙어 (2c)문장보다 1음절이 늘어났다. the puppies는 약강약의 3음절로 생각하고 발음시간을 같게 한다. 이와 같은 연습을 여러 번 하여 음절수에 상관없이 강세수에 따라 발음하는 시간이 같게 한다. 이를 악보로 표시한다면 다음과 같다.

(3)

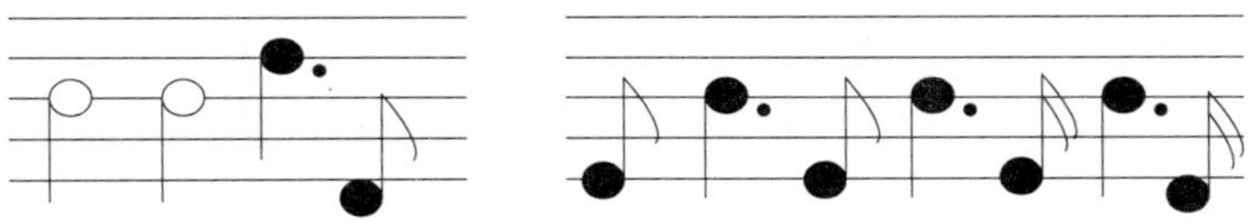

Dógs féed púppies.　　　The dógs will féed the púppies.

(3)의 악보에서와 같이 (1a)의 문장은 강세음절을 높은 음으로 길고 강하게 발음하여, 전체 문장을 발음하는데 걸리는 시간이 정해진다. (1d)의 문장은 음절의 수가 늘어났지만 발음시간을 동일하게 하기 위해서 약음절의 모음을 약화시켜 약형으로 낮은 음에 짧고 약하게 발음하고, 강음절도 그만큼 상대적으로 짧아져 약강의 리듬으로 발음하게 된다.

2. 문장 강세 리듬

문장 안에서 내용어(content word)는 강세를 가지나, 기능어(function word)는 강세를 갖지 못한다. 즉 내용어란 명사, 동사, 형용사, 부사, 지시사, 의문사, 부정사, 수사 등과 같은 단어로 의사소통과정에서 의미전달에 매우 중요한 역할을 하므로 강세를 주어 발음하게 된다. 다음 문장을 보자.

● ○ ○ ●
(4) a. Hów do you dó?

○ ● ○ ● ○
b. It's níce to méet you

(4)의 문장은 "어떻게 지내?"와 "만나서 반갑다."의 의미이므로 '어떻게'의 how, '지내다'의 do 및 '만나다'의 meet와 '반갑다'의 nice에 강세를 주어 발음하면 충분히 의사전달을 할 수 있다. 따라서 전체적으로 (4a)는 강약약강의 4음절 단어와 같은 리듬으로, (4b)는 약강약강약의 5음절 단어와 같은 리듬으로 발음한다.

3. 1음절 기능어의 약형발음

기능어는 모국어 화자들은 이미 묵시적으로 알고 있는 구조적 문법적 기능을 담당하고 있으므로 특별히 강조를 해야 할 때를 제외하고는 일반적으로 강세를 받지 않는다. 즉 약모음으로 약화되어 빠르게 발음한다. 다음절어에서 강세를 받지 않는 음절의 모음이 [ə]나 [ɪ] 또는 [ʊ]로 약화되는 것과 마찬가지로, 구나 문장에서도 강세를 받지 않는 1음절 기능어도 [ə]나 [ɪ], [ʊ]로 약화되는 경향이 강하다. 예를 들면 a를 단독으로 발음하면 [ei]이지만, book과 결합하여 a book으로 발음하면 a에는 강세가 없고 book에는 강세가 있다. 이 때 a book의 a는 [ə]로 약화되어 두 음절로 된 하나의 단어같이 [əbúk]으로 발음한다. that도 강형 [ðæt]과 약형 [ðət]이 있다. "I like that."에서는 that이 지시사로 내용어이기 때문에 강세를 받아 [ðæt]으로 발음된다. 그러나 "I hope that she will do it."에서는 that은 접속사로 기능어이기 때문에 강세가 없으므로 [ðət]으로 발음된다. 이와 같이 강형과 약형의 두 발음을 가진 단어는 영어에 대략 40여개가 된다. 다음은 강형과 약형을 가진 기능어들과 그들이 쓰이는 예를 보인 것이다.

(5)	단어	강형	약형	보기
	a	[eɪ]	[ə]	Read a book.
	an	[æ]	[ə]	Eat an apple.
	the	[ðɪ]	[ðə]	Shut the door.
	and	[ænd]	[ən, n]	Fish and chips.
	that	[ðæt]	[ðət]	The house that I like.
	or	[ɔr]	[ər]	One or two.
	than	[ðæn]	[ðən]	Better than ever.
	but	[bʌt]	[bət]	It's good but expensive.
	he	[hɪ]	[ɪ]	What did he do?
	at	[æt]	[ət]	I'll see you at lunch.
	to	[tu]	[tə]	Try to do it.
	am	[æm]	[əm]	Why am I here?
	do	[du]	[də]	Why do they like it?
	can	[kæn]	[kən]	I can wait.
	must	[mʌst]	[məst]	She must eat more.

보통 대화에서는 강형만을 사용할 수 있고, 또 한국 사람은 그렇게 발음하는 사람도 많고, 영어 모국어 화자가 그 발음을 이해할 수 있다. 그러나 자연스러운 대화를 위해서는 약형과 강형을 맥락에 맞게 사용하는 것이 중요하다. 그 이유는 첫째로 대부분 영어 모국어 화자는 모든 단어를 강형으로만 발음하는 영어가 부자연스럽고 외국인

의 냄새가 난다고 생각한다. 둘째는 더 중요한 것인데, 약형을 익숙하게 사용하지 못하는 화자는 약형을 쓰는 모국어 화자의 말을 잘 알아듣지 못하게 된다. 실제로 모든 모국어 화자는 약형을 쓰는데 영어를 배우는 사람이 강형만 알고 있으면 모국어 화자의 영어를 이해하기가 매우 어렵게 된다. 특히 기능어는 1음절이 대부분이기 때문에 인접한 단어와 함께 많은 음운현상을 일으켜 철자와는 전혀 다른 소리처럼 들리기 때문에 음절박자에 익숙한 한국 사람에게는 매우 알아듣기 어렵다.

한편 기능어의 약형의 발음은 정해진 어느 한 가지만 있다기보다는 발화의 속도에 따라 종류가 다양하다. 빠르게 발음할수록 더욱 약하게 발음되고, 느리게 발음할수록 강형에 가까워지는 일종의 정도의 문제라고 할 수 있다. 대표적인 예로, 접속사 and의 강형의 발음은 /æn/과 /ænd/두 가지이지만, 약형의 발음은 강형 /ænd/를 기준으로 해서, 자음과 모음의 약화 및 생략의 정도에 따라 다음과 같이 다양한 종류가 있다.

(6) a. /ənd/ : 모음약화
    b. /ən/ : 모음약화 + 자음생략
    c. /nd/ : 모음생략
    d. /n/ : 모음생략+자음생략

일반적으로 발화의 속도와 생략의 정도는 비례하므로, 생략의 정도가 가장 심한 (6d)의 약형 /n/이 가장 빠른 문장에서 쓰이는 것으로 예측할 수 있다. 모음과 자음이 모두 생략된 and의 발음 /n/은 다음과 같이 드물기는 하지만 영어 철자에 반영되기도 한다.

(7) a. fish'n chips

b. bacon'n eggs
c. salt'n pepper

이처럼 기능어의 모음이 생략되어 발음되는 대표적인 예로 다음과 같은 축약형(contractions)을 들 수 있다. 이 축약형들은 위의 fish'n chips 등의 경우와 달리 철자에 완벽히 반영되어 있을 정도로 기능어 모음의 약화가 일반적인 현상임을 보여준다.

(8) a. I will = I'll
b. You are = You're
c. do not = don't

4. 기능어의 구체적인 약형 발음을 알아보자

1) 전치사의 약형 발음

전치사 of는 약형 [əv] / [ə]로 더 많이 발음한다.

(9) a. I want a cup *of* **coffee**.
b. What sort *of* **book** do you have?

전치사는 대개 명사 앞에 오며, 내용어인 명사에 강세를 두고 전치사에는 강세를 두지 않는다. 'Government **of** the people'처럼 특별히 전치사에 강조를 둘 필요가 있을 때만 강형 [ʌv]로 발음하고, 그 외의 경우에는 약모음로 약화되어 [əv]로 발음한다. 위의 예 "I want a cup of coffee."에서 내용어인 동사 want와 명사 cup, coffee에 강세가 주어지고, 대명사인 I와 관사 a 및 전치사 of는 강세가 없어 약형의 발음을 하게된다. 이때 of의 발음은 약화되어 [əv]가 되나, 뒤의 강하게 발음되는 coffee 발음이 자음으로 시작하므로 [v]발음마저 생략되어 [ə]로 발음난다. 또 전치사는 약한 발음으로 앞의 내용어인 명사 cup의 발음속에 합쳐 [kʌpə]와 같이 한 단어처럼 강약의 리듬으로 발음한다. "What sort of book do you have?"에서도 약형의 발음 [ə]로 발음나는데, sort의 자음[t]가 약모음 앞에 단타음 [ř]이 되어 최종적으로 [sɔ:řə]처럼 발음한다.

전치사 to도 약형 [tə]로 더 많이 발음한다.

(10) a. You'd **better go** *to* **bed**.
　　b. I **expect** him *to* **tel**l us.

전치사 to도 "Talk to them, not about them."처럼 특별히 대조하여 전치사를 강조할 경우에는 강형 [tu:]로 발음하지만, 일반적인 경우에는 약형 [tə]로 발음한다. "You'd better go to bed."에서 내용 전달상 내용어인 형용사 better, 동사 go, 명사 bed는 강세를 받지만, 전치사 to는 문장구조상 들어간 것으로 모국어 화자는 무슨 전치사가 쓰이는지 거의 암묵적으로 알고 있기 때문에 특별히 강하게 발음해야 할 이유가 없다. 즉 약형 [tə]로 약하고 짧게 발음한다. 이때 강하게 발음하는 go 및 bed와 합쳐 [gou-tə-bed]가 되나 강모음과 약모음사이에서 자음 [t]는 단타음 [ř]이 되어 최종적으로 [góuřəbéd]처럼 강약강의 리듬 있는 한 단어처럼 발음한다. 한편 "I expect him to tell us."에서 부정사구를 만들 때 쓰는 to도 일종의 전치사로 약한 발음을 하게된다. 즉 동사인 expect와 tell은 내용 전달상 중요하므로 강세를 받아 강하게 발음하나, 대명사 I, him, us등과 일종의 전치사 to는 문장구조상 쓰이는 기능어로 약하게 발음하게 된다. 전체적으로 강약의 리듬이 교체하는 부드러운 발음을 해야 한다.

전치사도 강형으로 발음할 때가 있다. 전치사는 대체로 약형으로 발음한다. 그러나 다음과 같이 문장 끝에 오거나 대비를 이루거나, 리듬을 맞추기 위해 강형으로 발음하는 경우가 있다.

(11) a. Chips are what I'm fond **óf.**
b. The letter's **fróm** him not **tó** him.
c. I shall delíver it **tó** you.

전치사 of는 (11a)처럼 문장 끝에 오면 강형 [ʌv]나 [ɑv]로 발음한다. 또 전치사 from과 to도 (11b)처럼 서로 대비를 이룰 경우 강조하기 위해 강세가 주어질 때 강형으로 발음한다. 이러한 강세를 대조강세(contrastive stress)라고 한다. 또 (11c)처럼 비강세 음절 it, to, you가 연속해 왔을 때 그 중 가운데 있는 전치사 to에 강세를 주어 리듬을 부드럽게 하기 위하여 강형으로 발음하기도 한다. 이를 리듬강세라고 한다.

2) 대명사의 약형 발음

대명사 you, you're, your는 문장속에서 다음과 같이 약형으로 발음된다.

(12) a. You **tell** me: [jə-tél-mi]
b. you're in **love**: [jər-in-lʌ́v] 〉 [jə-rin-lʌ́v]
c. Your **pretty eyes**: [jər-prìti-áiz]

대명사 you, you're, your도 듣는 청자이기 때문에 대화상 특별히 강조할 경우를 제외하고는 상대방에게 말하는 상황이므로 구태여 강하게 발음할 필요가 없다. 따라서 약형의 발음 [jə], [jər]로 짧고 낮고 약하게 속으로 중얼거리듯 발음한다. You tell me의 경우 내용어 tell만 강하게 발음하고, you와 me는 약형으로 낮은음에 약하고 짧게 [jə-tél-mi]로, 약강약 리듬의 한 단어처럼 빠르고 부드럽게 발음하게 된다. you're in love의 경우도 축약형 you're는 약형 [jər]로 약하게 발음하는데, 끝의 [r] 소리는 뒤에 오는 전치사 in에 연음되어 낮은음에 약하고 짧게 [jə-rin-l**ʌ́v**]로 약약강의 리듬 있는 한 단어처럼 발음하게 된다. 소유대명사 your도 축약형 you're과 같이 [jər]로 낮은음에 약하고 짧게 발음한다. 그러나 다음처럼 특별히 강조할 경우 강형의 [ju:]로 발음할 수 있다.

(13) a. I love **you**. [ju:] : 나는 당신만을 사랑한다.
b. I **love** you. [jə] : 나는 당신을 사랑한다.

대명사 him, her, he, his도 문장 속에서 약형으로 발음된다. 인칭 대명사는 이미 말하는 화자와 듣는 청자가 누구를 지칭하는지 알고 있어서 대신 쓰는 표현이기 때문에 특별히 강조할 경우를 제외하고는 약형의 발음으로 약하게 발음한다.

(14) a. Let *her* go : [lét-hər-góu] 〉 [lét-ər-góu]〉 [lé-ř ər-góu]
b. Let *him* go: [lét-həm-góu] 〉 [lét-əm-góu]〉 [lé-řəm-góu]

(14)의 경우 내용어 let과 go는 강하게 발음하여 의사전달에 참여하나, 중간에 있는 기능어 대명사 her과 him은 약하게 짧게 발음하여 내용어의 강세음절과 합쳐 리듬을 맞추는 역할을 한다. 이때 인칭대명사 her, him 등의 기능어는 약형 발음으로 약화되기 때문에 일반적으로 발음하기 힘든 목구멍소리 [h]가 생략된다. 따라서 대명사 her는 [hər]

로 약모음으로 발음되기도 하지만, 또 [h]가 생략되어 [ər]로 발음된다. 이어 앞 단어 let의 어말 폐쇄음 [t]가 단타음화되고 연음되어 [le-řər]가 된다. 즉 [레트 허]가 아니라 [레-뤄]처럼 빠르고 부드럽게 발음하게 된다. 다음 'let him'의 경우도 대명사 him의 [h] 소리가 생략되어 [im]이 되므로 let의 어말 폐쇄음 [t]가 단타음화되고 연음되어 [lé-řim]으로 발음하게 된다. 즉 [레트 힘]이 아니라 [레-륌]처럼 빠르고 부드럽게 발음된다.

다음 대명사 he / his / him / her의 예를 더 보자.

(15) a. Is he your **brother**? : [iz-hi] 〉 [iz-i] 〉 [izi]
b. **Where** is his **book**? : [iz-hiz] 〉 [iz-iz] 〉 [iziz]
c. Did you **tell** him it? : [tél-him] 〉 [tél-im] [télm]
d. He **made** her **angry**. : [méid-hər]〉 [méid-ər] [méiřər]

(15a) 문장에서 내용어인 brother만 강하게 발음하여 의사 전달하고, 나머지는 다 기능어이기 때문에 약하게 발음하여 강약의 리듬 있는 발음을 한다. 이때 대명사 he는 약형으로 [h]가 생략된 [i]로 발음되고 그 앞의 is 동사와 합쳐 [izi]로 발음하여 약하고 짧게 발음한다. (15b) 문장에서도 내용어인 where와 book만 강하게 발음하고, is his는 [iziz]로 빠르고 약하게 중얼거리듯 발음하여 전체 문장의 강세박자 리듬을 맞춘다. (15c) 문장에서도 내용어인 tell만 강하게 발음하고, 대명사 him은 약형 [im/əm]으로, 강하게 발음하는 내용어 tell에 합쳐 [télim]이나, 심지어 모음가지 생략된 [télm]으로 강약의 한 단어처럼 발음한다. (15d) 문장에서도 내용어인 made와 angry만 강하게 발음하고, 대명사 her는 [ər]로, 내용어 made에 합쳐 [méidər]가 되고, 다시 [d]가 단타음화 되어 [méiřər]로 우리말 [메이뤄]처럼 발음한다.

3) 접속사와 관사의 약형 발음

접속사 and는 다음처럼 일반적으로 약형으로 발음한다.

(16) a. drink and drive : [ən]
b. John and Mary are great friends. : [ən]
c. Will you have some bread and butter? : [n]

(16a)의 경우 앞 단어 drink과 합쳐 [driŋkən] / [driŋkn]으로 발음하므로 drunken이나 drinken으로 잘못 알아들을 수 있다. 또 (16b) 문장에서 구태여 접속사 and를 강조할 필요가 없으므로 약형 [ən] 정도로 발음한다. 다음 (16c) 문장의 bread and butter는 거이 상투적으로 묶여 쓰이는 말이므로 약모음 [ə]까지 생략하여 [brédnbʌ́tə]로 발음하게 된다.

이외에도 관사 및 유도부사 there의 약형 발음에 대해 더 알아보자.

(17) a. **Read** *a* **book**. : [rí:d-ə] 〉 [rí:-də] 〉 [rí:řər]
b. **Shut** *the* **door**. : [ʃʌ́t-ðə] 〉 [ʃʌ́-ðə]
c. *There*'s a **lot** of **work** to be **done**.

부정관사 a, an과 정관사 the 및 수량사 some도 특별한 경우가 아니면 약형의 발음 [ə] / [ən], [ðə] / [ði] 및 [səm]으로 약모음화 하여 약하고 짧게 발음한다. 즉 일반적인 경우인 명사 앞에 있을 때는 명사에 강세가 주어지고 관사에는 강세가 없으므로 약형의 발음을 하여 약강의 리듬 있는 발음을 형성한다. 또 유도부사라고도 하고, 의미와 상관없이 형식상의 주어로 쓰인 there도 모국어 화자들은 으래 쓰는 말이므로 구태여 강조하여 발음할 필요가 없다. 따라서 약형의 발음 [ðər]로 발음한다. 이와 같이 약형으로 발음하다 보면 빠른 발음에서 그 상호간의 구별이 발음상으로는 쉽지 않다. 위 예에서 read a book과 shut the door의 경우를 보자. (17a)의 내용어 read와 book을 강하게 발음하고 부정관사 a는 약하게 발음하다 보면, 앞 단어 read의 어말 폐쇄음 [d]가 뒤로 연음되어 [rí:-də]가 된다. 이때 모음과 모음사이에 폐쇄음 [d]는 가볍게 발음하는 단타음 [ř]이 되어 [rí:řər]가 된다. 즉 [리드 어]가 아니라 [리이러]처럼 빠르고 부드럽게 발음하게 된다. 따라서 reader나 대명사 her의 약형 발음 [ər]로 나는 read her와는 발음상으로는 구별하기 힘들고 문맥이나 문법적으로 구별하게 된다. 또 (17b)의 경우에서 정관사 the도 약형의 발음 [ðə]로 발음하게 되는 데, 앞 단어 shut의 어말 폐쇄음 [t]가 미끄럼형 끝의 발음에다 폐쇄만 시키고 파열시키지 않으므로 그 뒤의 [ð] 발음에 묻혀 묵음되다 보면 [셔트 더]가 아니라 [ʃʌ́-ðə]로 발음하게 된다. shut her와는 발음상으로는 구별하기 힘들고 문맥이나 문법적으로 구별하여야 한다.

이때 다음과 같은 관사 a나 대명사 it의 약형 발음과 구별해야 한다.

(18) a. Take a sad : [téik-ə-sǽd] 〉 [téi-kə-sǽd]

b. make it better: [méik-it-bétər] 〉 [méi-kit-béřər]

(18a)의 관사 a의 발음도 특별한 경우가 아니면 약형의 발음 [ə]로 발음하는 데, (take a) sad song의 경우 앞 단어 take의 어말 폐쇄음 [k]가 뒤로 연음되어 [téi-kə]가 된다. 이때 모음과 모음사이에 폐쇄음 [k]는 가볍게 발음하므로 무기음 즉 우리말 된소리 [ㄲ]에 가까운 소리가 된다. 즉 [테이크 어]가 아니라 [테이-꺼]처럼 빠르고 부드럽게 발음하게 된다. 이와 같이 강약의 리듬으로 한 단어처럼 빠르고 부드럽게 발음하므로, 대명사 her의 약형 발음 [ər]로 나는 take her와는 발음상으로는 구별하기 힘들고 문맥이나 문법적으로 구별하게 된다. (18b)의 대명사 it의 경우도 특별한 경우가 아니면 약형의 발음 [it]으로 발음하는

데, (make it) better: [méik-it-bétər]의 경우 앞 단어 make의 어말 폐쇄음 [k]가 뒤로 연음되어 [méi-kit]이 된다. 이때 모음과 모음사이에 폐쇄음 [k]는 마찬가지로 가볍게 발음하는 무기음 즉 우리말 된소리 [ㄲ]에 가까운 소리가 되어, [메이크 이트]가 아니라 [메이-낏]처럼 강약의 리듬으로 한 단어처럼 빠르고 부드럽게 발음한다.

4) 조동사의 약형 발음

조동사 can/will의 약형 발음과 부정표현 can't/won't와 구별하여 발음하자.

(19) a. You <u>can</u> **try** : [jə-kən-trái] 〉 [jəkən-trái] or [jəkn-trái]
b. You **<u>can't</u> fight** : [jə-kǽ:nt-fáit] 〉 [jə-kǽ:n-fáit]
c. It <u>will</u> **steal** : [it-wil-stí:l] 〉 [it-il-stí:l] 〉 [iřil-stí:l] or [iřəl-stí:l]
d. You **<u>won't</u> fall** : [jə-wɔ́:nt-fɔ́:l] 〉 [jə-wɔ́:n-fɔ́:l] 〉 [jəwɔ́:n-fɔ́:l]

일반적으로 조동사 can은 약형 [kən]이나, 약모음 [ə]까지 생략된 [kn]으로 발음한다. 따라서 내용어 try만 강하고 길게 발음하고 대명사 you와 조동사 can은 약하고 짧게 발음하므로 함께 뭉쳐 [jəkən-trái]로 약약강의 리듬으로 한 단어처럼 발음한다. 반면 부정표현 can't은 아니라는 내용정보가 있으므로 강형 [kænt]으로 발음하는 데, 어말 폐쇄음 [t]는 파열되지 않고 폐쇄만 되므로 묵음되어 [kǽ:n]으로 발음되나, 약간의 멈춤이 있다. 한편 조동사 will도 약형 [wil/wəl]이나, 심지어 [w]까지 생략된 약형 [il/əl]으로 발음된다. 이 경우 앞 단어 it의 폐쇄음 [t]가 모음사이에서 가볍게 소리나는 단타음 [ř]로 변하여 [iřil-stí:l]이나 [iřəl-stí:l]로 약약강의 리듬으로 부드럽고 빠르게 발음하게 된다. 반면 부정표현 won't는 can't과 마찬가지로 강형 [wɔ́nt]로 발음나는 데, 어말 폐쇄음 [t]는 파열되지 않고 폐쇄만 되므로 묵음되어 [wɔ́n]으로 발음되나, 약간의 멈춤이 있다.

조동사 약형과 강형 발음에 대해서 더 자세히 살펴보자. 먼저 다음 예문을 보고 조동사 can과 can't의 구별에 대해 살펴보자.

(20) a. Can you **drive** a **car**? [kən] or [kn] / Yes, I **can**. [kǽn]

b. I can't **go** : [kǽnt] 〉 [kǽn] 〉 [kǽ:n]

일반적으로 'I can go.'와 같이 긍정문이나, (20a)의 'Can you drive a car?'처럼 의문문에 쓰인 can은 약형 [kən]이나, 약모음 [ə]까지 생략된 [kn]으로 발음한다. 반면 특별히 'Yes, I can.'처럼 대동사로 쓰인 can은 생략된 동사가 있다는 내용정보와 문장 끝을 올렸다 내리는 억양 때문에 강형 [kǽn]으로 발음한다. 한편 (20b)의 can't는 어말 폐쇄음 [t]가 파열시키지 않고 폐쇄만 시키고, 또 미끄럼형 리듬의 끝으로 거이 들리지 않을 정도로 약하게 발음되므로 생략되어 [kǽn]으로 발음된다고 볼 수 있다. 이때 모음과 자음 [n]은 같은 유성음이기 때문에 모음이 약간 길게 나므로 [캐앤]으로 발음한다. 즉 조동사 'can'은 기능어이기 때문에 부정어 'not'이 붙어서 특별히 강조를 해야 할 경우에는 원래의 모음 [æ]로 발음하지만, 긍정문이나 의문문의 경우에는 특별히 강조해야 할 필요가 없기 때문에 약형의 발음 [kən]이나 [kn]으로 약하고 짧게 발음한다. 따라서 발음상으로도 무난히 구별할 수 있다.

Ⅱ. 의사단락과 음운변화

1. 의사단락과 문장강세에 대해 알아보자

보통 휴지(pause)를 사용하여 긴 문장을 끊어서 발음하는데, 끊는 단위를 의사단락(thought group)이라 할 수 있다. 휴지란 연속되는 발음이 잠깐 멈추는 것을 말하는데 여기서는 휴지 위치에 사선(/)를 사용하기로 한다. 휴지는 보통 첫째 의미를 분명히 하기 위해서, 둘째 특정 부분을 강조하기 위해서, 세째 발음하기 편하도록 호흡을 조절을 하기 위해서 일어난다. 이처럼 휴지는 말하는 사람, 강조하고자 하는 점, 호흡의 길이, 또는 말하는 방식에 따라서 달라진다. 이때 의사단락의 최소단위는 의미단락이다.

한편 의사단락 내에서 단어와 음절들은 단독적으로 떼어 발음하면 안 된다. 끊어짐이 없이 부드럽게 연결되어 마치 하나의 긴 단어처럼 연결하여 발음하도록 해야 한다. 영어에 있어서 각 의사단락 내의 연결 현상은 매우 밀접하여 영어를 모르는 사람들은 원어민들이 말하는 영어를 듣고 각 낱말의 한계를 거의 식별하지 못한다. 한 의사단락 내에서는 모든 단어가 한 덩어리가 되어 중간에 조금도 틈을 두지 않고 발음되어가며, 한 음이 조음되고 있는 동안에도 각 조음기관은 다음 음의 조음위치로 벌써 옮겨가기 시작한다. 이러한 의사단락 내의 연결 현상은 자연스럽고 유창한 영어를 하는데 꼭 필요하며, 외국 학생으로서 영어를 습득하는데 가장 어려운 부분에 속한다. 외국 학생 중에서도 특히 한국 학생들은 의사단락을 한 단위로 발음하는 것이 아니라 각 단어를 또박또박 끊어서 음절 박자 리듬으로 발음하려는 경향이 강하므로 조심해야 한다.

문장 강세는 한 문장 속에서 내용어는 강세를 받고 기능어는 강세를 받지 않는다는 의미강세의 일반 원칙이 적용된다. 이 때 가장 끝에 있는 내용어는 제1강세 [´] 를 받고 나머지 내용어는 제2강세 [^]를 받는다.

(21) a. I belîeve she is vêry **pré**tty.

b. I be**líeve** / she is vêry **pré**tty.

(21)의 문장에서 believe, very와 pretty가 내용어이므로 강세를 받으나 뒤에 오는 내용어에 제일강세가 부여되고 앞의 내용어는 제이강세가 부여된다. 물론 이러한 강세형은 (21a)처럼 문장을 그 중간에 휴지를 두지 않고 하나의 의사단락으로 발음할 때 갖는 강세형이다. 그런데 (21b)처럼 believe다음에 휴지를 두어 끊어 읽으면 두 개의 의사단락이 된다. "I believe"가 하나의 의사단락이 되어 believe에 제1강세가 있게 되며, "she is very pretty"는 또 다른 의사단락이 되어 pretty에 제1강세가 있게된다. 이때 의사단락을 몇 개로 나누느냐 하는 문제는 문법의 문제가 아니라 전적으로 화자의 의도에 달린 문제이다. 한편 문장강세에 있어서 몇 가지 유의할 점이 있다.

첫째 일반인을 의미하는 "people, one, person"등은 내용어의 자격이 상실되어 제1강세를 받지 못한다. 다음 문장에서 주어는 모두 특정인이 아닌 일반적인 사람을 가리키고 있기 때문에 주강세가 부여되지 않고 부강세가 주어진다.

(22) a. Pèople are sûpposed to **díe**.

b. Óne can sêldom **líke** it.

c. A pèrson should be **wátch**ful.

둘째 의문사는 내용어에 해당되기 때문에 일반적으로 강세가 부여되지만 종속절의 의문사 또는 의문형용사로 사용될 때에는 주강세가 아닌 부강세만 부여된다.

(23) a. Do you knôw whèn she **stár**ted?
b. Whìch flôwers do you **líke**?

셋째 "more, most"가 비교를 나타내는 경우에는 강세가 없으나, 그 외의 명사나 형용사로 사용되면 강세를 가진다.

(24) a. a most impôrtant thíng.
b. **Mòst** kîds were présent.

넷째 부정어귀 "not"은 원칙적으로 강세를 받는다.

(25) a. She's **nôt** a lády.
b. She **îsn't** a lády.

2. 강조강세, 대조강세 및 리듬강세에 대해 알아보자.

지금까지 고찰한 일반 원칙에 의하면 의사단락내의 내용어는 강세를 받고 기능어는 강세를 받지 않으며 내용어 중에서도 가장 끝에 오는 내용어가 제1강세를 부여받았다. 그러나 화자가 문장의 어느 특정 부분에 관심의 초점을 집중시키고 싶을 때에는 내용어나 기능어의 구별 없이 문장 속에 있는 어떠한 단어에도 강세를 줄 수 있으며 또 그

강세도 제1강세를 부여할 수 있다. 이를 강조강세라 한다. 다음 문장을 보자.

(26) Will you drive to the office tomorrow?

위의 문장은 화자의 의도에 따라 다음과 같이 여러 가지의 강조강세형을 가질 수 있다.

(27) a. Will you drîve to the ôffice **tomórrow**?
b. Will you drîve to the **óffice** tomôrrow?
c. Will you **dríve** to the ôffice tomôrrow?
d. Will **yóu** drîve to the ôffice tomôrrow?

(27a)의 강세형은 보통의 일반적인 강세형이다. 그러나 꼭 정보의 초점을 찾으려면 tomorrow가 가장 중요한 부분이 된다. 오늘이나 다른 날이 아니라 내일이라는 내용에 초점을 둔 경우이다. 그러나 office에 초점을 주어 그 부분을 강조하고 싶을 때에는 office에 제1강세를 주어야 하며 그렇게 되면 다른 내용어는 제2강세를 받는다. 즉 (27b)와 같은 강세형을 가진다. 마찬가지로 화자가 관심의 초점을 (27c)처럼 drive나 심지어 (27d)처럼 기능어인 you에도 둘 수 있다. (27c)처럼 drive에 제1강세를 주면 나머지 다른 내용어는 제2강세를 받는다. 이때의 뜻은 걸어가거나 자전거를 타고 가지 않고 차를 몰고 갈 것이냐는 뜻이 된다. 그러나 (27d)처럼 기능어인 you에 제1강세를 주면 나머지 다른 내용어는 제2강세를 받게 된다. 이 때의 뜻은 당신의 부인이나 또는 어떤 다른 사람이 아니라 어제 운전 면허증을 딴 당신이 운전을 할 것이냐의 뜻이 된다. 위에 보인 어떠한 경우에도 하나의 의사 단락에 제1강세는 하나라는 원칙이 위배된 경우가 없다. 그런데 실제로는 하나의 의

사 단락에 두 개의 제1강세가 올 수도 있다. 다음 예문을 보자.

(28) a. Whât do **yóu** knôw about econômics?
b. Whât do **yóu** knôw about **económics**?

you에만 제1강세가 있는 (28a)는 you에 정보의 초점을 둔 것이다. 이 문장에서 (28b)처럼 you와 economics의 두 곳에 정보의 초점을 둘 수도 있는데 이 때에는 you와 economics에 모두 제1강세를 부여한다. 이처럼 강조 강세를 부여할 경우에 실제로 문장의 어느 부분을 강조할 것인가의 문제는 전적으로 화자의 마음에 달렸다.

한 문장 속에 제1강세가 둘 이상이 될 수 있는 또 다른 강세의 유형으로는 대조 강세 또는 대비 강세가 있다. 다음 예문을 보자.

(29) a. **Bétty** dânces bêtter than **Máry**.
b. **Thése** gîrls are wîser than **thóse** gîrls.

(29a)에서 Mary는 가장 끝에 있는 내용어이기 때문에 당연히 제1강세를 받지만 다른 내용어는 제2강세를 받아야 한다. 그러나 이런 경우에는 Betty와 Mary가 대비되어 있기 때문에 Betty에도 제1강세를 부여할 수 있다. 그러면 정보의 초점이 Betty와 Mary가 된다. (29b)에서는 these와 those가 대조가 되고 있다. 이와 같이 하나의 의사 단락이 되는 문장 속에서 대조나 대비되는 내용이 있을 때에는 이 두 내용에 모두 제1강세를 부여할 수 있다. 이러한 유형의 강세를 대조 강세 또는 대비강세라 한다.

끝으로 리듬강세의 경우를 살펴보자. 리듬강세는 강세의 리듬을 맞추기 위한 경우이다. 즉 한 단어에 강세가 둘이 있을 때 다시 말하면 제1강세가 둘이 있거나 또는 제1강세와 제3강세가 각각 하나씩 있을 때 이들 단어의 강세형은 달라질 수 있다.

(30) a. Fourtéen
b. Fóurteen mén

fourteen을 단독으로 발음하던가 또는 How many people were there?와 같은 질문의 대답으로 fourteen이라고 말할 때에는 (30a)의 fourtéen처럼 둘째 음절에 강세가 온다. 그러나 men과 같은 단음절어가 뒤에 나와서 fourteen men이라고 할 때에는 (30b)의 fóurteen mén으로 발음한다. fourteen의 둘째 음절 다음에 바로 강세 음절 men이 오기 때문에 -téen과 mén의 강세 음절이 연속되어서 강세 충돌 현상이 일어난다. 이럴 때에는 fourteen의 둘째 음절의 강세는 약화되고 대신 제1강세가 첫째 음절로 옮겨진다. 이처럼 강약의 리듬을 맞추기 위해 들어간 강세를 리듬 강세라 한다.

한편 구희산(1998)은 이를 조화리듬(eurythmy)이라 하여 더 자세히 설명하고 있다. 즉 강세가 연속해서 올 때 리듬을 부드럽게 하기 위하여 그 중 하나를 비강세로 바꾸고, 비강세가 연속해서 왔을 때는 그 중 하나를 강세로 바꾸는데, 이런 강세가 리듬강세이다.

(31) a. She **éats thrée fúll méals éach dáy.** (문장강세규칙)
b. She ‖ eats **thrée** ‖ full **méals** ‖ each **dáy**. ‖
(2음절규칙 적용)
c. ‖ Shê eats **thrée** ‖ full mêals each **dáy**. ‖
(4음절규칙 적용)

(31a)는 대명사인 she는 기능어로 강세가 없어 제외하고, 그 다음부터 내용어가 연속적으로 나와 문장강세규칙에 따라 제1강세를 부여한

경우이다. 이러한 경우 강세가 연속적으로 나와 강세 충돌이 일어나므로 매우 부자연스럽다. 따라서 (31b)처럼 강세충돌을 맞기 위해 2음절 규칙에 따라 2음절 간격으로 강세를 부여하여 앞에 나온 강세는 약화되어 약강의 리듬을 맞추게 된다. 그러나 모든 문장이 이처럼 1음절어나 2음절어로만 구성되지 않기 때문에, 경우에 따라 3음절 간격으로 강세를 부여하여 약약강의 리듬형을 형성하기도 한다. (31c)는 먼저 2음절규칙이 적용되고 나서 그 다음에 4음절규칙이 적용된 경우로, 4음절 간격을 두고 thrée와 dáy에 제1강세를 부여한 경우이다. 따라서 2음절 규칙에 따라 제1강세를 부여받은 meal는 제2강세로 약화되고, 약강세였던 기능어 she는 오히려 리듬을 맞추기 위해 제2강세를 새로이 부여받는다. 이때 처음에는 4음절 간격이 안 되므로 문장 첫머리에 약강세의 휴지를 두어 약중약강의 4음절 단위를 맞춘 경우이다. Hayes (1984:46)에 따르면, 영어는 매 4음절에 가까운 간격으로 강세가 올 때 가장 이상적인 조화리듬을 이루고, 다음으로 선호되는 간격이 2음절이라고 한다.

3. 의사단락 내의 음운변화와 연결된 발화

정상적인 속도의 연결된 대화(connected speech)에서 영어의 음은 고립되어 나타나지 않고, 보통 다른 음과 연결되어 발음되며, 이웃하는 음의 영향을 받아 서로 변하게 된다. 이때 단어와 단어가 연결될 때, 그 사이가 끊이지 않고 하나의 단어처럼 발음되는 현상을 연음이라고 한다. 또 어떤 음이 이웃 음과 비슷해지거나 같아지는 현상을 동화(assimilation)라고 한다. 또 생략되기도 한다. 연음, 동화 및 생략의 근본적 원인은 조음에 대한 노력절약(economy of effort)의 원칙이다.

3.1. 단타음화 현상

미국 영어에서는 'water'의 [t]소리를 흔히 우리말의 [ㄹ]과 비슷한 [ř] 소리로 여리게 발음한다. 이렇게 가볍고 매끄럽게 소리 나는 t 소리를 단타음 [ř]이라고 하며, 이러한 현상은 일종의 동화현상으로 특별히 단타음화(flapping) 현상이라고 한다. 폐쇄음 [t] 소리는 원래 잇몸을 혀로 막았다가 터트리는 소리인데, 강세가 없는 약음절로 소리날 때, 짧고 약하고 낮게 발음하다 보면, 혀로 살짝 잇몸을 건드리면서 나는 소리로 변한다. 즉 한번 치는 소리라는 의미에서 단타음 [ř]이라고 한다.

(32) a. Italy : [ítəli] 〉 [iřəli] / Italian : [itǽliən]
b. atom : [ǽtəm] 〉 [ǽřəm] / atomic : [ətɑ́:mik]

단타음화 현상은 Italy와 atom처럼 /t/가 모음 사이에 위치하고 앞의 모음에 강세가 올 때 일어난다. Italy에서 모음사이에 끼어 있는 치경음 /t/는 앞의 모음 /í/에 강세가 있고, 뒤에 모음 /ə/에는 강세가 없을 때, 가볍고 매끄럽게 발음되는 단타음 [ř]로 변한다. 즉 폐쇄음 /t/는 강세가 없는 약음절로 소리날 때, 짧고 약하고 낮게 발음하다 보면, 혀로 살짝 잇몸을 건드리면서 나는 단타음 [ř]로 자연스럽게 변한다. 이를 발음기호로 표시하면 [ítəli] 〉 [iřəli]로, 강약의 리듬 있는 부드러운 발음이다. 마찬가지로 atom에서도 강모음과 약모음사이에 끼어 있는 /t/가 강세 없는 /ə/와 함께 약음절을 이루므로 가볍고 매끄럽게 발음되는 단타음 [ř]로 변한다. 즉 [ætəm] 〉 [æřəm] 처럼 가볍고 매끄러운 발음이 된다. 그러나 Italian은 Italy와 달리 강세가 두 번째 음절에 있다. /t/소리는 모음사이에 끼여 있지만 강하게 발음되는 모음 /æ/와 함께 강음절을 형성한다. 따라서 원래의 소리인 기식음 [t^h]로 발음하게 된다. 마찬가지로 atomic도 atom과 달리 두 번째 음절에 강세가 있으므로 기식음 [t^h]소리는 강하게 발음된다.

한편 다음과 같이 단어와 단어간의 경계에서 단타음화 현상은 조금 다르다.

(33) a. I'll tell you all <u>about it</u>.

b. Come in and <u>check it out</u>.

(33a)의 about의 /t/ 소리는 다음 단어 it가 모음으로 시작하기 때문에 모음과 모음사이에 끼여 있게 되어, 한 단어내의 단타음화 현상처럼 여린 소리인 단타음 [ř]로 발음된다. 그런데 (33b)의 chèck it óut을 보면 'it'의 /t/ 소리가 모음과 모음사이에 끼여 있지만, /t/가 오히려 강세가 없는 모음과 강세가 있는 모음 사이에 나타나고 있음을 알 수 있다. 그러나 Itálian과 atómic의 경우와 달리 단타음으로 변한다. 즉 단어와 단어 경계사이에서는 반드시 강세가 있는 모음과 강세가 없는 모음사이에 나타나야 할 필요가 없음을 알 수 있다. 결론적으로 단어 내에서 단타음 현상이 일어나기 위해서는 일반적으로 /t/ 소리가 강세가 있는 모음과 강세가 없는 모음사이에서 나타나야 하지만, 단어와 단어간의 경계에서는 모음과 모음 사이에 있기만 하면 된다.

한편 단어와 단어 사이에서의 단타음화 현상은 다른 음운현상과 결합하여 같이 일어나는 경우가 많은 데, 특히 다음과 같은 경우 비슷하게 발음되므로 조심해야 한다.

(34) a. What do you do? : [wɑ́t-du-ju-dú] 〉 [wɑ́d-də-jə-dú] 〉
[wɑ´-řəjə-dú]

b. What are you doing?: [wɑ́t-ar-ju-dú:iŋ] 〉
[wɑ́t-ər-jə-dú:iŋ] 〉 [wɑ́-řərjə-dú:iŋ]

c. What does it matter? [wɑ́t-dəz-ɨt-mǽtər] 〉

[wɑ́-dəz-ɨt-mǽtər] 〉 [wɑ́-řəzɨt-mǽtər]

(34a)의 What do you에서 do와 you는 기능어이기 때문에 약형의 발음 [də-jə]로 발음된다. 한편 what의 끝자음 /t/와 does의 앞자음 /d/는 동일 계통의 발음이기 때문에 앞의 /t/ 발음이 뒤의 /d/ 발음으로 동화되었다가 탈락되어 [wɑ́-də-jə]가 된다. 이때 모음과 모음사이에 있는 치경음 /d/는 단타음 [ř]이 되어 연속하여 발음되므로 [wɑ́-řəjə]가 된다. 즉 음절 박자 리듬의 [왓두유]가 아니라 강세박자 리듬의 [wɑ́řəjə]처럼 발음해야 한다. (또는 [wɑ́t-də-ju]에서 /t/발음이 탈락되어 [wɑ́-də-ju]가 되었다가, /d/가 단타음 [ř]이 되고, 가운데 있는 약모음 /ə/가 약하게 발음되다 묵음되어 연속된 발음 [wɑ́řju]처럼 발음하기도 한다.) 다음 (34b)의 'what are you'에서 are와 you는 기능어이기 때문에 약형의 발음 [ər-jə]로 발음한다. 한편 이때 모음과 모음사이에 있는 치경음 /t/는 단타음 [ř]이 되어 뒤로 연음되므로 [wɑ́řərjə]가 된다. 즉 음절박자 리듬의 [왓아유]가 아니라 강세박자 리듬의 [wɑ́řərjə]처럼 발음해야 한다. 따라서 빠른 발음에서는 What do you와 What are you가 거의 구별이 안 될 정도로 비슷한 발음으로 들린다. 다음 (34c)의 'What does it'에서 does가 약형 [dəz]로 발음되는데, 마찬가지 방식으로 동화되었다 탈락되고, 단타음화 되고, 또 연음되어 what does it이 [wɑ́řəzɨt]처럼 발음된다.

3. 2. 연음현상

연음이라는 것은 단어와 단어가 연결될 때 그 사이가 끊이지 않고 하나의 단어처럼 발음되는 현상을 말한다. 즉 2개 혹은 그 이상의 단어가 하나의 단어처럼 한 묶음으로 동시에 발음되는 현상이다. 단어와 단어 사이가 연결되어 발음될 때에는 한 단어 안에서의 발음과는 아주 다른 발음이 되어버리는 경우가 많다. 따라서 연음현상은 우리가 영어를 듣고 말하는 데 가장 어려움을 느끼는 요소 중의 하나이다. 연결되어 발음되는 유형을 보면 일반적으로 자음과 모음이 연결되는 경우인데, 크게 두 가지로 나누어 볼 수 있다. 먼저 앞 단어의 끝 자음이 뒤 단어의 첫 모음에 연결되는 경우이다. 두 번째 연음현상은 뒤 단어의 약모음이 앞단어의 끝 자음에 연결되는 약모음 이동의 경우이다. 이외에도 자음과 자음이 연결될 때에는 연속되는 자음이 많기 때문에 중간에 폐쇄음은 생략되고, 모음과 모음이 연결될 때는 전이음 /y, w/가 삽입되어 발음을 부드럽게 이어 주는 음운변화현상이 있다.

먼저 자음과 모음사이의 연음(linking)현상을 살펴보자. 예를 들어, soup or salad가 super salad처럼 들리는 이유는 soup의 끝 자음 p가 or에 연결되기 때문이다. 연음이 되기 전의 soup과 or를 연음 후의 super와 음절구조의 측면에서 비교해 보면 다음과 같다.

(35) soup or: CVC-VC 〉 su-per: CV-CVC

음절 구조의 기본 유형 네 가지는 필수적인 모음만을 가지고 있는 V와 모음 앞 또는 뒤에 자음이 있는 CV나 VC 그리고 모음 전후에 자음이 오는 CVC로 나눌 수 있다. 이러한 네 가지의 유형 중 가장 기본적인 유형은 CV이고, 가장 드문 유형은 VC이다. 전 세계 언어는 가능한 VC음절을 회피하고 CV음절로 바뀌려는 경향이 있다. 영어에서도 이러한 경향을 쉽게 찾을 수 있는데, apple과 같이 모음으로 시작되는 단어에는 모음 /æ/ 앞에 발음상 자음이 삽입되는 현상이 그 예이다. 또한 모음과 모음이 연결되는 현상을 피하기 위해 자음이 첨가되는 경우도 있는데 영어의 부정관사 a와 an, 국어의 주격조사 '이' 와 '가' 의 선택도 CV형태를 유지하기 위한 대표적인 현상이다.

앞에서 말했듯이, 연음은 발음의 용이를 위한 것으로 연음은 거의 대부분 VC음절을 최대한 회피하고 CV음절을 최대한 유지하려는 현상이라고 할 수 있다. 영어의 연음현상으로 자주 인용되는 다음과 같은 경우는 모두 앞 단어 끝의 자음이 모음으로 시작하는 다음 단어에 얹혀 자음으로 시작되는 새로운 음절을 만드는 경우이다. 따라서 자연스러운 속도로 발음하면 우측의 새로운 한 단어와 거의 동일하게 들린다.

(36) a. plan it (CVC-VC) 〉 planet (CV-CVC)
b. dance or (CVCC-VC) 〉 dancer (CVC-CVC)
c. got us (CVC-VC) 〉 goddess (CV-CVC)

조금 더 일반적인 연음현상의 예를 보자.

(37) a. Send us out: [sènd-əs-áut] 〉 [sèn-də-sáut]
b. nice of you.: [náis-əv-ju] 〉 [nái-sə--vju]

(37a)의 Send us out [sènd-əs-áut]에서 앞의 첫 단어와 두 번째 단어가 자음 /d/와 /s/로 끝나고 뒤의 단어가 모음 /ə/와 /au/로 시작되기 때문에, 앞의 자음 /d/와 /s/가 뒤로 연음되어 [sèn-də-sáut]이 된다. 즉 음절 단위로 끊어지는 발음이 아니라 물 흐르듯이 서로 연결되어, [센드 어스 아웃]이 아니라, [sèn-də-sáut]로 강약의 리듬에 따라 빠르고 부드럽게 한 단어처럼 발음해야 한다. (37b)의 nice of you [náis-əv-ju]에서 앞의 첫 단어와 두 번째 단어가 자음 /s/와 /v/로 끝나고 뒤의 단어가 모음 /ə/와 /ju/로 시작되기 때문에 앞의 자음 /s/와 /v/가 뒤로 연음되어 [nái-sə--vju]이 된다. 즉 [나이스 어브 유]가 아니라 [nái-sə--vju]처럼 강약의 리듬에 따라 빠르고 부드럽게 발음해야 한다.

연음현상은 다른 음운현상 즉 단타음화 현상, h-탈락현상 등과 상호 작용을 일으킬 수 있다. 그 중 다음처럼 자음 /t/로 끝나고 모음으로 시작하는 경우 단타음화 현상과 연음현상이 같이 일어나므로 빠르고 부드럽게 매끄러운 소리로 발음해야 된다.

(38) a. But I find : [bʌt-ai-fáind] 〉 [bʌř-ai-fáind] 〉 [bʌ-řai-fáind]
b. put it up : [pùt-it-ʌ´p] 〉 [pùř-iř-ʌ´p] 〉 [pù-ři-řʌ´p]
c. take a look at it : [tèik-ə-lúk-ət-it] 〉 [tèik-ə-lúk-əř-it] 〉
[tèi-kə-lú-kə-ři(t)]

(38a)의 but I에서 /t/ 소리가 모음사이에 끼어있으므로 단타음화 되고 연음되므로 [밭-아이]가 아니라, [bʌ-řai]로 빠르고 부드럽게 매끄러운 소리로 발음해야 한다. (38b)의 경우 put it의 두 개 /t/ 소리도 모음사이에 끼어있으므로 단타음화 되고, 그 후 연음 되므로 [풑-이-업]이 아니라 [pù-ři-řʌ́p]으로 강약의 리듬에 따라 빠르고 부드럽게 매끄러운 소리로 발음해야 한다. (38c)의 look at it의 at의 /t/ 소리도 모음과 모음사이에 끼이게 되므로 단타음으로 변하고, 그 다음 자음 /k/, /ř/이 연음된다. 따라서 [테이어-룩-앹-잇]이 아니라 [tèi-kə-lú-kə-ři(t)]으로 강약의 리듬에 따라 빠르고 부드럽게 발음해야 한다.

한편 h-탈락현상은 기능어인 대명사, he, him, her 등에서 많이 일어난다. 이때 자음 /h/가 탈락되면 모음으로 시작하기 때문에 다음처럼 연음된다.

(39) a. Is he : [iz-hi] 〉 [iz-i] 〉 [i-zi]
b. Give her it : [gív-hər-it] 〉 [gív-ər-it] 〉 [gí-və-rit]
c. stop him : [stάp-həm] 〉 [stάp-əm] 〉 [stά-pəm]

(39a)의 대명사 he는 기능어이므로 /h/가 탈락한 약형 /i/로 발음난다. 이렇게 되면 모음으로 시작되기 때문에 앞의 단어 is의 끝 자음 소리 /z/가 뒤로 연음되어 [i-zi]이 된다. 즉 [이즈-히]가 아니라 [i-zi]로 빠르고 부드럽게 발음해야 한다. 마찬가지로 (39b)의 대명사 her도 /h/가 탈락하여 [ər]로 발음나면 모음으로 시작하기 때문에, 앞의 단어 give의 끝 자음 소리 /v/가 뒤로 연음되고 her의 /r/도 뒤로 연음되어 [gí-və-rit]이 된다. 즉 [기브-허-이트]가 아니라 [gí-və-rit]처럼 빠르고 부드럽게 발음해야 한다. 한편 (39c)의 stop의 /p/ 소리는 단어 끝에서 발음되는 폐쇄음이므로 폐쇄만 시키고 터뜨리지 않는 소리로 거의 들리지 않는다. 그러나 대명사 him의 /h/가 탈락하여 [əm]처럼 모음으로 시작하는 단어가 나올 경우, 앞 단어의 마지막 자음인 /p/가 뒷 단어의 첫 소리인 모음 /ə/에 실려 발음되는 연음현상이 일어나 [stɑ́-pəm]이 되는데, /p/가 우리말의 /ㅃ/에 가까운 무기음화 되어, [stɑ́-p'əm]처럼 빠르고 부드럽게 발음하게 된다.

한편 영어에서 자음으로 끝나는 단어 다음에 약모음 /ə/로 시작하는 2음절이상의 단어가 연이어 나올 때, 가능한 VC음절을 회피하고 CV음절로 바뀌려는 경향이 있다. 이때 약하게 발음되는 약모음 /ə/가 앞 단어의 자음쪽으로 이동하여 CV음절로 바뀌는 경향이 있다. 이를 일종의 약모음 이동(weak vowel shift) 현상이라고 한다.

(40) a. not aware : [nɑ́t-əwɛər] 〉 [nɑ́tə-wɛər]〉 [nɑ́řə-wɛər]
b. and an adult : [ænd-ən-ədʌ́lt] 〉 [ən-ən-ədʌ́lt] 〉 [ə-nənə-dʌ́lt]
c. made an apology : [meid-ən-əpɑ́lədʒi] 〉 [meiř-ən-əpɑ́lədʒi] 〉 [mei-řənə-pɑ́lədʒi]

(40a)의 aware는 첫 모음인 약모음 /ə/가 오히려 앞 단어의 끝자음 /t/에 연결되어 발음된다. 이때 강모음과 약모음 사이의 자음 /t/가 단

타음 [ř]로 발음나는 현상과 맞물려 [nářə-wɛər]로 발음된다. (40b)의 and an adúlt에서 기능어 and는 약화되어 [ən]으로 발음되어, 자음 /n/ 소리가 뒤의 모음으로 연음된다. 또 adult가 2음절로 약모음 /ə/로 시작되기 때문에, 앞의 자음 /n/으로 이동되어 강약의 리듬에 따라 [ə-nənə-dʌ́lt]로 부드럽고 빠르게 발음된다. (40c)의 made an apology에서 made의 끝자음 /d/ 소리는 단어와 단어사이의 경계에서 모음 사이에 끼여 있으므로 [ř]로 단타음화 되고 뒤로 연음된다. 이때 apology가 3음절로 약모음 /ə/로 시작되기 때문에, 앞 단어의 끝 자음 /n/으로 이동되어 강약의 리듬에 따라 [mei-řənə-páləʤi]로 부드럽고 빠르게 발음하게 된다. 즉 음절박자로 또박 또박 발음하는 [메이드-언-어파러쥐]가 아니라, 강세박자 리듬에 따라 발음하는 [mei-řənə-páləʤi]로 한 단어처럼 부드럽고 빠르게 발음된다. 따라서 소리만 듣고는 알아듣기 어렵게 된다.

영어에서 자음으로 끝나는 단어 다음에 다시 자음으로 시작하는 단어가 연이어 나올 때, 한국 학생들은 앞의 자음 다음에 불필요한 모음 [으]를 삽입하여 발음하려는 경향이 있다. 이럴 경우에도 자음이 연속된 자음군의 발음처럼 연속해서 자음을 발음하면 되는데, 가능한 음절머리의 자음을 최대화 하려는 경향이 있으므로 앞단어의 자음이 마찰음일 경우 뒤 단어의 자음 앞에 연결시켜 발음하려는 경향이 있다.

(41) a. That's very nice of you. [ðæts-veri] 〉 [ðæt-sveri]
b. It was there this morning. [wəz-ðɛə] 〉 [wə-zðɛə]
[ðis-mɔ́:rniŋ] 〉 [ði-smɔ́:rniŋ]

(41a)의 발음에서 That's[ðæts]의 끝 자음인 마찰음 /s/ 발음 다음에 모음 [으]를 삽입하지 말고, 오히려 다음 단어 very[veri]의 첫 자음에 연결시켜 [sveri]로 발음한다. (41b)의 was there에서도 was[wəz]의 끝자

음 /z/를 다음 단어 there[ðεə]의 첫 자음 앞에 연결시켜 [zðεə]처럼 발음한다. this morning도 this[ðis]의 끝자음 /s/를 morning[mɔ́:rniŋ]에 연결시켜 [smɔ́:rniŋ]처럼 발음한다.

한편 다음과 같이 폐쇄음으로 끝난 경우 막기만 하고 파열시키지 않거나 생략한다.

(42) a. Do you <u>like them</u>. [laik-ðəm]〉 [laik˥-ðəm]
b. They'll be back <u>next March</u>. [nekst-mɑ́:rʧ] 〉
[neks-mɑ́:rʧ] 〉 [nek˥-smɑ́:rʧ]

(42a)의 발음에서 like:[laik]의 끝 자음인 폐쇄음 /k/도 모음 [으]를 삽입하지 말고, 음절 끝의 폐쇄음이므로 막기만 하고 파열시키지 않는 불파음 [k˥]로 발음하고, 다음 단어 them:[ðəm]으로 넘어가 발음한다. (42b)의 next:[nekst]의 끝 자음 /t/는 자음이 연속되어 3개 나온 데다, 또 뒤 단어 March:[mɑ́:rʧ]가 자음으로 시작하기 때문에 생략하여 [neks-mɑ́:rʧ]로 발음되는데, 마찰음 /s/도 뒤로 연음시키고 /k/도 불파음 [k˥]로 발음하여 [nek˥-smɑ́:rʧ]로 발음하기도 한다.

한편 다음과 같이 모음과 모음이 연결된 경우 발음을 부드럽게 연결하기 위해 전이음 /y/나 /w/를 삽입하여 연결시킨다.

(43) a. Most pepple will be <u>free on</u> Saturday.
[fri:-ən] 〉 [fri:yən]
b. Yeah, lets <u>do it</u> Saturday. [du:-it] 〉 [du:wit]

(43a)의 free on:[fri:-ən]의 경우 앞 단어 free:[fri:]가 모음 /i:/로 끝나고, 뒤 단어 on:[ən]도 모음으로 시작하기 때문에 부드럽게 연결시키기 위해 같은 전설 전이음 /y/를 삽입하여 [fri:yən]으로 발음한다. (43b)의 do it:[du:-it]도 후설 모음 /u:/와 같은 후설 전이음 /w/를 삽입하여 [du:wit]으로 발음한다. 이와 같은 음운 생략 및 첨가에 대해서는 다음 장에서 다시 논의 하고자 한다.

3.3 동화현상

하나의 음이 인접한 다른 음을 닮아 가는 현상을 동화라고 하며, 자음이나 모음끼리 또는 자음과 모음 상호간에 영향을 줄 수도 있다. 실제 발음할 때 전혀 다른 두 음을 연속하여 발음하기보다는 유사한 두 음을 발음하는 것이 용이하다. 따라서 발음을 편리하게 하기 위해 모든 언어에서 동화(assimilation) 현상이 나타나게 된다. 우리의 언어생활에서 이러한 동화가 무의식적으로 일어나지만 잘 깨닫지 못하는 경우가 많다. 예를 들어 north는 [nɔ:θ]로 발음되나, northen은 [nɔ:ðən]으로 발음된다. 그 이유는 모음 앞에 오는 th는 무성음 /θ/로 발음하는 것보다 유성음 /ð/로 발음하는 것이 더 쉽기 때문이다. /θ/를 발음하기 위해 성문을 열어 무성음을 내고, 다음에 모음을 발음하기 위해 성문을 닫아 성대를 진동시켜 유성을 내는 것보다는, 계속적으로 성문을 닫고 성대를 진동시켜 /ð/와 모음을 계속하여 내는 것이 힘이 덜 들기 때문이다.

동화현상에는 몇 가지 기준에 의해 분류될 수 있으나, 일반적으로 동화의 방향에 따라 다음처럼 순행동화, 역행동화, 상호동화로 구분한다. 순행동화란 뒤에 오는 음이 앞의 음을 닮아서 동화되는 현상을 말한다. 흔히 순행동화는 다음과 같은 명사의 복수형(-s)과 소유격('s)의 발음과, 동사의 과거 및 과거 분사형(-ed)에서 많이 나타난다.

(44) a. belts [bɛlts], wallets [wɑlɪts], tanks [tæŋks]

b. balls [bɔlz], plugs [plʌgz], eggs [ɛgz]
c. stopped [stɔpt], talked [tɔkt], laughed [læft]
d. pinned [pɪnd], sagged [sægd], loved [lʌvd]

명사의 복수형 접미사 '-s'는 무성음 /p, t, k/로 끝나는 단어에서는 같은 무성음 /s/로, 그리고 유성음 /b, d, g/로 끝나는 단어에서는 같은 유성음인 /z/로 각각 동화되어 발음하기 용이해진다. 동사의 과거형 접미사 '-ed'의 발음도 역시 무성음 /p, k, f, s/로 끝나는 단어에서는 같은 무성음 /t/로, 그리고 유성음 /b, g, v, z/로 끝나는 단어에서는 같은 유성음인 /d/로 각각 동화되어 부드럽게 발음된다.

한편 위와 같은 유무성동화외에도 조음점이 비슷해지는 동화현상이 있다. 이 경우에도 다음과 같이 영향을 주는 말소리가 앞에 있고 영향을 받는 말소리가 뒤에 있으면 이것을 순행동화라고 한다.

(45) a. happen : [hǽpən] 〉 [hǽpn] 〉 [hǽpm] 〉 [hǽpm̩]
b. button : [bʌ́tən] 〉 [bʌ́tn] 〉 [bʌ́tn̩]
c. Jack and Betty : [ʤǽk-ənd-béti] 〉 [ʤǽk-ən-béři] 〉 [ʤǽk-n-béři] 〉 [ʤǽk-ŋ-béři] 〉 [ʤǽk-ŋ̍-béři]

(45a)의 happen:[hǽpən]은 빠른 발음에서 약모음 /ə/까지 생략하여 [hǽpn]이 되는데, 앞의 양순음 /p/의 영향을 받아 치경음 /n/이 조음점이 같은 양순음 /m/으로 동화된다. 이때 /m/은 음절핵의 모음역할을 하는 성절음 [m̩]가 된다. (45b)의 button:[bʌ́tən]도 빠른 발음에서 약모음 /ə/까지 생략하여 [bʌ́tn]이 되는데, /n/은 음절핵의 모음역할을 하는 성절음 [n̩]이다. (45c)의 Jack and Betty:[ʤǽk-ənd-béti]도 빠른 발음에서 접속사 and이 약모음 /ə/까지 생략하여 /n/이 되는데, 앞의 연구개음 /k/의 영향을 받아 조음점이 같은 연구개음 /ŋ/으로 동화되는데, /ŋ/은

음절핵의 모음역할을 하는 성절음 [ŋ]이 된다.

순행동화와 반대로 뒤의 음을 닮아 앞의 음이 변하는 현상을 역행동화라고 한다.

(46) a. have to : [hæv-tə] 〉 [hæf-tə]
b. has to : [hæz-tə] 〉 [hæs-tə]

(46a)의 have to의 발음에 있어서 원래는 [hæv-tə]인데, have의 끝자음 유성음 /v/가 뒤에 오는 to의 첫 자음 무성음 /t/를 닮아서 무성음 /f/로 변하여 [hæf-tə]로 발음된다. 즉 순서적으로 앞의 음이 뒤의 음을 닮아 변한다고 하여 역행동화라고 한다. (46b)의 has to의 발음에 있어서 원래는 [hæz-tə]인데, has의 끝자음 유성음 /z/가 뒤에 오는 to의 첫 자음 무성음 /t/를 닮아서 무성음 /s/로 변하여 [hæs-tə]로 발음된다.

한편 역행동화가 가장 두드러지게 나타나는 경우는 부정 접두사 'in-'에서 찾아볼 수 있다. /in_/을 부정 접두사의 기본 발음으로 가정하면, 다음과 같이 /n/의 발음이 상황에 따라 세 가지가 됨을 알 수 있다.

(47) a. indirect : [in-dirɛkt] / insoluble : [in-saljubl]
b. imperfect : [im-pɚfikt] / immortal : [im-mɔɚtl]
c. incredible : [iŋ-krɛdəbl] / inglorious : [iŋ-glɔriəs]

이와 같이 부정접두사 'in-'의 발음은 뒤따르는 음의 조음위치에 따라 /m/, /n/, /ŋ/이 된다. 치경음 /d, s, t, n/앞에서는 같은 치경음 /n/으로, 양순음 /p, m, b/ 앞에서는 같은 양순음 /m/으로, 그리고 연구개음 /k, g, ŋ/ 앞에서는 같은 연구개음 /ŋ/으로 각각 조음점이 동화된다. 특히 'imperfect, impossible, immortal'의 경우는 발음뿐만 아니라 철자까지 바뀐 경우이다.

역행동화와 순행동화가 동시에 일어나 하나의 새로운 음을 형성하는 경우를 상호동화라고 한다. 다음처럼 앞의 음이 뒤의 음을 닮고, 뒤의 음이 앞의 음을 닮아 좀 더 자연스럽게 발음할 때 상호동화 작용이 일어난다.

(48) a. Did you go to school yesterday ?
b. Don't you like to go home now ?

Did you:[did-ju]의 발음에 있어서 앞에 나온 /d/가 뒤에 오는 /j/를 닮아 조음장소가 경구개 쪽으로 조금 올라가고, 또 뒤의 /j/는 앞의 /d/를 닮아 조음장소가 치경 쪽으로 조금 내려가 새로운 경구개 치경음 /ʤ/로 변한다. 즉 두 개의 소리가 서로 영향을 끼쳐 새로운 음을 형성하는 경우이다. Don't you:[dount-ju]의 발음에 있어서도 앞의 소리 /t/가 뒤의 소리 /j/를 닮아 조음장소가 경구개 쪽으로 조금 올라가고, 뒤의 소리 /j/는 앞의 소리 /t/를 닮아 조음장소가 치경 쪽으로 조금 내려가 새로운 경구개 치경음 /ʧ/로 변한다. 이외에도 kiss you:[kis-ju]가 [ki-ʃu]로, lose you:[lu:z-ju]가 [lu:ʒu]로 변하는 현상으로, 주로 치경음 /t, d, s, z/가 경구개음 /j/와 만나 서로 영향을 미쳐, 경구개치경음 /ʧ, ʤ, ʃ, ʒ/로 변하는 현상을 말한다. 이러한 현상은 다음과 같이 음절이나 단어의 경계에서 흔히 발생한다.

(49) a. illusion : [ɪluzjən] 〉 [ɪluʒən]
b. soldier : [souldjɚ] 〉 [souldʒɚ]
c. education : [ɛdjukeɪsjən] 〉 [ɛdʒukeɪʃən]
d. literature : [lɪtərətjɚ] 〉 [lɪtərəʧɚ]

(50) a. meet you : [mit-ju] 〉 [miʧu]

b. last year : [læst-jiə] 〉 [læstʃiə]

한편 상호동화란 두 개의 음이 합쳐 새로운 제 3의 음으로 바뀐다는 의미에서 융합(coalescence)이라고도 한다.

3.4 음운 생략

영어에서는 자음이 여러 개가 연이어 겹쳐 나올 때, 발음이 힘들어지므로 그 중 일부가 생략되는 경향이 있다. 이와 같이 생략현상은 다음과 같이 크게 4가지 종류로 대별해 볼 수 있다.

(51) a. acts : [ækts] 〉 [æks]
b. next night : [nekst-nait] 〉 [neks-nait]
c. seller : [selɚ], Willy [wili]
d. bus stop : [bʌs-stɑp] 〉 [bʌ-stɑp]

(51a)의 acts처럼 자음이 세 개 겹쳐 나올 경우 매우 발음하기 힘들다. 따라서 실제 발음에서는 가운데 끼여 있는 폐쇄음 /t/가 생략되어 빠르고 부드럽게 발음되는 것이 보통이다. 음성학적으로도 /t/나 /d/ 등과 같은 폐쇄음은 폐쇄만 하고 파열시키지 않으므로 묵음 되거나, 빠른 발음에서는 생략되는 것이 자연스러운 현상이다. 따라서 생략이나 탈락현상으로도 볼 수 있고, 묵음현상으로도 볼 수 있다. 이러한 3개의 연속자음에서 폐쇄음 생략 현상은 단어 내에서뿐만 아니라, (51b)처럼 단어와 단어 간의 경계에서도 일어날 수 있다. 또 영어에는 (51c)처럼 동일한 자음이 중첩하여 나타날 때에도 그 중 하나가 생략되는 경향이 있다. 동일한 자음 생략현상은 단어 내에서뿐만 아니라 (51d)에서

처럼 단어와 단어 간의 경계에서도 일어날 수 있다. (한 단어 내에서의 동일한 자음의 연속은 겹자음이라고 하며, 단어와 단어 사이에서는 이중자음이라고 하여 구별하기도 한다.)

먼저 중간 폐쇄음 생략현상을 살펴보자. empty, pumpkin, helps, recently, landlord, tanks처럼 자음 세 개가 연이어 겹쳐 나올 때, 특히 비음 /m, n/ 다음에 폐쇄음 /p, t, k/가 나오고 다음에 또 자음이 나올 때, 중간에 있는 폐쇄음 /p, t, k/를 생략하여 빠르고 부드럽게 발음한다.

(52) a. empty : [émptɪ] 〉 [émtɪ]
b. pumpkin : [pʌ́mpkin] 〉 [pʌ́mkin] 〉 [pʌ́ŋkin]
c. helps : [hélps] 〉 [héls]
d. recently : [rí:səntli] 〉 [rí:sənli] 〉 [rí:snli]
e. landlord : [lǽndlɔ:d] 〉 [lǽnlɔ:d]
f. tanks : [tǽŋks] 〉 [tǽŋs]

pumpkin의 경우 [펌프킨]이 아니라 중간의 폐쇄음 /p/가 생략될 뿐만 아니라, /m/도 연구개음 /k/를 닮아 /ŋ/으로 변하여 가볍고 부드럽게 발음한다. recently의 경우도 [리센트리]가 아니라, 중간의 폐쇄음 /t/가 생략될 뿐만 아니라 약모음 /ə/도 생략하여 빠르고 부드럽게 발음한다. tanks의 경우도 [탠크스]가 아니라 비음 /n/이 중간의 /k/를 닮아 같은 연구개음 /ŋ/으로 변한 뒤에 폐쇄음 /k/를 생략하여 빠르고 부드럽게 발음한다. 이처럼 비음 다음의 끼여 있는 폐쇄음 /p, t, k/는 생략될 뿐만 아니라, 다른 동화현상까지 일으켜 매우 빠르고 부드러운 발음이 되므로 유의해야한다.

한편 연속된 발음에서 단어 경계 사이에 자음이 세 개 겹쳐 나올 때도 단어내의 경우와 같이 중간에 있는 폐쇄음은 생략하고 빠르고 부드럽게 발음한다. 예를 들어 다음처럼 단어 경계 사이에 자음이 여러 개 겹쳐 나올 경우 중간의 폐쇄음은 생략하여 다음처럼 빠르고 부드럽게 발음하여야 한다.

(53) a. old man : [ould-mǽn] 〉 [oul-mǽn]
b. next night : [nekst-náit] 〉 [neks-náit]
c. best friend : [bɛst-frɛ́nd] 〉 [bɛs-frɛ́nd]
d. mild dove : [maild-dʌ́v] 〉 [mail-dʌ́v]

(53a)의 old man에서 old의 마지막 두 자음 소리와 man의 첫 자음을 연이어 발음하면, 세 개의 자음을 연속해서 발음해야 하므로 매우 힘들어진다. 또 (53b)의 next night에서 next의 마지막 세 자음과 night의 첫 자음을 연속하여 발음하면, 네 개의 자음을 연속해서 발음해야 하므로 매우 힘들어진다. 따라서 실제 발음에서는 가운데 끼여 있는 폐쇄음 /d/와 /t/가 생략되어 빠르고 부드럽게 발음되는 것이 보통이다. 마찬가지로 (53c)의 best friend와 (53d)의 mild dove에서도 중간에 있는 폐쇄음 /d/와 /t/가 생략되어 빠르고 부드럽게 발음된다.

한편 동사의 과거형 접미사 '-ed'를 어떻게 발음할까.

(54) a. helped me : [hɛ́lpt-mɪ] 〉 [hɛ́lp-mɪ]
b. rubbed down : [rʌbd-dáun] 〉 [rʌb-dáun]
c. stopped speaking : [stɑpt-spíkŋ] 〉 [stɑp-spíkŋ]
d. grabbed them : [grǽbd-ðəm] 〉 [grǽb-ðəm]

예를 들어 위의 helped me, rubbed down, stopped speaking, grabbed them의 경우 동사의 과거형 접미사 '-ed'의 발음은 폐쇄음 /t, d/로 그 자체만으로도 어말의 미끄럼형 리듬의 끝이므로 막기만 하고 파열시키지 않아 거의 들리지 않는다. 그런데 그 다음 단어가 자음으로 시작하여 자음이 여러 개 겹치므로 빠른 발음에서는 생략되는 것이 보통이다.

영어에서는 또 동일한 자음이 중첩하여 나타날 때에도 그 중 하나가 생략되는 경향이 있다. 예를 들어 다음 (55)의 seller, Willy, comma, summer, tennis 등과 같은 단어에서 동일한 자음 /l, m, n/이 연이어 나오더라도, [셀러], [윌리], [콤마], [섬머], [텐니스]처럼 두 번 다 발음하는 것이 아니라, 다음처럼 그 중 하나는 생략하여 발음한다.

(55) seller : [sélɚ], Willy : [wíli], comma : [kɔ́mə],
summer : [sʌ́mɚ], tennis : [ténis]

특히 다음 (56)과 같이 철자 상으로 이들 자음이 중복되지도 않았는데도, 오히려 중복하여 [폴리스], [빌롱] 등으로 잘못 발음하는 경향이 있으므로 조심해야 한다.

(56) a. police : [pəlí:s] b. belóng : [bilɔ́:ŋ]

연속된 발음인 단어사이의 경계에서도 동일한 자음이 겹칠 때 마찬가지로 생략하여 빠르고 부드럽게 발음한다.

(57) a. bus stop : [bʌ́s-stɑp] 〉 [bʌ́-stɑp]
b. Good day : [gud-déi] 〉 [gu-déi]
c. take care : [teik-kéə] 〉 [tei-kéə]
d. last time : [lɑst-táim] 〉 [lɑs-táim]

(57a)의 bus stop에서 bus의 마지막 소리와 stop의 첫 번째 소리가 모두 /s/로서 동일한 소리가 연이어 나타나므로, 동일한 /s/ 발음을 각각

두 번 발음하는 대신에 앞의 /s/발음은 생략하고 [bʌ-stɑp]으로 자연스럽고 부드럽게 발음한다. 마찬가지로 good day에서도 앞의 /d/발음은 생략하고, take care와 last time에서도 앞의 /k/와 /t/발음은 생략하고, 자연스럽고 부드럽게 넘어간다. (한 단어 내에서의 동일한 자음의 연속은 겹자음이라고 하며, 단어와 단어 사이에서는 이중자음 이라고 하여 구별하기도 한다.)

단어사이의 경계에서 비슷한 자음이 겹칠 때도 연속된 발음이므로 생략하여 빠르고 부드럽게 발음한다. 예를 들어 다음 sit down, could try처럼 두 단어 간의 경계에 있는 소리가 100% 동일하지 않더라도, 두 소리가 유사하기만 하면 완전동화 되었다가, 이중자음으로 생략되고 빠르고 부드럽게 발음한다.

(58) a. Sit down. : [sit-dáun] 〉 [sid-dáun] 〉 [sidáun]
b. could try : [kud-trái] 〉 [kut-trái] 〉 [kutrái]
c. officials say : [əfiʃəlz-séi] 〉 [əfiʃəls-séi] 〉 [əfiʃəlséi]

(58a)의 sit down에서 sit의 끝 자음 /t/는 무성음이나 down의 첫 자음은 유성음인 /d/이다. 또 반대로 (58b)의 could try에서 could의 끝 자음 /d/는 유성음이나 try의 첫 자음은 무성음인 /t/이다. 또 (58c)의 officials say에서 officials의 끝 자음 /z/ 소리는 유성음이고 say의 첫 자음은 무성음 /s/이다. 즉 이들 /t, d/, /s, z/는 유무성 차이만 있지 발음위치인 조음점과 조음방법이 같은 소리이기 때문에 똑 같은 소리로 완전동화 되었다가, 이중자음이 되어 생략되고 빠르고 부드러운 발음이 된다. 이 같은 현상도 보다 발음하기 쉽게 하기 위한 경우이다.

다음 (59)의 Internet은 [인터넷]이나, Continental은 [컨티낸탈]이 아니라 폐쇄음 /t/를 생략하여 빠르고 부드럽게 발음된다. 그러나 실제 음성학적으로는 다음처럼 동화과정과 생략과정의 두 가지 음운현상을 거쳐 발음된다.

(59) a. Internet : [ín-tɚ-net] 〉 [ín-nɚ-net] 〉 [í-nɚ-net]
b. Continental : [kɑ̀n-tə-nén-təl] 〉 [kɑ̀n-nə-nén-nəl] 〉
[kɑ̀-nə-né-nəl]

(59a)의 Internet:[ín-tɚ-net]에서 첫음절의 /n/과 두 번째 음절의 /t/는 조음위치가 같은 치경음이다. 뒤의 /t/ 소리가 앞의 첫 강세음절의 /n/ 소리를 닮아 /n/ 소리로 완전동화 되어 [ín-nɚ-net]이 된다. 이어 동일한 자음이 연속하여 나오게 되므로 하나가 생략되어 [í-nɚ-net]이 된다. 따라서 [인터넷]이 아니라[í-nɚ-net]으로 빠르고 부드럽게 발음해야 한다. 마찬가지로 (59b)의 Continental:[kɑ̀n-tə-nén-təl]의 경우도 같은 과정을 거쳐 최종적으로 [kɑ̀-nə-né-nəl]과 유사한 발음으로 빠르고 부드럽게 발음된다. 이때 중요한 것은 /t/ 소리가 /n/ 소리를 닮아 /n/ 소리로 완전동화 되기 위해서는 앞의 /n/ 소리가 강세를 받는 음절이어야 한다는 점이다. (59b)의 첫음절 [kɑ̀n]에는 중간강세가, 셋째음절 [nén]에는 제일 강세가 주어지기 때문에 가능한 경우이다. 이와 같은 /t/ 소리의 탈락현상은 단타음 현상과 함께 발음을 매우 빠르고 부드럽게 해주는 음운현상이므로 매우 유의해야 한다. 이 발음현상에 익숙치 못한 한국 사람들은 종종 당황하는 경우가 많다. 예를 들어 'Continental Airlines'의 발음을 한국사람들은 [콘티넨탈 에어라인즈]로 잘못 인식하고 있기 때문에, 비행기 안내방송에서 [카너네널 에어라인z]로 들려오는 경우 무슨 말인지 알아듣지 못하고 비행기를 잘못 탄 것으로 오해하여 당황하는 경우가 있을 수 있다. 이와 같은 생략현상은 다음과 같은 일상적인 단어에서도 많이 찾아볼 수 있다.

(60) a. twenty: [twén-ti] 〉 [twén-ni] 〉 [twé-ni]

b. dentist : [dén-tist] 〉 [dén-nist] 〉 [dé-nist]

c. printer : [prín-tər] 〉 [prín-nər] 〉 [prí-nər]

d. county : [káun-ti] 〉 [káun-ni] 〉 [káu-ni]

e. counter : [káun-tɚ] 〉 [káun-nɚ] 〉 [káu-nɚ]

Unit 18
문장강세의 리듬 연구

Pronunciation Guide

내용어는 강하고, 높은 음에 길게, 기능어는 약하고, 낮은 음에 짧게 발음하여 전체적으로 리듬 있는 발음을 하자.

Hów do you **dó**?
It's níce to **méet** you.

1. 강세박자 리듬과 발음시간

일반적으로 강세박자 리듬의 언어인 영어에서는 발음하는데 걸리는 시간은 강세 음절의 수에 따라 정해진다. 따라서 강음절과 다음 강음절 사이까지 발음하는 데 걸리는 시간은 음절수와 상관없이 거의 일정하다. 이것은 물리적으로 아주 같은 시간이라는 것이 아니고 심리적으로 느끼는 시간이란 의미다. 이처럼 거의 같은 시간으로 되풀이하여 반복되는 것을 리듬이라고 하고 또 시간상으로 거의 같은 시간이라는 의미에서 등시성이라고 부르고 있다.

(1) a. **E'ng**lish / is **éasy**.
b. An **E'ng**lish lesson / is **éasy**.
c. An **E'ng**lish lesson / is very **éasy**.

한국어에서는 발화에 포함되는 단어수(음절수)가 더해지면 발화시간이 그만큼 증가되는 반면 영어는 꼭 그렇지는 않다. (1)의 문장은 단어 즉 음절수가 더해지고 있지만 Eng-과 eas-라는 음절에 강세가 온다는 조건이 바뀌지 않는 한 대략 같은 시간으로 발음된다. 한국인의 영어발음은 단조롭고, 단어를 하나하나 끊어 말함으로써 말의 흐름이 부드럽지 못하다는 등의 지적을 받는 경우가 많이 있는데, 이는 실제로 영어의 강세박자리듬 훈련을 받지 않는 사람이 한국어의 음절박자리듬으로 영어를 그대로 발음하기 때문이다.

다음 문장에서 리듬과 그 등시성을 다시 한 번 살펴보자.

(2) a. **Thís** is the **hóuse** that **Jáck búilt**.
b. **Thís** is the / **hóuse** that / **Jáck** / **búilt**.
c. **Thís** is the / **hóuse** that / **J á c k** / **b ú i l t** .

(2a)는 내용어 중심으로 강세를 표시한 것으로 4개의 강세를 지니고 있다. 따라서 4개의 리듬을 가진다고 할 수 있다. (2b)는 이들 리듬의 경계를 사선을 사용하여 표시한 것이다. 위 문장에서 한 리듬내의 음절수는 제각기 3, 2, 1, 1로 되어 있음에도 불구하고 각각의 리듬단락을 발음하는 시간이 거의 같기 때문에 음절수가 많을수록 그만큼 단축된 발음을 할 필요가 있게 되고, 음절수가 적으면 그만큼 느긋하게 발음하게 된다. 이것을 시각적으로 나타낸 것이 (2c)이다. 이때 중요한 것은 강세음절 뒤에 뒤따르는 무강세음절의 약화현상이다. 또 강세음절의 모음에도 약간은 영향을 미친다. 이를테면 다음의 (3a)와 (3b)에 있는 Pat의 모음 [æ]는, (3a)쪽이 (3b)보다 조금 더 길어진다.

(3) a. **P á t** / **vìsited** **Tóm**.
b. **Pát** will / **v ì** sit **Tóm**.

(3a)에서는 Pát의 [æ]와 vísited의 [ì]가 이웃하고 있지만 (3b)에서는 그 두 모음 사이에 무강세음절이 하나 있다. 리듬단위를 거의 같은 시간으로 발음하려면 will만을 빠르게 발음할 뿐 아니라 [æ]도 짧게 해야 한다. 그러나 발음연습이라는 관점에서는, 강세음절의 모음보다도 무강세음절의 약화현상에 더 주의하여 그것을 빠르고 약하고, 짧게 발음하도록 항상 유의하여야 한다.

2. 내용어와 기능어 발음

문장 안에서 내용어(content word)는 강세를 가지나, 기능어(function word)는 강세를 갖지 못한다. 즉 내용어란 명사, 동사, 형용사, 부사, 지시사, 의문사 등과 같은 단어로 의사소통과정에서 의미전달에 매우 중요한 역할을 하므로 강세를 주어 발음하게 된다. 다음 문장을 보자.

● ○ ○ ●
(4) a. **Hów** do you **dó**?

○ ● ○ ● ○
b. It's **níce** to **méet** you.

(4)의 문장은 "어떻게 지내?"와 "만나서 반갑다."의 의미이므로 '어떻게'의 how, '지내다'의 do 및 '만나다'의 meet와 '반갑다'의 nice에 강세를 주어 발음하면 충분히 의사전달을 할 수 있다. 따라서 전체적으로 (4a)는 강약약강의 4음절 단어와 같은 리듬으로, (4b)는 약강약강약의 5음절 단어와 같은 리듬으로 발음한다. 다음 문장에서 강하게 발음되는 내용어만 청취해도 의미가 통한다.

● ○ ○ ●○

(5) a. **Whére** are you **gó**ing?

○ ○ ●○○ ○ ○○●

b. It is **dífficult** to **ùnderstánd.**

내용어란 문장의 의미전달에 있어 단어 자체의 고유한 의미를 가지고 있으므로 의사소통과정에서 중요한 역할을 한다. 위 문장에서 고딕체로 된 내용어만 알아들어도 무슨 내용을 전달하고자 하는 지 알 수 있다. 즉 (5a) 문장은 강약약강약 리듬으로 강하게 발음되는 where와 go만 알아들어도 "어디 가니?"란 의미를 짐작할 수 있다. (5b) 문장은 약약강약약약중약강 리듬으로 강하게 발음되는 diffficult와 understand만 알아들어도 "이해하기 어려워"란 의미를 짐작할 수 있다. 따라서 내용어만으로 전보문을 만들 수 있다.

○ ● ○ ●○ ○ ●○○

(6) We **néed** the **ré**port on **Sá**turday.

위 문장에서 고딕체로 된 부분이 내용어이다. 만약에 이 문장을 전보로 치려면 need report Saturday로 칠 수 있다. 반면에 기능어인 대명사 we, 관사 the, 전치사 on등은 전보문에서는 보이지 않는다. 따라서 발음할 때도 잘 들리지 않는 약모음 /ə/나 /ɪ/ 또는 /ʊ/로 약화시켜 발음해도 이해하는 데는 아무 문제가 없는 것과 같은 이치이다.

한편 한 문장 속에서 강세를 받는 내용어가 여러 개 있을 때 가장 끝에 있는 내용어는 제1강세 [́] 를 받고 나머지 내용어는 제2강세 [̂] 를 받는다.

(7) a. I be**lîeve** she is **vêry** **PRÉ**tty.

b. I **fôund** a **dôl**lar in my **PÓC**ket.

(7a)의 문장에서 believe, very와 pretty가 내용어이므로 강세를 받으나 뒤에 오는 내용어인 pretty가 초점을 받아 제1강세가 부여되고, 앞의 내용어는 제2강세가 부여된다. 이는 영어 문장의 정보구조(information structure)와 연관이 있는데, 일반적으로 영어 문장의 앞부분은 화자와 청자가 같이 공유하여 알고 있는 구정보(old information)로 주제(theme)에 해당하고, 끝 부분은 화자가 청자에게 강조하여 알리려는 신정보(new information)로 초점(focus)에 해당되기 때문이다. (7b)의 문장에서 found, dollar와 pocket이 내용어이므로 강세를 받으나 뒤에 오는 내용어인 pocket이 초점을 받아 제1강세가 부여되고 앞의 내용어는 제2강세가 부여된다.

Pronunciation Drill 18

A 강세박자 리듬과 발음시간

01 다음은 같은 음절수와 강세음절의 위치가 같은 단어와 문장의 짝이다. 강세 위치에 따라 강세박자 리듬으로 발음해 보고, 발음시간을 설명해 보시오.

1. a. dis**CÓ**ver b. I **MÉT** her.
2. a. **BÍ**cycle b. **TÁLK** to me.
3. a. de**VÉL**opment b. in **CÁ**nada
4. a. **HÓS**pital b. **Ó**pen it.
5. a. A**MÉ**rica b. She **WÁVE** at me.
6. a. to**MÓR**row b. in **ÁP**ril

02 다음 구와 문장을 강세음절에 유의하여 발음해 보시오.

1. in the SUMmer
the BEACH
to the BEACH
GO / to the BEACH
She LIKES / to GO / to the BEACH.
She LIKES / to GO / to the BEACH / in the SUMmer.

2. the BUS
on the BUS
his WALlet
He LOST / his WALlet.
He THINKS / he LOST / his WALlet.

He THINKS / he LOST / his WALlet / on the BUS.

03 다음은 비슷한 수의 단어로 구성된 문장의 대화이다. 각 문장의 단어수, 음절수 및 강세음절(beat) 수에 유의하여 발음해 보고, 발음시간을 설명해 보시오.

	(단어수)	(음절수)	(강세음절 수)
A: GO FIND **BOB**.	3	3	3
B: I **FOUND** him.	3	3	1
A: WHAT'S he **DO**ing?	3	4	2
B: **LOOK** at him!	3	3	1
He's READing the **ADS**.	4	5	2
A: WHAT'S he **LOOK**ing for?	4	5	2
B: A BEAUtiful NEW a**PART**ment.	4	8	3
A: That's NOT so EAsy to **FIND**.	5	7	3
B: E**SPE**cially / because he WANTS	16	29	10
CHEAP **RENT** / that inCLUDES	(1 4 1)	(5 6 3)	
u**TIL**ities / and a GOOD lo**CA**tion /	(3 7 2)	(4 6 2)	
that's NEAR transpor**TA**tion.	(3	6	2)
A: I HOPE he **FINDS** / WHAT he **WANTS**.	7	7	4

B 문장강세와 내용어와 기능어 발음

01 다음 문장을 강세를 받는 내용어에 밑줄을 긋고, 문장 강세의 리듬에 따라 발음해 보시오.

I PUT my FOOT on the **BRAKES**.

1. What would you like for dessert?

2. I haven't received the bill yet.
3. Our professional staff will be happy to assist you.
4. He planted a variety of vegetables in his garden.
5. Ethnic foods such as bagels and pizza are popular.

02 다음 문장을 발음해 보고, 제일 강세의 초점(focus)을 받아 고딕체 대문자로 표시된 단어의 품사에 대해 설명해 보시오.

1. JIM is a GOOD **TEACH**er.	(N)
2. It's TIME to **EAT**.	(V)
3. The FLOWer is DELicate and **BEAU**tiful.	(A)
4. She FINished **QUICK**ly.	(Ad)

03 다음을 발음해 보고, 내용어 중 어느 내용어가 제일 강세의 초점을 받아 발음되는지 설명해 보시오.

1. a BUsy **SCHED**ule	reCOvered **QUICK**ly
2. It STOPPED **SNOW**ing.	the LAST YELlow **BUS**
3. RED, WHITE, and **BLUE**	BLUE, WHITE, and **RED**

04 다음 문장을 발음해 보고, 내용어 중 어느 내용어가 제일 강세의 초점을 받아 발음되는지 설명해 보시오.

1. We DROVE in the **DARK**.
2. I WENT to the **MOV**ies.
3. I SAT in the LAST **ROW**.
4. She WORKS at the **BANK**.

05 다음 문장을 문장 강세에 따라 발음해 보고, 고딕체 대문자, 대문자, 소문자로 표기한 단어의 발음에 대해 설명해 보시오.

1. I FOUND a DOLlar in my **POCK**et.
2. I forGOT to SET the a**LARM**.
3. I am PLANning to TAKE a **TRIP**.
4. She LIKES SALT and **PEP**per on her **EGGS**.

06 다음 문장에서 기능어의 약형발음에 유의하여, 내용어는 강하게 기능어는 /ə/모음으로 약하게 발음을 해보시오.

1. your : WHAT'S your FAVorite **STO**ry ?
2. are, you : Are you **REA**dy ?
3. and : FUN and **GAMES**.
4. are, than : ComPUters are FASter than **EV**er.
5. an : I WANT an **OR**ange.
6. a, of : HAVE a GLASS of **JUICE**.
7. at : Let's LEAVE at **NOON**.
8. to, the : They WENT to the **MOV**ies.
9. from, to : It's from FOUR to **FIVE**.
10. or, a : ONE or TWO TIMES a **DAY**.

07 다음 문장을 밑줄 친 부분 기능어의 약형 발음에 유의하여 문장 강세의 리듬에 따라 발음해 보시오.

1. I'd like to borrow your book.
2. Janet was appointed to the steering committee.
3. What did you think of the outcome?
4. Is her package ready?
5. When did he call?
6. I forgot to bring your tape.
7. Half of his pictures were missing.
8. We dropped them off at the corner.

9. Would you like it now or later?
10. He has a year and a half more to go.

08 다음 문장을 문장강세 원칙에 따라 발음해 보고, 왜 문장 끝에 오는 기능어는 강세를 받지 않는지 설명해 보시오.

1. I'll **WAIT** for you.
2. What **BANK** is it in?
3. There's a LOT of **CREAM** in it.
4. We BOUGHT **FOUR** of them.

09 다음 문장을 문장강세 원칙에 따라 발음해 보고, 왜 내용어 중 강세의 초점이 문장 끝에 있는 밑줄 친 부사에 오지 않는지 설명해 보시오.

1. I'm PLANning to **LEAVE** now.
2. I've NEver **BEEN** there.
3. We're exPECting **RAIN** today.
4. It's NOT **FIN**ished yet.
5. There are a LOT of **TREES** here.
6. It should have ar**RIVED** already.

10 다음 챈트를 문장강세 원칙에 따라 리듬 있게 발음해 보고, 고딕체 대문자로 표시된 강세의 초점에 대해 설명해 보시오.

1. A: I CAN'T FIND my **RAIN**COAT.
   I CAN'T FIND the **PHONE** BOOK.
   What HAPpened to my **BRIEF**CASE?
   B: It's **MISS**ing. It's **GONE**.
   A: WHERE'd you PUT the **NEWS**PAper?
   I CAN'T FIND the **PEA**nut BUTter.

Have you SEEN my **BIRTH**day CARD?

B: You've **LOST**. It's **GONE**.

A: PLEASE WON'T you **HELP** me?

B: I'm **SO**Rry, but I'm **BU**sy now.

A: WON'T you HELP me **FIND** it?

B: MAYbe LAter **ON**.

2. A: I CAN'T FIND my **CRE**dit CARD.

I CAN'T FIND the **HIK**ing BOOTS.

What HAPpened to my **CHECK**BOOK?

B: It's **MISS**ing! It's **GONE**!

A: I CAN'T FIND the **SHOP**ping LIST.

Have you SEEN my **CAR** KEYS?

What HAPpened to my **TEN**nis SHOE?

B: It's **MISS**ing! It's **GONE**!

A: PLEASE WON'T you **HELP** me?

B: I'm **SOR**ry, but I'm **BU**sy now.

A: WON'T you HELP me **FIND** it?

B: MAYbe LAter **ON**.

Unit 19
기능어의 약형 발음 연구

Pronunciation Guide

기능어는 약형으로 약하고 낮은음으로 짧게 발음하자

> You'd BÉTter GÓ to BÉD.
> Will you HÁVE some BRÉAD and BÚTter?

1. 전치사의 약형 발음

다음 문장을 전치사의 약형발음에 유의하여 리듬 있게 발음해 보자.

○ ●○ ● ○ ●

(1) a. You'd bétter gó to béd. : [góu-tə-béd] 〉 [góu-řə-béd]

○ ● ○ ● ○ ●○

b. I wánt a cúp of cóffee. : [kʌ́p-əv] 〉 [kʌ́pə]

(1a)에서 내용전달 상 중요한 내용어인 형용사 bétter, 동사 gó, 명사 béd는 강세를 주어, 강하고 높은 음에 길고 명확하게 발음한다. 기타 기능어는 약하고 낮은 음에 짧게 애매 모음인 /ə/로 약화시켜 발음하여 약강약강약강의 리듬있는 발음을 한다. 이때 전치사 to는 “Talk to them, not about them.”처럼 특별히 대조하여 전치사를 강조할 경우에

는 강형 [tu:]로 발음하지만, 일반적인 경우에는 문장구조상 들어간 것이므로 모국어 화자는 무슨 전치사가 쓰이는지 거의 암묵적으로 알고 있기 때문에 특별히 강하게 발음해야 할 이유가 없다. 즉 약형 [tə]로 약하고 짧게 발음한다. 이때 강하게 발음하는 gó 및 béd와 합쳐 [góu-tə-béd] 가 되나 강모음과 약모음사이에서 자음 [t]는 단타음 [ř]이 되어 최종적으로 [góu-řə-béd]처럼 강약강의 리듬 있는 한 단어처럼 빠르게 발음한다. 듣기만 하면 마치 'go a bed'처럼 들릴 수가 있으므로 주의해야 한다. 또 (1b) 문장도 내용어인 동사 wánt와 명사 cúp, cóffee에 강세를 주어 강하고 높은 음에 길고 명확하게 발음하고, 기타 기능어는 약하고 낮은 음에 짧게 애매 모음인 /ə/로 발음하여 약강약강약강약의 리듬있는 발음을 한다. 이때 전치사는 of는 'Government of the people'처럼 특별히 전치사에 강조를 둘 필요가 있을 때만 강형 [ʌv]로 발음하고, 그 외의 경우에는 약모음로 약화되어 [əv]로 발음한다. 위의 of의 발음도 약화되어 [əv]가 되나, 뒤의 강하게 발음되는 coffee 발음이 자음으로 시작하므로 빠른 발음에서는 /v/ 마저 생략되어 /ə/로 발음하는 데, 앞의 cúp의 발음과 합쳐 [kʌ́pə]와 같이 강약의 리듬으로 한 단어처럼 들린다.

이외에도 다음과 같은 다른 전치사도 특별히 강조할 경우를 제외하고 모두 약형으로 발음한다.

(2) a. He was looking <u>for</u> the children in the park. [fər]
b. I was home <u>at</u> six o'clock. [ət]
c. They drove <u>from</u> Portland last night. [frəm]
d. He had a drawing <u>of</u> Rome. [əv] 〉 [ə]

2. 대명사의 약형 발음

다음 대명사 you도 약형 발음으로 약하고 빠르게 발음한다.

○ ○ ● ○

(3) a. Will you tell them?: [wiljə]

○ ○ ● ○ ● ○

b. You can leave your things here. : [lí:vjər]

대명사 you, your도 듣는 청자이기 때문에 대화상 특별히 강조할 경우를 제외하고는 상대방에게 말하는 상황이므로 구태여 강하게 발음할 필요가 없다. 따라서 약형의 발음 [jə], [jər]로 짧고 낮고 약하게 속으로 중얼거리듯 발음한다. (3a) 문장에서 내용어 tell를 강하게 발음하여 기본적으로 말해주라는 의미를 전달한다. you는 [jə]로 will과 합쳐 약하고 짧게 [wiljə]로 발음한다. (3b) 문장에서도 내용어인 leave, things는 강하게 발음하고 나머지 기능어는 약하게 발음한다. 즉 대명사 your는 약형 [jər]로 약하게 발음하는 데, 강하게 발음하는 내용어 leave와 합쳐 [lí:vjər]로 강약의 리듬 있는 한 단어처럼 발음한다.

다음 대명사 he, his, him, her도 약형 발음으로 약하고 빠르게 발음된다.

(4) a. Is he your brother? : [iz-hi] 〉 [iz-i] 〉 [izi]

b. Where is his book? : [iz-həz] 〉 [iz-əz] 〉 [izəz]

c. Did you tell him it? : [tél-həm] 〉 [tél-əm] [télm]

d. He made her angry. : [méid-hər]〉 [méid-ər] [méiřər]

(4a) 문장에서 내용어인 brother만 강하게 발음하여 의사 전달하고, 나머지는 다 기능어이기 때문에 약하게 발음하여 강약의 리듬 있는 발음을 한다. 이때 대명사 he는 발음하기 힘든 목구멍 소리 /h/가 생략된 약형 [i]로 발음하고, 그 앞의 is 동사와 합쳐 [izi]로 발음하여 약하고 짧게 발음한다. (4b) 문장도 내용어인 where와 book만 강하게 발음하여 의사 전달하고, is his는 [izəz]로 빠르고 약하게 중얼거리듯 발음하여 강약의 리듬있는 문장 강세박자 리듬이 된다. (4c) 문장도 내용어인 tell만 강하게 발음하여 의사 전달하고, 대명사 him은 약형 [əm]으로, 강하게 발음되는 내용어 tell에 합쳐 [téləm]으로 발음되나, 심지어 모음가지 생략된 [télm]으로 강약의 한 단어처럼 발음하기도 한다. (4d) 문장도 내용어인 made와 angry만 강하게 발음하고, 대명사 her는 [ər]로, 내용어 made에 합쳐 [méidər]가 되고, 다시 /d/가 단타음화 되어 [méiřər]로 우리말 [메이뤄]처럼 발음된다.

다음 대명사 them, us도 약형 발음 [ðəm]/[əm]/['m], [əs]로 더 많이 발음한다.

(5) a. Did you tell <u>them</u>. [ðəm]/[əm]

b. They told <u>us</u> about. [əs]

대명사는 특별히 강조할 경우를 제외하고는 약하게 발음한다. (5a)의 경우는 내용어인 tell에 강세가 주어지므로 them은 약형 발음 [ðəm]으로 발음된다. 또는 어두 자음 /ð/가 생략되어 [əm]으로 발음되기도 하고, 심지어 모음까지 생략되어 ['m]으로 발음되기도 한다. 즉 tell에 합쳐 [tél'm]으로 발음하는 경우도 있다. (5b)의 대명사 us의 경우도 일반적인 경우이므로 약형의 발음 [əs]로 발음된다.

3. 조동사의 약형발음

be 동사 am are is는 약형 [əm] [ər] [iz/əz]나, 축약형 ['m] ['r] ['z]가 더 많이 쓰인다.

(6) a. ● ○ ○ ●○ ○ ●
What are you going to do? [ər]

b. ○ ●○ ○ ●
I'm going to study. [m]

c. ○ ○ ●○ ○
Is it raining now? [iz/əz]

d. ● ●○ ● ●○
Ann's going. [z] / Pat's going. [s]

(6a)는 내용 전달 면에서 전보문 형식을 빌리면 '무엇 해'이다. 즉 '무엇'에 해당하는 'what'과 '해'에 해당되는 'do'만 강하게 발음하여도 의미전달에는 문제가 없다. 그밖에 are you going to는 의미전달보다는 문장구조상 쓰인 기능적인 역할을 하는 기능어로, 약하고 낮은 발음으로 중얼거리듯 발음한다. 즉 내용어는 강하게 기능어는 약하게 발음하여 리듬 있는 영어 발음을 한다. 따라서 be동사 are는 특별히 강조할 때를 제외하고는 약형의 발음 [ər]나, 축약형 [r]로 더 많이 쓰인다. (6b)의 경우도 '공부하려 해'의 의미이므로 내용어인 study와 going만 강하게 발음하면 된다. 나머지는 약하게 발음하면 되므로, am은 약형의 발음 [əm]이나, 아주 축약하여 [m]으로 속으로 중얼거려 발음하게 된다. (6c)의 is의 경우도 약형의 발음 [iz/əz]가 더 많이 쓰인다. (6d)의 is의 축약형은 앞의 발음에 따라 Ann처럼 유성음으로 끝난 경우 같은 유성음인 [z]로, Pat처럼 무성음으로 끝난 경우 같은 무성음인 [s]로

발음 난다.

다음 조동사 do, does, did도 약형의 발음 [də], [dəz], [did]로 더 많이 쓰인다.

(7) a. When do you leave? [də]
b. What does that mean? [dəz]
c. When did they find out? [did]

조동사 do, does, did는 부정문이나 의문문을 만들 때 쓰이는 기능적 역할을 하므로 문법적으로는 중요하지만 모국어 화자는 이미 알고 있는 사실이다. 따라서 특별히 강조할 경우를 제외하고는 중얼거리듯 약하게 발음한다. 즉 내용어인 의문사 when, what과 동사 leave, mean, find out 등은 강하게 발음하고, 조동사와 대명사 등의 기능어는 약하게 발음하여 리듬 있는 발음을 하게 된다.

조동사 have는 [həv]/[v]로 더 많이 발음한다.

(8) a. Have you ever been to America? [həv]
b. Yes, I have. [hæv]
c. No, I've never been to America. [v]

일반적으로 조동사 have는 약형인 [həv]로 더 많이 발음한다. 즉 (8a)에서 내용적으로 '미국에 가본 적이 있느냐?'를 묻는 의미이므로 '가본 적'에 해당하는 내용어 'been'과 '미국'에 해당하는 'America'를 제외한 다른 말은 문장구조상 필요하여 쓰인 기능어이다. 따라서 특별히 강조해야 필요가 없다. 즉 완료형과 의문문이라는 기능적 역할만 하는 조동사 have는 약하게 [həv]로 중얼거리듯이 발음한다. 단 긍정적인 대답으로 (8b)처럼 특별히 조동사로 끝난 경우에 생략된 동사가 있고, 영어는 문장 끝에 억양을 주어 강조하는 경향이 있기 때문에 강하게 [hæv]로 발음한다. 반면에 부정적인 대답으로 (8c)처럼 완전한 문장인 경우에는 중간의 조동사를 특별히 강조를 해야 할 필요가 없기 때문에 약하게 [həv]로 발음하거나, 축약하여 [v]로 발음한다.

다음 has경우도 마찬가지다.

(9) a. Has he bought a new car? : [həz]
b. Yes, he has. [hæz]
c. No, he's bought a new car. [z]

한편 have/has/had가 조동사가 아닌 본동사 즉 '갖다'나 '먹다'의 의미로 쓰인 경우는 내용어이기 때문에 강하게 발음하는 강형으로 발음한다.

(10) a. She had a big house. [hæd]
b. He said that she had been sick in bed. [həd]
c. Had she known the fact, she would have done it. [həd]

(10a)의 had는 조동사로 쓰인 경우가 아니고, '갖다'의 의미를 지닌 본동사로 쓰인 경우이다. 따라서 문장 중간에 나온 경우라도 강형인 [hæd]로 발음한다. 반면에 (10b)에서는 완료형을 나타내는 조동사이기 때문에 약형인 [həd]나 축약형 [d]로 발음 한다. 또 (10c)에서도 가정법 과거완료의 문장에서 if가 생략되어 조동사 had가 도치된 문장이기 때문에 약형인 [həd]로 발음한다.

다음 문장에서 does, is, has는 모두 [əz]로 발음나기 때문에, 발음상으로는 구별하기 어렵다.

(11) a. What does the sign mean?:

[wát-dəz]〉[wá-dəz] 〉 [wá-řəz]

b. What is the man doing? :

[wát-əz] 〉 [wář-əz] 〉 [wá-řəz]

c. What has the weather been like lately?:

[wát-həz] 〉 [wát-əz] 〉 [wá-řəz]

(11a)에서 what과 sign, mean 등의 내용어는 강하고 분명하게 발음되나, does, the 등의 기능어는 약하게 중얼거리듯 발음한다. 이때 강하게 발음하는 what과 약하게 발음하는 does가 결합하여 발음하면 /t/와 /d/는 동일 계통의 발음이기 때문에 앞의 /t/ 발음이 탈락되어 [wá-dəz]가 되고, 이어 모음과 모음사이에 있는 치경음 /d/는 단타음 [ř]이 되어 [wá-řəz]가 된다. 마찬가지 원리에서 (11b)에서 강하게 발음하는 what과 약하게 발음하는 is가 결합하여 발음하면 [wát-əz]가 모음사이의 /t/가 단타음이 되면 [wá-řəz]가 된다. 또 (11c)에서 강하게 발음하는 what과 약하게 발음하는 has가 결합하여 발음하면 [wát-həz]가 되고, [həz]의 /h/ 음이 생략되어 [wát-əz]가 된 다음, 다시 [wá-řəz]가 된다. 즉 모두 똑같이 [wá-řəz]로 발음하게 되어 발음상으로는 구별이 안되지만, 문법적 지식으로 구별을 하게 된다.

조동사 can은 약형 [kən]/[kn]으로 더 많이 발음한다.

(12) a. Can you drive a car? [kən]

b. Yes, I can. [kæn]

일반적으로 'I can see it.'과 같은 긍정문에 쓰인 조동사 can이나, (12a)처럼 의문에 쓰인 can은 약형 [kən]이나, 약모음 /ə/까지 생략된 [kn]으로 발음한다. 반면 특별히 대동사로 쓰인 can은 생략된 동사가 있다는 내용정보와 문장 끝을 올렸다 내리는 억양 때문에 강형 [kæn]으로 발음한다.

4. 접속사의 약형발음

문장 속에서의 접속사 and, or, but, that 등은 약형으로 더 많이 발음한다.

(13) a. Will you have some bread <u>and</u> butter?
(○ ○ ● ○ ● ○ ● ○)

b. John <u>or</u> Tom is coming.
(● ○ ● ○ ● ○)

c. It was small <u>but</u> heavy.
(○ ○ ● ○ ● ○)

d. I'm glad <u>that</u> you're here.
(○ ● ○ ○ ●)

접속사 and or, but, that 등은 단어나 구 및 문장을 연결시켜 주는 기능을 한다. 따라서 문법적으로는 중요한 역할을 하나, 일반적으로 모국어 화자들은 문맥이나 상황에 의해 어떠한 접속사가 쓰이는지 직관적으로 알고 있다. 따라서 특별히 강조하거나 문맥적으로 중요한 경우를 제외하고는 일반적으로 약형의 발음을 하여 위의 (13)처럼 리듬 있는 발음을 하게 된다. 대등접속사 and는 다음 (13a)처럼 약모음 /ə/의 [ənd]로, 어말 자음 /d/까지 생략하여 [ən] 정도로 발음하기도 하지만, (13a)의 'bread and butter'는 거의 상투적으로 묶여 쓰이는 말일 경우 더욱 약화되어 약모음까지 생략되어 "bread'<u>n</u> butter"처럼 [n]정도의 발음을 하기도 한다.

Pronunciation Drill 19

A 전치사의 약형 발음

01 다음 전치사구에서 전치사의 약형 발음에 유의하여 내용어는 강하게 기능어는 약하게 강약의 리듬 있는 발음을 해보시오.

1. at home
2. at ten
3. at the gym
4. on the weekend
5. on time
6. on Monday
7. for class
8. for student
9. for a year
10. for dinner
11. to the park
12. to a bank
13. to school
14. in Texas
15. in a minute
16. in a hurry

02 다음 강형의 전치사 발음이 문장에서 약형 발음으로 약화되는 현상에 유의하여 강약의 리듬 있는 발음을 해보시오.

1. to [tu] 〉 [tə] : It's next <u>to</u> the table.
2. of [ʌv] 〉 [əv] 〉 [ə] : That's one <u>of</u> the best.
3. for [fɔr] 〉 [fər] : Thank you <u>for</u> the invitation.
4. at [æt] 〉 [ət] : They left <u>at</u> dawn.

03 다음 전치사 등의 기능어를 강형으로 발음했는지 약형으로 발음했는지 고르고, 문장에서의 내용어는 강하게 기능어는 약하게 리듬 있는 발음을 해 보시오.

Does the bus go <u>to</u> the beach? ([tə]: weak form)
Does the bus go <u>to</u> the beach? ([tu]: strong form)

1. You have to sit down.
2. He said that he was sorry.
3. I can tell that you want to go.
4. Please pass the sugar and cream.
5. Put them on top of the copy machine.
6. Would you like to read the paper?
7. He was interested in her story.
8. What do you think of that?
9. Did you read the end of the book?
10. We have to try to save money.

04 다음 문장을 발음해 보고, 밑줄 친 전치사가 언제 강형으로 발음되고 약형으로 발음되는지 설명해 보시오.

1. What are you looking at?
2. I'm going to the post office.
3. Is it made of plastic?
4. I wonder where she's from.
5. What do you want it for?
6. Do you have change for a dollar?
7. It's not to Bill; it's from Bill.
8. What's it made of?
9. Let's meet at three.
10. Who are you writing to?

B 대명사의 약형 발음

01 다음 강형의 대명사 발음이 문장에서 약형 발음으로 약화되는 현상에 유의하여 강약의 리듬 있는 발음을 해보시오.

1. her [hʌr] 〉 [hər] 〉 [ər] : What's her name?
2. his [hiz] 〉 [iz] : When's his appoinment?
3. he [hi] 〉 [i] : Is he ready?
4. them [ðɛm] 〉 [ðəm] 〉 [əm] : Ask them what they want?
5. him [him] 〉 [im] or [əm] : I gave him a ride.
6. you [ju:] 〉 [jə] : Do you like it?
7. your [juə] 〉 [jər] : Do you have your passport?

02 다음 밑줄 친 대명사를 약형 발음에 유의하여 내용어는 강하게 기능어는 약하게 리듬 있는 발음을 해보시오.

1. I lost my wallet.
2. We all would.
3. He's getting married.
4. It's ten to five.
5. Let's visit your sister.
6. I put them on the table.
7. She's five foot six.
8. Can't they take a cab?
9. I don't know. I haven't seen her lately
10. I'll just tell him I already have plans.
11. I'm sorry. I tried to call you but your phone was busy.

03 다음 조동사와 대명사의 약형 발음에 유의하여 내용어는 강하게 기능어는 약하게 리듬 있는 발음을 해보시오.

does: Where does he live?	you: See you later.
do: How do they know?	can: We can try.

1. Do you like it?
2. Can we go now?
3. Does he live here?
4. Can I take two?
5. Does it hurt?
6. When do you go back?
7. Why does she want to leave?
8. Where can we see one?
9. How do you feel now?

C 조동사의 약형 발음

01 다음 강형의 조동사 발음이 문장에서 약형 발음으로 약화되는 현상에 유의하여 강약의 리듬 있는 발음을 해보시오.

1. have [hæv] 〉 [həv] 〉 [əv]〉 [ə] : I should have left sooner.
2. was [wʌz] 〉 [wəz] : I was listening.
3. can [kæn] 〉 [kən] 〉 [kn] : He can speak Spanish.
4. do [du:] 〉 [də] : What do you think?

02 다음 단어의 발음과 문장에서 밑줄 친 부분의 발음이 비슷하게 들린다. 잘 듣고 발음해 보시오.

1. weaken	We can go.
2. awaken	A way can be found.
3. bacon	Mr. Bay can come.
4. beacon	Bea can speak French.
5. shaken	Shy can cook bacon.
6. my token	My toe can bend.

03 다음 문장을 1) can과 can't을 구별하여 발음해 보고, 2) 들어 보고 괄호 안에서 can인지 can't인지 고르시오.

1) Melinda (can / can't) sing.
   She (can / can't) speak Spanish.
   Adam (can / can't) tell the difference.
2) We (can / can't) buy milk at that store.

1. Carlos (can / can't) cook anything.
2. I (can / can't) be there tomorrow.
3. The mechanic (can / can't) fix my car today.
4. I (can / can't) finish my paper on time.
5. The babysitter (can / can't) sit tonight.
6. His uncle (can / can't) come as planned.
7. You (can / can't) borrow my laptop computer.
8. Everyone that we invited (can / can't) come.
9. The chairman (can / can't) conduct the meeting today.
10. The salesman (can / can't) deliver the order tomorrow.

04 다음 대화를 조동사 can의 약형 발음에 유의하여 내용어는 강하게 기능어는 약하게 리듬 있는 발음을 해보시오.

A: Can you hear me?
B: Yes, I can hear you. Can you hear me?
A: We must have a bad connection. I can't hear you at all.
B: Well I can hear you! You're the one who can't hear.
A: What did you say? I guess you can't hear me either.
B: I can hear you. Listen, I'm hanging up. I'll call you back on another line.

D 접속사 및 관사의 약형 발음

01 다음 강형의 접속사 및 관사 발음이 문장에서 약형 발음으로 약화되는 현상에 유의하여 강약의 리듬 있는 발음을 해보시오.

A: Conjunctions

1. or [ɔːr] 〉 [ər] : Now or later?
2. and [ænd] 〉 [ənd] 〉 [ən] 〉 [n]: The doctors and nurses worked late.
3. that [ðæt] 〉 [ðət] : I hope that it stop raining.

B: Articles

1. the [ðʌ] 〉 [ðə] : Please hand me the pencil.
2. a [ʌ] 〉 [ə] : I would like a copy.
3. an [ʌn] 〉 [ən] : Do you have an extra one?

02 다음 접속사 and의 약형 발음에 유의하여 리듬 있는 발음을 해보시오.

1. surf and turf
2. turkey and stuffing
3. cookies and milk
4. bacon and eggs
5. bread and water
6. salt and pepper
7. cake and ice cream
8. chips and dip
9. fish and chips
10. rice and beans

03 다음 접속사 or의 약형 발음에 유의하여 리듬 있는 발음을 해보시오.

1. married or single
2. one or two
3. right or wrong
4. chicken or steak
5. Saturday or Sunday
6. off or on
7. north or south
8. coffee or tea
9. cash or check
10. chocolate or vanilla
11. hot or cold
12. left or right
13. in or out
14. March or April
15. cook or clean up

Unit 20
의사단락내의 발음 연구

Pronunciation Guide

의사단락에 따라 끊어서 발음하자.
끊어 읽기를 잘못하면 전혀 다른 의미가 되어 버린다.

1. I don't know / what he is doing / right now.
2. I don't know what / he is doing right / now

1. 의사단락과 끊어 읽기

국어에서도 마찬가지지만 영어도 끊어 읽기를 잘못하면 전혀 다른 의미가 되어 버린다. 1번 문장과 같이 끊어 읽는다면 "나는 그가 지금 무얼 하는지 모른다."라는 의미가 된다. 그러나 2번처럼 끊어 읽는다면 "나는 무얼 해야 할지 모른다. 그는 지금 제대로 하고 있다."라는 의미가 되어 전혀 다른 의미가 된다. 이처럼 끊어 읽기에 따라 의미가 달라지므로 발음할 때에도 주의해야 한다. 다음은 끊어 읽기를 잘 못하여 전혀 다른 의미가 되어 버린 경우이다.

(1) a. No, / price is too high. "안사요, 가격이 너무 비싸요."
  b. No price is too high. "가격이 비싼게 없습니다."

말하는 내용이 글로 쓰여 있을 때는 그 글의 구두점(punctuation)이 대체로 휴지(pause)의 위치를 나타낸다고 할 수 있다. (1a)과 같이 No 다음의 구두점에 끊어 읽으면 "안사요, 가격이 너무 비싸요."의 의미가 되지만, (1b)처럼 휴지가 없이 읽으면 "가격이 비싼게 없습니다."의 의미가 된다. 이처럼 구두점에 휴지가 오는 경우의 예는 다음과 같다.

(2) a. The storekeeper says / the clerk is a fool.
(주인은 점원이 바보라고 말한다.)
b. The storekeeper, / says the clerk, / is a fool.
(점원은 주인이 바보라고 말한다.)

우리나라 말에도 휴지의 차이로 뜻이 달라지는 경우가 많다.

(3) a. 잘 / 못 알아들었어요. = I couldn't understand.
b. 잘못 / 알아들었어요. = I misunderstood.

한편 끊어 읽기의 일반적 원칙은 먼저 문장과 문장을 연결해주는 접속어는 그 접속사 앞에서 끊어 읽어야 한다는 것이다. 의사단락(thought group)에 따른 끊어 읽기에 대한 일반원칙을 정리하면 다음과 같다.

먼저 다음과 같이 긴 주부(subject)의 뒤에서 끊어 읽는다.

(4) a. The girl you saw in the church last Sunday / was my sister.
b. The professor and the three students / went to the concert.

두 번째 다음과 같이 긴 목적어(object)의 앞에서 끊어 읽는다.

(5) a. I don't know / how long he's been away.
b. The father gave his son / a very good present.

세 번째 다음과 같이 절(clause)과 절 사이에서 끊어 읽는다.

(6) a. He gets up very early in the morning / and goes to school by train.
b. When she saw me, / her face burned red with anger.

네 번째 다음과 같이 강조하는 말의 앞뒤에서 끊어 읽는다.

(7) a. He declares / that he likes / snakes.
cf) He declares / that he likes snakes.
b. I don't think / he / can succeed in his job.
cf) I don't think / he can succeed in his job.

다섯 번째 다음과 같이 삽입어구의 앞 뒤 (접속사 that뒤에 온 경우는 제외)에서 끊어 읽는다.

(8) a. Punctuation, / likes other matters, / should be governed by common sense.
b. Attention must / at the same time / be given to the fact / that we are now in a crisis.

여섯 번째 병렬된 동일 품사의 단어 사이에서 끊어 읽는다.

(9) a. He gave me food, / clothing, / shelter / and faith.

b. Spring, / summer, / autumn, / and winter

일곱 번째 다음과 같이 생략된 단어의 자리에서 끊어 읽는다.

(10) a. To err is human, / to forgive / divine.
b. He went there to speak, / you / to listen.

이와 같이 휴지에 의해 연결된 하나의 의사단락 내에서 단어와 음절들은 단독적으로 떼어 발음하면 안 된다. 끊어짐이 없이 부드럽게 연결되어 마치 하나의 긴 단어처럼 연결하여 발음하도록 해야 한다.

2. 의사단락내에서의 강세와 리듬

일반적으로 문장 안에서 내용어는 강세를 가지나, 기능어는 강세를 갖지 못한다. 또 하나의 의사단락(thought group)에는 하나의 제 1 강세만 있는 것이 보통이다. 만일 내용어가 의사단락 안에 두 개 이상 있을 때에는 맨 우측에 있는 내용어에 주강세가 오며, 그 외의 내용어는 부강세를 가진다. 이는 영어 문장의 정보구조(information structure)와 연관이 있는데, 일반적으로 영어 문장의 앞부분은 화자와 청자가 같이 공유하여 알고 있는 구정보(old information)로 화제(topic)에 해당하고, 끝 부분은 화자가 청자에게 강조하여 알리려는 신정보(new information)로 논평(comment)에 해당되기 때문이다. 그런데 의사단락은 통사단위가 아니기 때문에 화자의 의사에 따라 얼마든지 달라질 수 있다.

(11) a. I met him on the street the day before yesterday.
b. I met him on the street / the day before yesterday.
c. I met him, / on the street, / the day before yesterday.

예를 들면 (11a) 문장을 처음부터 끝까지 쉬지 않고 발음하면, 의사단락은 하나가 된다. 그러나 화자가 (11b-c)처럼 한번이나 두 번 끊어서 나누어 발음한다면, 의사단락은 둘 또는 세 개가 될 수 있다. 이처럼 의사단락을 몇 개로 나누느냐 하는 문제는 완전히 화자의 의도에 달려있다. 또 이에 따른 강세와 리듬도 달라질 수 있다. 따라서 의사단락을 리듬단락(rhythemic group)이라고도 한다.

이와 같은 의사단락내의 일반 강세 및 리듬규칙은 다음과 같다. 첫째, 의사단락 안에서의 강세원칙은 일단 문장강세 원칙에 따라 내용어에 강세가 주어지고 기능어에는 강세가 주어지지 않는다. 이것은 상황과 의미상 중요한 단어가 강세를 가진다는 대 원칙과 일치한다.

(12) a. Bóys wánt bóoks.
b. The bóys will wánt the bóoks.

영어는 강세박자언어(stress-timed language)이기 때문에 어귀나 문장을 발음하는 길이는 음절의 수에 좌우되는 것이 아니라, 강세의 수에 의하여 결정된다. spéed의 음절수는 하나이고, spéedy는 두 개이며, spéedily는 세 개이나, 강세의 수는 모두 하나로서 동일하므로 이들의 각각을 발음하는 소요시간은 강세의 수가 동일하기 때문에 같다. 마찬가지로 위의 예문에 있어서도 강세의 수는 각 문장마다 세 개로서 모두 동일하지만, 음절의 수가 증가했다. 그러나 강세의 수가 같기 때문에 각 문장을 발음하는 소요시간은 모두 같아야 한다. 따라서 (12a)와 같이 강세음절로만 구성된 문장은 높은 음으로 길고 강하게 발음하지만, (12b)처럼 음절의 수가 늘어난 문장은 발음시간을 동일하게 하기 위해서 약음절의 모음을 약화시켜 약형으로 낮은 음에 짧고 약하게 약강의 리듬에 따라 발음하게 된다.

둘째, 하나의 의사단락에는 하나의 제 1강세만 부여한다. 만일 의사단락 안에 두 개 이상의 내용어가 있을 때에는 맨 마지막 단어에 제 1강세를 부여하고 나머지는 부강세를 가진다. 즉 가장 끝에 있는 내용어는 제1강세 [´]를 받고 나머지 내용어는 제2강세 [^]를 받는다

(13) a. I beLÎEVE she is VÊry PRÉTty.
b. I beLÍEVE / she is VÊry PRÉTty.

(13a)는 문장 전체를 하나의 의사단락으로 간주할 때에 문장강세의 일반원칙에 따라 강세가 부여된 경우이다. 즉 내용어의 수는 believe, very, pretty 모두 세 개이지만 하나의 의사단락 내에는 하나의 제1강세만 있어야 한다는 원칙에 따라 맨 끝에 나온 내용어 prétty에만 제 1강세가 부여되고, 나머지는 제 2강세를 가진다. 그리나 (13b)는 believe 다음에 휴지를 두어 끊어 읽어, 두 개의 의사단락이 된 경우이다. 즉 "I believe"가 하나의 의사단락이 되어 belíeve에 제1강세가 있게 되며, "she is vêry prétty."는 또 다른 의사단락이 되어 prétty에 제1강세가 있게 된다. 이경우도 의사단락을 몇 개로 나누느냐 하는 문제는 문법의 문제가 아니라 전적으로 화자의 의도에 달린 문제이다. 좀 더 복잡한 다음의 경우를 보자.

(14) a. The DÎligent VÎsiting professor LÎVES in a SCHÔOL DÓRmitory.
b. The DÎligent VÍsiting proFÈSsor / LÎVES in a SCHÔOL DÓRmitory.

위 문장을 (14a)처럼 하나의 의사 단락으로 발음한다고 할 때에는 원칙적으로 제1강세는 하나이고, 그것은 이 문장의 가장 끝에 있는 dórmitory이다. visiting professor는 합성명사이기 때문에 vísiting profèssor가 된다. 그런데 위 문장은 하나의 의사단락으로 발음하기에는 좀 길다고 화자가 느낄 때에는 (14b)처럼 두 개의 의사단락으로 나눌 수 있다. 그러면 vísiting도 하나의 제1강세를 가지며 dórmitory도 역시 제1강세를 갖는다.

Pronunciation Drill 20

A 의사단락과 끊어 읽기

01 다음 문장을 의사단락의 끊어 읽기 원칙에 따라 휴지를 두어 발음해 보시오.

1. I need to buy / a new computer.
2. Let's watch a movie / on TV tonight.
3. Don't do your homework / in the kitchen.
4. We go to the beach / every Sunday afternoon.
5. Why did you put your books / on the floor?
6. Dan's plane lands / at 5:30 / tomorrow evening.
7. Give the teacher / your homework.
8. The children / are playing / in the street.

02 다음 대화를 의사단락의 끊어 읽기 원칙에 따라 휴지를 두고, 또 각 의사단락내의 초점이 되는 밑줄 친 단어에 강세를 두어 발음해 보시오.

A: There's a test on Wednesday.

B: Oh, no! / Not Wednesday! / I'm going to a party / Tuesday night. / I have to go. / It's my sister's birthday party.

A: You can study / before the party.

B: I can't. / I promised / to take Sue / to dinner first.

A: Who's Sue?

B: She is this great girl / I met last week. / We met in the library.

A: Well, you have / a problem.

B: I know. / What can I do?

A: Sorry, pal. / I really don't know.

03 다음 속담을 의사단락의 끊어 읽기 원칙에 따라 휴지를 두고, 이탤릭체의 기능어는 약형으로 발음해 보시오.

1. *A* bird *in the* hand / *is* worth two *in the* bush.
2. *A* stitch *in* time / saves nine.
3. Don't put all *your* eggs / *in* one basket.
4. Necessity / *is the* mother *of* invention.
5. Money *is the* root / *of* all evil.
6. Grab *the* bull / *by the* horns.
7. Rome wasn't built / *in a* day.
8. *To* err *is* human, / *to* forgive *is* divine.
9. *The* apple doesn't fall far / *from the* tree.
10. *The* grass *is* always greener / *on the* other side *of the* fence.

04 다음 두 문장을 의사단락의 끊어 읽기에 따라 발음해 보고, a, b 중 어느 것으로 발음했는지 고르시오.

a."Tracy,"said the teacher,"was late."(Tracy was late.)
b. Tracy said,"The teacher was late."(The teacher was late.)

1. a. Tom bought a new car, phone, and radio.
   (Tom bought a new car.)
   b. Tom bought a new car phone and radio.
   (Tom did not buy a new car.)
2. a. The twenty $9 books are left.
   (The books cost $9 each.)

b. The $29 books are left.
(The books cost $29 each.)

3. a. Nancy said, "My brother is a doctor."
(Nancy's brother is a doctor.)
b. "Nancy," said my brother, "is a doctor."
(Nancy is a doctor.)

05 다음은 Eisenhower 대통령의 연설이다. 의사단락의 끊어 읽기에 따라 발음해 보시오.

Good evening, / my fellow Americans. /

First, / I should like to express my gratitude / to the radio / and television networks / for the opportunities they have given me / over the years / to bring reports and messages / to our nation. / My special thanks go to them / for the opportunity of addressing you / this evening. /
Three days from now, / after half a century / in the service of our country, / I shall lay down the responsibilities /of office / as, / in traditional and solemn ceremony, / the authority of the Presidency / is vested / in my successor. / This evening / I come to you / with a message of leave-taking / and farewell, / and to share / a few final thoughts with you, / my countrymen. /

06 다음은 일기예보이다. 사선표시의 의사단락 끊어 읽기와 밑줄 친 단어의 강세에 유의하여 발음해 보시오.

Good <u>afternoon</u>. / Here is the latest <u>weather</u> news / on this wet <u>Tuesday</u>. / Heavy <u>rain</u> / is <u>falling</u> / throughout the

Southland. / Cloudy skies / and showers / will continue until Friday./ The low yesterday / was fifty-six. / The high / was sixty-eight. / Temperatures in the same range / are expected today / and for the next few days. / Keep your umbrellas handy. / You'll need them. /

07 다음을 끊어 읽기와 단어의 강세에 유의하여 발음해 보고, 알맞은 의미를 고르시오.

a. the twenty-two-inch / goldfish (one fish , 22 fish)
b. the twenty / two-inch goldfish (one fish , 20 fish)

1. a. fifty-one-dollar raffle tickets ($1 a ticket, $51 a ticket)
   b. fifty one-dollar raffle tickets ($1 a ticket, $51 a ticket)
2. a. fried chicken, potato salad, and a coke
   (three things, four things)
   b. fried chicken, potato, salad, and a coke
   (three things, four things)
3. a. the computer software and keyboard
   (two things, three things)
   b. the computer, software, and keyboard
   (two things, three things)
4. a. a car, phone, and tape deck (two things, three things)
   b. a carphone and tape deck (two things, three things)

B 의사단락내의 강세와 리듬

01 다음 문장을 휴지를 두어 의사단락내의 강세 리듬에 따라 발음해 보고, 고딕체 대문자로 표시된 강세의 초점을 설명해 보시오.

1. Some CREdit card **COM**panies / OFfer low **IN**terest / but they CHARGE an ANnual **FEE**./
2. She WANTs to beCOME an in**TER**preter / and WORK for an interNAtional **COM**pany.

02 다음 시를 휴지를 두어 의사단락내의 밑줄 친 강세를 받는 음절과, 고딕체로 표시된 강세의 초점을 받는 음절에 유의하여 강세 리듬에 따라 낭송해 보시오.

1. The world is so **full** / of a number of **things**. /
   I'm sure we should **all** / be as happy as **kings**. /
2. The rain is raining all a**round**. /
   It falls on field and **tree**. /
   It rains on the um**brel**las here,/
   And on the ships at **sea**. /

03 다음 대화에서 하나의 문장을 하나의 의사단락으로 보고, 밑줄 친 강세를 받는 음절과, 고딕체로 표시된 강세의 초점을 받는 음절에 유의하여 강세리듬에 따라 발음 해보시오.

A: What's the **mat**ter?
B: My **roof** is leaking.
A: Why don't you **fix** it?
B: It's **rain**ing. I don't want to get **wet**.
A: You could wait until it **stops** raining.

B: Then I won't have to fix the **roof**.

04 다음 짧은 대화를 의사단락내의 강세리듬에 따라 발음 해 보고, 강세를 받는 음절에 밑줄을, 강세의 초점을 받는 음절에는 고딕체(또는 동그라미)로 표시하여 설명해 보시오.

1. A: I got a call from Jennifer.
   B: Really? I wonder how her father is.
2. A: I'd like to find out about the college.
   B: Here's some information for you.
3. A: John isn't feeling well.
   B: What's the matter with him?
4. A: How long have you been here?
   B: About an hour.
5. A: Peter finally arrived.
   B: Good. We've been waiting for him.
6. A: Did you remember to cash the check?
   B: No. I forgot about it.

05 다음 대화를 의사단락내의 강세리듬에 따라, 밑줄 친 강세를 받는 음절과, 고딕체로 표시된 강세의 초점을 받는 음절에 유의하여 발음해 보시오.

1. A: How are you **do**ing today, / **Anne**?
   B: I'm doing **fine**, / and **you**?
   A: Nothing much is **hap**pening.
   B: Nothing much is **new**.
2. A: Things have been going **smooth**ly.
   Time has been flying **by**?
   B: I'm feeling on top of the **world**.
   I don't know exactly **why**?

3. A: What's going **on** these day? / What's **new**?
   How are things working **out**?
   B: This has been a fantastic **year**.
   It's **great**, / without a **doubt**.
4. A: Oh, I'm **bu**sy, / I'm **diz**zy.
   Everything's in a **spin**.
   B: I **think** / I'm ready for a **change**.
   My patience is wearing **thin**.
5. A: Well, I've been very **hap**py.
   Things have been going **well**.
   B: I'm delight to **hear** that.
   I can **look** at you / and **tell**.
6. A: How are you **feel**ing today, / **Paul**?
   B: How about **you** --- what's **up**?
   A: There's a **lot** / that's going **on**.
   B: There's a **lot** / that's shaping **up**.

06 다음 짧은 대화를 의사단락내의 강세리듬에 따라 발음해 보고, 강세를 받는 음절에 밑줄을, 강세의 초점을 받는 음절은 고딕체(또는 동그라미)로 표시하여 설명해 보시오.

1. A: We're expecting visitors today.
   B: I would like to meet them.
2. A: Why did your friend decide to go to Guatemala?
   B: Because he's never been there.
3. A: Do you have any information about skiing in Utah?
   B: Yes. Here are some brochures for you.
4. A: I hope you've considered all the possibilities.
   B: I've considered all of them.
5. A: We are not quite prepared for the meeting today.

B: Perhaps we should cancel it.

6. A: We have to install a new phone line here.

   B: I hope we won't have to wait a long time for it.

7. A: Did the check come?

   B: No. The mail hasn't arrived yet.

Unit 21
강세변화 연구

Pronunciation Guide

담화 내의 신정보에 초점을 두어 제 1강세로 발음을 하자.

A: I WANT some **SHOES**.
B: What **KIND** of shoes?
A: **CA**sual shoes.

1. 강조강세와 대조강세에 의한 강세 및 리듬변화

다음 (1)의 문장은 화자의 의도에 따라 (2)와 같이 여러 가지의 강조강세형으로 발음할 수 있다.

(1) Will you drive to the office tomorrow?

(2) a. Will you DRÎVE to the ÔFfice to**MÓR**row?
b. Will you DRÎVE to the **ÓF**fice toMÔRrow?
c. Will you **DRÍVE** to the ÔFfice toMÔRrow?
d. Will **YÓU** DRÎVE to the ÔFfice toMÔRrow?

(2a)의 강세형이 가장 일반적인 강조강세형이다. 그러나 꼭 정보구조상의 초점을 찾으려면 문장 끝에 있는 tomorrow가 가장 중요한 부

분으로, 오늘이나 다른 날이 아니라 내일이라는 의미를 전달하고자 하는 경우이다. 한편 다른 곳이 아니라 사무실이라고 office를 강조하고 싶을 때에는 office에 제1강세를 주어 (2b)와 같은 강조강세형으로 발음할 수 있다. 마찬가지로 걸어가거나 자전거를 타고 가지 않고 차를 몰고 갈 것이냐는 뜻으로 (2c)처럼 drive에 강세를 주어 발음할 수도 있다. 심지어 당신의 부인이나 또는 어떤 다른 사람이 아니라 어제 운전 면허증을 딴 당신이 운전을 할 것이냐의 뜻으로 (2d)처럼 기능어인 you에 강세를 주어 발음할 수도 있다.

한편 다음처럼 의문문의 답에 따라 강조강세가 정해지기도 한다.

(3) A: **WHERE** are you going?
B: I'm going to **SCHOOL**.

(4) A: Where are **YOU** going?
B: **I'M** going to school.

질문의 강조강세에 따라 대답의 강조강세도 틀려지고, 전달하고자 하는 내용도 달라진다. (3)의 문장은 where에 강조강세가 있으므로 그 답도 장소인 school에 강조강세가 오게 된다. 반면 (4)의 문장은 you에 강조강세가 있으므로 그 답도 I'm에 강조강세가 오게 된다. 즉 "(다른 사람들은 영화관에 가는 데), 너는 어딜 갈 것이니?"라는 내용의 질문이므로, 그 대답도 "(다른 사람이야 어떻든) 나는 학교에 간다."라는 의미이므로 I'm에 강조강세가 온다.

한편 다음 문장은 대조강세에 따라 다음과 같은 리듬으로 발음한다.

(5) a. **BÉTty** DÂNces BÊTter than **MÁry**.
b. **THÉSE** GÎRLS are WÎser than **THÓSE** GÎRLS.

c. She said "**ÓN**" the table, not "**ÚN**der"the table.

d. I don't iMÂgine **YÓU** can succeed in a BÛsiness venture.

대조강세란 문장 안에서 두 개의 낱말이 서로 대비를 이루어서 강조될 때 강세를 부여하는 경우이다. 위에 있는 각각의 문장 안에는 서로 대조되는 낱말이 있어서 그것에 강세가 부여되고 있다. 즉 (5a)에서 Mary는 가장 끝에 있는 내용어이기 때문에 당연히 제1강세를 받고, 다른 내용어는 제2강세를 받는다. 그러나 Betty와 Mary가 대비되어 있기 때문에 Betty에도 제1강세를 부여할 수 있다. (5b)에서도 these와 those가 대조가 되고 있으므로 대조강세에 따라 발음한다. (5c)에서는 전치사 on과 under가 서로 대조를 이루고 있으므로 강세를 주어 발음하게 된다. (5d)는 대조가 되는 말이 그 문장 속에 나타나 있지 않은 (someone else와 대조) 경우이다. 즉 다른 사람이라면 몰라도 너라면 투기사업에서 성공할 수 없다는 의미이다. 이와 같이 하나의 리듬단락인 한 문장 속에서 대조나 대비되는 내용이 있을 때에는 이 두 내용에 모두 제1강세를 부여할 수 있다. 아울러 대조강세의 특징은 의사단락 내에 제 1강세가 둘이 존재할 수 있다는 점이다.

다음 문맥상 대조를 이룬다고 볼 수 있을 때, 대조강세를 주어 발음할 수 있다.

(6) A: HOW did you GET sun**BURNED**?

B: I WENT to the **BEACH** yesterday.

(7) A: Do you WANT to GO to the **BEACH** today?

B: NOT **REAL**ly. I WENT to the beach **YÉS**terday.

일반적으로 시간을 나타내는 표현인 yesterday, today, tomorrow, soon, now, this morning, last night 등은 내용어이지만 대화상의 배경지

식으로 간주되어, 특별히 강세를 주어 발음하지 않는다. 예를 들어 (6)의 대화에서 (6A)는 '어떻게 햇볕에 탔느냐?'는 질문으로 시제가 과거이므로 시간을 나타내는 표현 yesterday는 질문의 초점이 아니라 배경지식으로 간주하여 (6B)처럼 특별히 강세를 두어 발음하지 않는다. 그러나 (7)의 대화에서는 (7A)의 질문내용이 '오늘 해변을 가고 싶으냐?' 이므로 (이때도 today는 배경지식으로 강세를 받지 않음) (7B)는 '오늘이 아니라 이미 어제 갔었다.'란 의미이다. beach는 이미 앞에서 언급한 말이므로 내용어이지만 대명사처럼 강세가 들어가지 않고, today와 yesterday가 대조를 이루므로 초점을 받아 제1강세를 두어 발음한다.

2. 담화의 정보구조에 따른 강조강세

일반적인 영어 문장의 정보구조(information structure)는 문장의 앞부분은 화제(topic)내지 주제(theme)로 화자와 청자가 같이 공유하여 알고 있는 구정보(old information)를 나타내고, 끝 부분은 논평(comment)내지 초점(focus)으로 화자가 청자에게 강조하여 알리려는 신정보(new information)를 나타낸다. 그런데 담화상의 정보전달은 문맥과 상황에 따라 구정보와 강조하여 전달하고자 하는 신정보가 달라질 수 있다.

(8) A: I WANT some **SHOES**. : new information
(→old information)
B: What **KIND** of shoes? : new information
(→old information)
A: **CA**sual shoes. : new information

담화상에 화자는 청자에게 새로운 정보를 전달하려고 한다. (8)의 첫 발화 A에서 내용어는 동사 want와 명사 shoes로 강세를 받는다. 그러나 손님과 점원사이라면 원한다(want)는 것은 이미 두 사람이 배경지식으로 다 알고 있는 구정보로 강세가 약화되어 제 2강세를 받는다. 따라서 원하는 것이 무엇이냐 인데, 이 경우 shoes가 신정보이므로 초점을 받아 제1강세의 강조강세로 발화하게 된다. 다음 발화 B에서는 shoes라는 것은 한번 언급되었으므로 두 사람이 이미 다 알고 있는 구정보가 되고, 어떤 종류 즉 kind가 신정보가 된다. 그 다음 발화 A에서는 그 대답인 casual이 신정보가 될 것이다. 이처럼 담화상에서는 정보전달이 우선이기 때문에 신정보에 초점을 두어 제1강세의 강조강세로 발음하기 마련이다. 즉 화자가 발화하는 시점에서 새로운 정보가 결정되지만, 담화상의 대화가 진행될수록 이미 언급된 된 말은 구정보가 되고, 새로이 신정보가 등장하므로 그것이 초점이 되어 제1강세의 강조강세로 발화하게 된다.

다음 대화의 경우를 보자.

(9) A: WHAT would you **LÍKE**?
B: I **THÍNK** / I'll have ÈNchi**LÁ**das./ **CHÍC**ken enchiladas.
A: And for **YÓU**, / **SÍR**?
C: I'd like **CÚR**ry. / **VÉ**getable curry.
A: And HOW about des**SÉRT**?
B: I'll HAVE some **PÍE**. **ÁP**ple pie.

(9)의 대화는 식당에서 음식을 주문하는 상황이다. A의 발화는 식당 점원이 '무엇을 주문하시겠습니까?'하고 묻는 발화이다. 신정보가 될 수 있는 내용어는 의문사 what과 동사 like가 강세를 받는다. 그러나 한 의사단락내에 하나의 내용어만 초점의 제 1강세를 받는다는 강세

원칙에 따라 뒤에 나오는 내용어인 like에 제1강세가 온다. 다음 발화 B에서는 내용어는 동사 think, have와 명사 enchilades이다. 그러나 이미 음식점에서 무엇을 먹을 것인지 주문하는 상황이므로 배경지식으로 먹는다는 의미의 동사 have는 구정보라고 할 수 있다. 따라서 의사단락내의 초점을 받는 말은 think와 enchilades이다. 그 다음 엔칠라더 요리중에서 Chicken을 주문한다는 발화이므로 이미 언급된 enchilades는 구정보가 되고, 신정보인 Chicken이 초점이 된다. 그 다음은 다른 사람에게 묻는 발화이므로 기능어인 대명사이지만 you가 신정보가 되어 초점이 된다. 이에 대한 대답으로 C의 발화에서는 좋아서 주문한다는 의미의 동사 like는 배경지식인 구정보가 되고, 신정보인 curry가 초점이 된다. 또 커리 중에 vegetable이므로 신정보로 초점이 된다. 다음 후식을 묻는 발화이므로 내용어인 how와 dessert가 강세를 받으나, 뒤에 있는 dessert가 초점이 된다. 이어 이에 대한 대답으로 마실 것이 아니라 먹겠다는 의미가 있으므로 동사 have와 명사 pie중 강세를 받으나 뒤에 나오는 pie가 초점이 되어 제 1강세를 갖는다. 또 같은 이유로 apple이 신정보가 되어 초점의 제1 강세를 받는다. 이처럼 담화상에서 모든 내용어가 다 강세를 받아 발음되는 것이 아니라, 담화상의 대화가 진행될수록 배경지식과 신정보로 등장했던 말은 구정보가 되어 강세를 받지 못하고, 새로이 신정보가 등장하여 초점의 제1강세의 강조 강세를 받아 발음한다.

다음 담화의 경우를 더 보자.

(10) A: LET'S go see a **MO**vie.

B: I WENT to the movies on **THURS**day.

A: Well, LET'S go to a **RES**taurant.

B: I WENT out to eat last **NIGHT**.

(10)의 대화는 외출을 제안하는 상황이다. A의 발화에서 내용어인 동사 let, go, see와 명사 movie에 다 강세가 들어가는 것은 아니다. 영화를 보러 가자는 제안이므로 하자는 제안동사 let과 어디에 해당되는 movie만 강조강세를 주어 발음한다. 다음 발화 B에서는 이미 언급된 movie는 구정보로 강세가 없어지고, 현재 가자는 말과 (언급되어 있지 않지만 현제시제로 now나 today가 배경지식으로 있다고 가정하여) 대조되는 과거에 보았다는 의미의 과거 동사 went가 대조강세를 받는다. 또 시간표현은 보통 배경지식으로 강조강세를 받지 않지만, A에서 암시적인 today와 대조가 되는 Thursday이라는 시간 표현이 신정보가 되어 강조강세를 받아 발음하게 된다. 이어 다시 제안한다는 내용의 동사 let과 영화가 아닌 음식점이라는 restaurant이 신정보가 되어 강조강세를 받는다. 다음 발화 B에서는 밖에 나가 먹는다는 out과 eat는 내용어이지만, 이미 언급된 restaurant으로 알 수 있는 배경지식인 구정보로 강세를 받지 못하고, 현재 가자는 말과 대조되는 과거 동사 went가 또 대조강세를 받고, 그것도 지난밤이라는 시간 표현 night이 신정보가 되어 강조강세를 받는다.

Pronunciation Drill 21

A 강조강세와 대조강세에 의한 강세 및 리듬변화

01 다음 문장의 대문자 고딕체로 된 부분을 강조강세에 따라 발음해 보고, 의미를 설명해 보시오.

1. John bought a new red **JUG**ular on Monday.
2. **JOHN** bought a new red Jugular on Monday.
3. John bought a new red Jugular on **MON**day.
4. John bought a new **RED** Jugular on Monday.
5. John bought a **NEW** red Jugular on Monday.

02 다음 대화에서 대문자 고딕체로 된 부분을 강세 리듬에 따라 발음해 보고, 왜 강세가 변하였는지 설명해 보시오.

1. A: GRASS is **BLUE**.
   B: **NO**, grass **ISN'T** blue. It's **GREEN**.
2. A: ENglish pronunciAtion is **EA**sy.
   B: **NO**, English pronunciation **ISN'T** easy. It's **HARD**.
3. A: The SKY is **GREEN**.
   B: **NO**, the sky **ISN'T** green. It's **BLUE**.
4. A: The DAY after SATurday is **MON**day.
   B: **NO**, the day after Saturday **ISN'T** Monday. It's **SUN**day.

B 담화의 정보구조에 따른 강조강세

01 다음 대화에서 초점을 받는 담화상의 신정보의 단어가 달라진다. guideline에 따라 강세 박자 리듬으로 발음해 보시오.

1. Stress the word that provides new information.
   ① A: I need to borrow some **MO**ney.
   B: How **MUCH** money?
   A: Well, not **TOO** much money.
   B: I have about ten **DOL**lars.
   A: I was hoping to borrow **TWEN**ty dollars.
2. Stress the word that answer the question. (new information)
   ① A: Jerry lost his **BOOK**.
   B: **WHO** lost his book?
   A: **JER**ry lost his book.
   ② A: Jerry lost his **BOOK**.
   B: **WHOSE** book?
   A: He lost **HIS** book.
3. Stress the word that highlights the disagreement. (contrast)
   ① A: I think that the movie ends at nine-**THIR**ty.
   B: I read that the movie should end at **TEN**-thirty.
   ② A: Monica is going to win the gold medal for gym**NAS**tics.
   B: I think **JANE** is going to win the gold medal for gymnastics.
   A: I don't a**GREE**. I think Jane is going to win the **SIL**ver medal.
4. Stress the helping verbs. (emphatic stress)
   ① A: That was a marvelous **FILM**.
   B: That **WAS** a marvelous film.
   ② A: That sounds like a great i**DE**a.
   B: That **DOES** sound like a great idea.

5. Stress the pronoun. (contrast)
   ① A: How is your **FAM**ily?
      B: **FINE**, thank you. How's **YOUR** family?
   ② A: What would you **LIKE**?
      B: An **AP**ple. What would **YOU** like?
6. Use focus to show the contrast.
   ① A: That shirt would look good with a green **TIE**.
      B: I don't **HAVE** a green tie. What do you think of this **BLUE** one?
   ② A: I like to swim in hot **WEA**ther.
      B: I'd rather swim in **HOT** weather than in **COLD** weather. That's for **SURE**.
   ③ A: Let's buy **DIN**ner tonight. I'm tired of **COOK**ing.
      B: I **LIKE** to cook. I'd rather **COOK** dinner than **BUY** it.
7. Use focus to show compound noun contrast.
   ① A: Here is the **CAR** phone charger / that you **LOST**.
      B: I lost the car **PHONE**, not the car phone **CHAR**ger.
   ② A: Let's park in a **PARK**ing lot.
      B: I don't see a parking **LOT**, but there is a parking ga**RAGE**.

02 다음 대화에서 대문자 고딕체로 된 음절에 초점을 두어 발음해 보고, 대화가 진행되면서 왜 초점이 달라지는지 설명해 보시오.

1: Where Are You Going?

A. Where are you **GO**ing?
B. To buy a **CAR**.
A. What **KIND** of car?
B. A **USED** car. A **CHEAP** used car. Where are **YOU** going?
A. I'm going to a **MEET**ing.
B. The **STAFF** meeting?

A. **NO**, the di**REC**tor's meeting.

2: A Fearful Shopper

A. I'd like to look at a **PRIN**ter, a **LA**ser printer.

B. Do you want a **COL**or printer or a black and **WHITE** printer?

A. I don't care about the **CO**Lor. I'd like to see **THAT** one, the **LA**ser printer with the **CAR**rying case. It looks like a **POR**table laser printer.

B. I'm **SOR**ry, but that's **NOT** a portable printer. It's a laptop com**PU**ter. Would you like to **LOOK** at a laptop computer? They're **GREAT** for airplanes.

A. I'm sure they **ARE** great for airplanes. **THANK** you, but not to**DAY**. I'm still afraid to **FLY**.

03 다음 대화에서 담화의 정보구조에 따라 신정보의 초점을 받는 단어에 제1강세의 강조강세를 두어 발음해 보시오.

A: I LOST my **BOOK**. ("book" is new information) B: **WHICH** book? ("book" is now old information) A: My **HIS**tory book. ("history" is new information)

1. A: I found my book.
   B: Which book? Your history book?
   A: No, my math book.
2. A: That must be his house.
   B: The white house?
   A: No. The gray one with the car in front.
3. B: Is that Tom's car?
   A: It looks like his father's car.

04 다음 두 개의 대화를 정보구조에 따라 알맞은 강조 강세의 리듬으로 발음해 보고, 왜 두 번째 대화에서는 첫 번째 대화와 같은 문장인데도 불구하고, 강조의 초점이 달라지는지 설명해 보시오.

> A: WHAT'S the **MAT**ter?
> B: I CAN'T FIND my **KEYS**. (basic pattern)
> A: GIVE me your **KEYS**, and I'll MOVE your **CAR**.
> B: I CAN'T **FIND** my keys. (keys: old information)

1. A: You seem busier than usual.
   B: I have a new job. (basic pattern)
   A: Are you still looking for a new job?
   B: I have a new job.
2. A: Where are you from?
   B: I am from Brazil. (basic pattern)
   A: I thought you were from Brazil.
   B: I am from Brazil.
3. A: What are you doing tonight?
   B: We have baseball tickets. (basic pattern)
   A: Would you like baseball tickets for tonight?
   B: We have baseball tickets.
4. A: Why weren't you at work last week?
   B: I went to Japan. (basic pattern)
   A: Are you planning to go to Japan?
   B: I went to Japan.
5. A: We have been waiting a long time.
   B: Maybe we should leave. (basic pattern)
   A: John suggested that we leave.
   B: Maybe we should leave.

6. A: Have you tried any new restaurants?
   B: We had a great lunch at Tami's. (basic pattern)
   A: Jane said you had a great dinner at Tami's.
   B: We had a great lunch at Tami's.
7. A: When did Maria graduate?
   B: She graduated last year.
   A: Is Maria graduating this year?
   B: She graduated last year.
8. A: Where is the mail?
   B: It's on your desk. (basic pattern)
   A: Please put the mail on my desk
   B: It's on your desk.

Unit 22
연결된 발화의 음운변화 연구

Pronunciation Guide

연결된 발화에서는 음운변화에 따라 한 덩어리의 발음으로 빠르고 부드러운 리듬의 발음을 하자.

I've gotta go now.
What d'ya wanna do?
Are you gonna go?

1. 의사단락 내의 연결된 발화에서의 음운변화

의사단락내의 연결된 발화(connected speech)에서 문장강세 원칙에 따라 내용어는 강하고 기능어는 약하게 강약의 리듬에 따라 빠르게 발음한다. 이때 약화된 기능어는 1음절이 대부분이기 때문에 인접한 단어와 함께 많은 음운변화현상을 일으켜 철자와는 전혀 다른 소리처럼 들린다. 음절박자에 익숙한 한국 사람에게는 매우 알아듣기 어렵게 된다.

먼저 연음현상은 다음 (1a)처럼 앞 단어 끝의 자음이 다음 단어의 모음으로 연결되는 경우와 (1b)처럼 뒤 단어의 약모음이 앞 단어의 자음으로 연결되는 약모음 이동현상으로 나누어 볼 수 있다.

(1) a. Send us out: [sènd-əs-áut] 〉 [sèn-də-sáut]
    b. not aware: [nát-əwɛər] 〉 [nátə-wɛər]〉 [nářə-wɛər]

(1a)의 Send us out [sènd-əs-áut]에서 앞의 첫 단어와 두 번째 단어가 자음 /d/와 /s/로 끝나고 뒤의 단어가 모음 /ə/와 /au/로 시작되기 때문에, 앞의 자음 /d/와 /s/가 뒤로 연음되어 [sèn-də-sáut]이 된다. 즉 음절 단위로 끊어지는 발음이 아니라 물 흐르듯이 서로 연결되어, [sèn-də-sáut]로 강약의 리듬에 따라 빠르고 부드럽게 한 단어처럼 발음해야 한다. (1b)의 aware는 첫 모음인 약모음 /ə/가 오히려 앞 단어의 끝자음 /t/에 연결되어 발음된다. 이때 강모음과 약모음 사이의 자음 /t/가 단타음 [ř]로 발음나는 현상과 맞물려 [nářə-wɛər]로 발음된다.

단타음화 현상은 다음 Italy처럼 /t/가 모음 사이에 위치하고 앞의 모음에 강세가 올 때 일어난다.

(2) a. Italy: [ítəli] 〉 [iřəli] / Italian: [itǽliən]
    b. Come in and chèck it óut. [ʧɛ̀-ki-řáut]

(2a)의 Italy에서 모음사이에 끼어 있는 치경음 /t/는 앞의 모음 /í/에 강세가 있고, 뒤에 모음 /ə/에는 강세가 없을 때, 가볍고 매끄럽게 발음되는 단타음 [ř]로 변한다. 즉 폐쇄음 /t/는 강세가 없는 약음절로 소리날 때, 짧고 약하고 낮게 발음하다 보면, 혀로 살짝 잇몸을 건드리면서 나는 단타음 [ř]로 자연스럽게 변한다. 그러나 Italian은 강세가 두 번째 음절에 있다. /t/소리는 모음사이에 끼여 있지만 강하게 발음되는 모음 /æ/와 함께 강음절을 형성한다. 따라서 원래의 소리인 기식음 [t^h]로 발음하게 된다. 한편 (2b)의 chèck it óut[ʧɛ̀-ki-řáut]을 보면 'it'의 /t/가 오히려 강세가 없는 모음과 강세가 있는 모음 사이에 끼여 있지만 단타음으로 변한다. 즉 단어와 단어 경계사이에서는 모음과 모음사이에 끼

여 있으면 단타음으로 변하는 것을 알 수 있다.

다음은 생략현상과 함께 연음 및 단타음화가 일어난 경우이다.

(3) a. LET her **GO** : [lét-hər-góu] 〉 [lét-ər-góu]〉 [lé-řər-góu]

b. You should have **DONE** it.: [ʃud-hæv]〉 [ʃud-həv] 〉 [ʃud-əv] 〉 [ʃud-ə] 〉 [ʃu-řə]

(3a)의 경우 내용어 let과 go는 강하게 발음하여 의사전달에 참여하나, 중간에 있는 기능어 대명사 her는 약하게 짧게 발음하여 내용어의 강세음절과 합쳐 리듬을 맞추는 역할을 한다. 이때 인칭대명사 her는 약형 발음으로 약화되기 때문에 일반적으로 발음하기 힘든 목구멍소리 /h/가 생략되어 [ər]로 발음된다. 이어 앞 단어 let의 어말 폐쇄음 /t/가 단타음화되고 연음되어 [le-řər]로 발음된다. 다음 (3b)의 should have에서 should와 have는 둘 다 기능어이므로 약형 [ʃud]와 [həv]로 발음하게 되어 [ʃud-həv]가 된다. 이때 [həv]의 /h/가 탈락하여 [ʃud-əv]가 된다. 또 [ʃud-əv]의 끝 자음 /v/도 그 뒤의 내용어 done을 강하게 발음하다 보면 거의 들리지 않아 생략되면 [ʃud-ə]가 되는데, 약모음사이에 낀 /d/가 단타음이 되고, 뒤로 연음되어 [ʃu-řə]로 빠르고 부드럽게 발음하게 된다.

다음은 동화 현상이다.

(4) a. belts [bɛlts] / balls [bɔlz] stopped [stɔpt] / pinned [pɪnd]

b. have to : [hæf-tə] has to : [hæs-tə]

c. incredible : [iŋ-krɛdəbl] / inglorious: [iŋ-glɔriəs]

d. Did you : [did-ju] Don't you : [dount-ju]

(4a) 명사 belts와 balls의 복수형 접미사 '-s'는 무성음 /p, t, k/로 끝나

는 단어에서는 같은 무성음 /s/로, 그리고 유성음 /b, d, g, l.../로 끝나는 단어에서는 같은 유성음인 /z/로 각각 동화되어 발음하기 용이해진다. 동사 stopped와 pinned의 과거형 접미사 '-ed'의 발음도 역시 무성음 /p, k, f, s/로 끝나는 단어에서는 같은 무성음 /t/로, 그리고 유성음 /b, g, v, z, n. .../로 끝나는 단어에서는 같은 유성음인 /d/로 각각 동화되어 부드럽게 발음된다. 이처럼 뒤에 오는 음이 앞의 음을 닮아서 동화되는 현상을 순행동화라고 한다. 한편 순행동화와 반대로 앞의 음이 뒤의 음을 닮아 변하는 현상을 역행동화라고 한다. (4b)의 have to와 has to의 발음에서 have와 has의 끝 자음은 유성음 /v/와 /z/인데 뒤에 오는 to의 무성음 /t/를 닮아서 무성음 /f/와 /s/로 변하여 [hæf-tə]와 [hæs-tə]로 발음된다. 또 (4c)의 incredible과 inglorious의 부정 접두사 in-의 /n/소리가 뒤에 오는 연구개음 /k, g/앞에서 발음위치가 같은 연구개음 /ŋ/으로 동화되는데, 역행동화의 또 다른 예이다. 특히 이를 조음점 동화라고 한다. 한편 역행동화와 순행동화가 동시에 일어나 하나의 새로운 음을 형성하는 경우를 상호동화라고 한다. (4d)의 Did you와 Don't you에서 앞에 나온 /d/와 /t/가 뒤에 오는 /j/를 닮아 조음장소가 경구개 쪽으로 조금 올라가고, 또 뒤의 /j/는 앞의 치경음 /d/와 /t/를 닮아 조음장소가 치경 쪽으로 조금 내려가 새로운 경구개 치경음 /ʤ/와 /ʧ/로 변한다. 이외에도 kiss you:[kis-ju]가 [ki-ʃu]로, lose you:[lu:z-ju]가 [lu:ʒu]로 변하는 현상도 상호동화의 일종이다. 즉 치경음 /t, d, s, z/가 경구개음 /j/와 만나 서로 영향을 미쳐, 경구개치경음 /ʧ, ʤ, ʃ, ʒ/로 변하는 현상이다. 이들은 두 개의 음이 합쳐 새로운 제 3의 음으로 바뀐다는 의미에서 융합(coalescence)이라고도 한다.

다음 생략 현상이다. 대명사 her와 조동사 have의 목구멍 소리인 성문마찰음 [h]의 생략현상 외에도 다음과 같은 생략현상이 있다.

(5) a. acts : [ækts] 〉 [æks]

b. next night : [nekst-nait] 〉 [neks-nait]

c. seller : [selɚ], Willy [wili]

d. bus stop : [bʌs-stɑp] 〉 [bʌ-stɑp]

(5a)의 acts처럼 자음이 세 개 겹쳐 나올 경우 매우 발음하기 힘들다. 따라서 실제 발음에서는 가운데 끼여 있는 폐쇄음 /t/가 생략되어 빠르고 부드럽게 발음되는 것이 보통이다. 음성학적으로도 /t/나 /d/ 등과 같은 폐쇄음은 폐쇄만 하고 파열시키지 않으므로 묵음 되거나, 빠른 발음에서는 생략되는 것이 자연스러운 현상이다. 이러한 3개의 연속된 자음에서 중간 폐쇄음 생략 현상은 단어 내에서뿐만 아니라, (5b)의 next night처럼 단어와 단어 간의 경계에서도 일어날 수 있다. 또 영어에는 (5c)의 seller처럼 동일한 자음이 중첩하여 나타날 때에도 그 중 하나가 생략되는 경향이 있다. 동일한 자음 생략현상은 단어 내에서뿐만 아니라 (5d)의 bus stop처럼 단어와 단어 간의 경계에서도 일어날 수 있다.

2. 연결된 발화에서 한 덩어리 발음

정상적인 속도의 연결된 발화에서는 다음과 같이 want to, going to, got to를 한 덩어리의 발음(chunk of speech)으로 wanna, gonna, gotta로 표기하여 빠르고 부드럽게 발음한다.

(6) a. I want to hold your hand. (=wanna)

[wɔ́nt-tu] 〉 [wɔ́nt-tə] 〉 [wɔ́n-tə] 〉 [wɔn-nə] 〉 [wɔ́-nə]

b. I'm going to do that. (=gonna)

[góuiŋ-tu] 〉 [góuiŋ-tə] 〉 [gɔ́:n-tə] 〉 [gɔ́:n-nə] 〉 [gɔ́:-nə]

c. I've got to go now. (=gotta)

[aiv-gɑ́t-tə] 〉 [aiv-gɑ́-tə] 〉 [ai(v)gɑ́ř̌ə]

(6a)의 want to에서 to는 기능어이기 때문에 약형의 발음 [tə]로 발음한다. 한편 동일자음 /t/가 단어와 단어사이긴 하지만 연속되므로 이중자음이 되어 앞의 /t/는 생략된다. 즉 [wɔ́n-tə]처럼 한번만 소리 난다고 볼 수 있다. 이때 /n/과 /t/는 같은 치경음이기 때문에 소리 나기 편한 /n/으로 동화되어 [wɔ́n-nə]가 된다. 따라서 격식을 가리지 않는 한 덩어리의 표현에서는 wanna로 표기한다. 그러면 다시 /n/이 중복되어 이중자음이 되기 때문에 최종적으로 [wɔ́-nə]가 되어 빠르고 부드럽게 발음한다. 다음 (6b)의 going to의 경우에도 to가 기능어이기 때문에 약화되어 [tə]가 되고, going의 경우도 빠른 발음에서는 [gɔ́:n]이 된다. 이때 to의 /t/는 /n/으로 동화되고, /n/이 중복되어 이중자음이 되기 때문에 최종적으로 [gɔ́:-nə]가 되어 빠르고 부드럽게 발음한다. 따라서 격식을 가리지 않는 한 덩어리의 표현에서는 gonna로 표기한다. 또 have to의 의미로 구어체에서 have got to를 많이 사용하는 데, (6c)의 I've got to의 경우 got의 어말 자음 /t/가 to의 첫 자음 /t/와 겹치므로 생략하고 [gɑ́-tə]가 되고, 이어 단타음화 되어 [gɑ́-řə]로 빠르고 부드럽게 발음한다. 따라서 격식을 가리지 않는 한 덩어리의 표현에서는 gotta로 표기한다. 한편 I've의 발음에서 어말 자음 /v/는 미끄럼형 리듬의 끝으로 거의 들리지 않는다.

한편 의문사 what과 조동사 do나 are가 결합한 다음의 경우를 보자.

(7) a. What are you doing?

[wɑ́t-ar-ju] 〉 [wɑ́t-ər-jə] 〉 [wɑ́ř-ər-jə] 〉 [wɑ́-řə-rjə]

b. What do you want?

[wɑ́t-du-ju] 〉 [wɑ́t-də-jə] 〉 [wɑ́-də-jə] 〉 [wɑ́-ř ə-jə] 〉 [wɑ́-řjə] (or [wɑ́-řju])

c. What do you want to do?
[wɑ́t-du-ju-wɔ́nt-tu-dú] 〉 [wɑ́-řjə-wɔ́-nə-dú]

먼저 (7a)의 what are you에서 are와 you는 기능어이기 때문에 약형의 발음 [ər-jə]로 발음하고, 모음과 모음사이에 있는 치경음 /t/는 단타음 [ř]가 되어 뒤로 연음되어 [wɑ́-řə-rjə]가 된다. 다음 (7b)의 what do you에서 do와 you는 기능어이기 때문에 약형의 발음 [də-jə]로 발음한다. 한편 /t/와 /d/는 동일 계통의 발음이기 때문에 앞의 /t/가 탈락되어 [wɑ́-də-jə]가 된다. 이때 모음과 모음사이에 있는 치경음 /d/는 단타음 [ř]이 되어 [wɑ́-řə-jə]가 되고, 빠른 발음에서 중간에 끼어 있는 약모음 [ə]가 탈락되어 [wɑ́-řjə]처럼 발음된다. 따라서 빠른 발음에서는 'what do you'와 'what are you'가 거의 구별이 안 될 정도로 비슷한 발음으로 들린다. (7c)에서는 what do you가 [wɑ́-řjə]로 발음되고, want to가 [wɔ́-nə]로 발음되는 것과 합쳐 [wɑ́-řjə-wɔ́-nə-dú]로 강약강역강의 리듬으로 부드럽게 발음하게 된다.

이처럼 연결된 발화에서는 음운변화와 함께 한 덩어리의 발음이 되어 비격식적인 표현(informal speech)에서는 이를 철자에 반영하여 나타낸다.

(8) a. I've gotta go now. [aiv-gɑ́t-tə] 〉 [aiv-gɑ́-tə] 〉 [ai(v)gɑ́řə]
b. What d'ya wanna do? [wɑ́t-də-jə] 〉 [wɑ-də-jə] 〉 [wɑ́-řjə]
[wɔ́nt-tu] 〉 [wɔ́nt-tə] 〉 [wɔ́n-tə] 〉 [wɔn-nə]
c. Are you gonna go? [góuiŋ-tə] 〉 [gɔ́:n-tə] 〉 [gɔ́:n-nə] 〉 [gɔ́:-nə]

(8a)의 gotta는 got to를 나타낸 것으로 구체적 음운변화 현상은 앞

에서 설명한 것과 같다. (8b)의 d'ya는 do you를 나타낸 것으로 조동사 do와 대명사 you가 약형으로 한 덩어리로 [də-jə]로 발음되어 중간에 있는 약모음 /ə/까지 생략되어 [djə]로 발음되는 것을 철자 d'ya로 나타낸 것이다. (8b)의 wanna와 (8c)의 gonna는 want to와 going to를 나타낸 것으로 앞에서 설명한 것과 같다. 이외에도 다음과 같은 것이 있다.

(9) a. Did you see 'em? [sí:-ðem] 〉 [sí:-ðəm] 〉 [sí:-əm] 〉 [sí:yəm]
b. I hafta work late. [hǽv-tə] 〉 [hǽf-tə]
c. She hasta go now. [hǽz-tə] 〉 [hǽs-tə]
d. Can I gettya anything? [gét-ju] 〉 [gé-ʧə]

(9a)의 see 'em은 see them을 나타낸 경우로, 대명사 them이 약형으로 발음되어 [ðəm]이 되고 빠른 발음에서는 /ð/까지 생략되어 [əm]로 발음되어 'em으로 표기된 경우이다. (9b)의 hafta는 have to를 나타낸 경우이고, (9c)의 hasta는 has to를 나타낸 경우로 have와 has의 유성음 /v, z/가 뒤에 오는 to의 무성음 /t/ 때문에 같은 무성음 /f, s/로 동화된 것을 철자로 hafta, hasta로 표기 한 것이다. 또 (9d)의 gettya는 get you를 나타낸 경우로, 대명사 you가 약형 [jə]로 발음되고 get의 /t/와 you의 /j/가 만나 상호동화를 일으켜 /ʧ/로 융합된 것을 철자 gettya로 표기한 것이다.

Pronunciation Drill 22

A 의사단락 내의 연결된 발화에서의 음운변화

01 다음 구나 문장에서 밑줄 친 부분을 연결하여 연음으로 발음해 보시오.

1. Clean up.
2. a big animal
3. the right answer
4. It's expensive.
5. Come in
6. It's interesting
7. the Pacific Ocean
8. That's OK.
9. his office
10. six o'clock
11. an old address
12. brown eyes
13. this evening
14. Leave early
15. Jack ate it.

02 다음 구에서 밑줄 친 부분을 연결하여 연음으로 발음해 보시오.

1. turn around
2. turns around
3. look alike
4. looks away
5. jumps up
6. jumped up
7. calls after
8. called after
9. pulled out

03 다음 구를 단타음과 연음 및 동화 현상에 따라 발음해 보시오.

1. a lot of : There's a lot of smog today.
2. thought of : I already thought of that.
3. out of : Let's get out of the road.
4. Stay to : Stay to the right of this lane.
5. go to : Should we go to the market?
6. most of : Most of the time.
7. have to : I have to finish by noon.

8. want to : I want to change jobs.
9. way to : That's the way to go.
10. end of : I didn't care for the end of the movies.

04 다음 밑줄 친 부분의 연속된 자음 발음을 해 보고, 그 동화현상을 설명해 보시오.

1. green car, in Canada, ran quickly
2. Don't forget your passport.
3. You won't need your jacket.
4. You'll miss your train.
5. Don't lose your camera.

05 다음 문장의 밑줄 친 부분에 유의해서 발음해 보고, 폐쇄음 /t, d/의 음운변화 현상을 설명해 보시오.

1. Will you deduct some of the charges?
   ↔ Will you deduct a dollar from the bill?
2. We'll adopt some of the customs.
   ↔ We'll adopt all the customs.
3. Jim returned late last night.
   ↔ Jane was the last of the group to return.
4. Hand me the salt, please.
   ↔ Hand over your wallet!

06 다음 문장의 밑줄 친 부분에 유의해서 발음해 보고, 연속된 자음에서 중간 폐쇄음이 어떻게 발음되는지 설명해 보시오.

1. It costs too much.
2. He lifts weights.

3. He asked her to marry him.
4. I don't know yet.
5. I don't think she trusts him.
6. How much is this gold bracelet?
7. Six months.
8. Let's stop for some fast food.
9. Thanks, anyway. I'm just looking.
10. Can you come next Saturday?

07 다음 구의 밑줄 친 부분에서 두 개의 연속된 자음을 두 번이 아니라 조금 길게 발음해 보시오.

1. this student	2. a black car	3. a quite train
4. Stop playing.	5. those zebras	6. a good dancer
7. night time	8. one number	9. Talk quietly.
10. five vans	11. Call Linda	12. a bad day
13. Come Monday.	14. this city	15. a car radio

08 다음 문장에서 밑줄 친 부분을 연음, 생략, 첨가현상에 따라 발음해 보시오.

1. Stop it.	2. Good dog!	3. Hurry up.
4. It's snowing.	5. It's cold.	6. Walk faster.
7. Speak English.	8. It's seven-thirty	
9. Go away.	10. Play outside.	

09 다음 대화에서 밑줄 친 부분을 단타음과 연음, 동화현상에 따라 발음해 보시오.

1. A. I'm ready to take a break.

B. Good. I'm ready for a Big Mac and a Coke.
A. I'd rather take a walk than eat.
B. O.K. Let's walk over to McDonald's.
Then we can walk and eat.

2. A: Are you ready to order?
B: In a minute. I have to decide what I want to eat.
A: Do you think we ought to get it for here or to go?
B: We've got to be back in thirty minutes.
Maybe we'd better get it to go.

B 연결된 발화에서 한 덩어리 발음

01 다음 대화를 연결된 발화에서의 한 덩어리 발음으로 발음해 보고, 밑줄 친 부분의 비격식적인 표현에 어떤 음운변화가 일어났는지 설명해 보시오.

1. A: I've gotta go now. B: Ok. See you later.
2. A: What d'ya wanna do? B: I don't know.
3. A: Did you see 'em ? B: No. When were they here?
4. A: Can I gettya anything? B: No, thanks.
5. A: Sorry about that. B: That's all right.
6. A: Are you gonna go? B: I can't. I hafta work late.

gotta=got to	d'ya=do you	wanna=want to
gonna=going to	hafta=have to	hasta=has to
see 'em=see them	gettya=get you	

02 다음 문장에서 기능어의 약화된 발음에 유의하여 내용어는 강하게 기능어는 약하게 한 덩어리로 리듬 있는 발음을 해보시오.

1. What do you **want** ? (Whad'yawant?)
2. **What** do you want ? (Whad'yawant?)
3. Give it a **try**. (Gividatry.)
4. Take a **chance**. (takachance.)
5. Give me a **break**. (gimme abreak)
6. Are you **sure**? (areyasure?)

03 다음 대화의 챈트를 기능어의 약화된 발음에 유의하여 내용어는 강하게 기능어는 약하게 음운변화 현상에 따라 한 덩어리로 리듬 있는 발음을 해보시오.

1. A: What do you **want**? (Whad'ya**want**?)
   What do you **want**?
   B: I want a piece of **can**dy. (wannapiece a**can**dy)
   I want a can of **Coke**. (wannacanna**coke**)
   I want a cup of **coffee**. (wannacuppa**co**ffee)
   I want to hear a **joke**. (wannahear a**joke**)
   A: **What** do you want? (**Wha**d'yawant?)
   B: I want a **lot** of things! (wanna**lod**dathings)
   I want it **all**. (wannid**all**)
2. B: What do you **think**? (Whad'ya**think**?)
   What do you **think**?
   A: I think it's really **won**derful.
   I think I caught a **cold**.
   I think it's going to **rain**. (gonna**rain**)
   I think he's getting **old**. (think'eze getting**old**)

B: **What** do you think? (**Wha**d'yathink?)
A: I think a **lot** of things! (thinka**lod**dathings)
I think about it **all**. (thinkaboudid**all**)

3\. A: What do you **know**? (Whad'ya**know**?)
What do you **know**?
B: I know the world is **crazy**. (worldiz**crazy**)
I know the day and **date**. (day'n**date**)
I know I'm in Cali**for**nia.
I know it's getting **late**.
A: **What** do you know? (**Wha**d'yaknow?)
B: I know a **lot** of things! (knowa**lod**dathings)
But I want to know it **all**. (wannaknowid**all**)

C 팝송과 발음

■ 다음 팝송을 듣고 조동사 have나 do와 같은 기능어의 약화된 발음에 유의하여 따라 발음해보자

Sorry Seems to be the Hardest Word -Elton John / Blue-

What (have) (I) got (to) do (to) make (you) love me ?
What (have) (I) got (to) do (to) make (you) care ?
What (do) (I) do when lightning strikes me ?
(And I) wake (to) find that (you're) not there.

What (have) (I) got (to) make (you) want me ?
What (have) (I) got (to) do (to be) heard ?

What (do) (I) say (when it's) all over ?
Sorry seems (to be the) hardest word.

*(It's) sad, (it's so) sad, (it's a) sad, sad situation.
(And it's) getting more (and) more absurd.
(It's) sad, (it's so) sad. Why (can't) we talk (it) over ?
Always seems (to) me,
Sorry seems (to be the) hardest word.*

* Repeat
What (do) (I) do (to) make (you) love me ?
What (have) (I) got (to) do (to be) heard ?
What (do) (I) do (when) lightning strikes me ?
What (have) (I) got (to) do ?
What (have) (I) got (to) do ?
Sorry seems (to be the) hardest word.

☞ Key Point 1: 조동사 have, do의 약형 발음과 단타음

1) 조동사 have의 약형 발음 : [həv] / [əv] / [ə]
What (have) I (**got**) to **do** : [wát-həv-ai-gát-tə-dú] 〉
[wát-əv-ai-gá-tə-dú] 〉 [wá-řə-vai-gá-řə-dú]

2) 조동사 do의 약형 발음 : [də] / [ə]
What (do) I (**do**) : [wát-də-ai-dú] 〉 [wá-də-ai-dú] 〉 [wá-řə-ai-dú]

3) **talk** (it) **over** : [tɔ́:k-it-óuvər] 〉 [tɔ́:-kit-óuvər]
대명사 it는 약화되어 빠르고 약하게 발음한다. 강세를 받는
내용어 talk, over와 함께 리듬에 맞춰 [tɔ́:-kit-óuvər]로 발음

☞ Key Point 2: 이중자음 생략과 단타음

1) (It's) **sad** : [its-sǽd] 〉 [it-sǽd]
(it's) **so** **sad** : [its-sóu-sǽd] 〉 [it-sóu-sǽd]
(it's a) **sad** : [its-ə-sǽd] 〉 [it-sə-sǽd]
it's sad와 it's so에서 연속된 [s]발음은 한번만 발음, it's a에서 [s] 발음은 뒤로 연음, it's so sad와 it's a sad가 비슷하게 발음된다.

2) (it's) **gett**ing : [its-gétiŋ] 〉 [its-gétiŋ]
getting의 [t]는 단타음화 되어 [gétiŋ]처럼 발음한다.

☞ Key Point 3 : 기타 기능어의 약화된 발음

1) 대명사 you [jə] : make (you) love me
2) 접속사 and, that, 전치사 to, 축약형 you're :
(And I) wake (to) find (that) (you're) not there.
3) 접속사 when과 축약형 it's : (when it's) all over
4) 접속사 and과 축약형 it's :
(And it's) getting more (and) more absurd.

Chapter 6

억양과 정서
(Intonation & Emotion)

억양에 따라
감정을 넣어
선율 있는 발음을 하자

1. 억양 및 성조 표기법

정상적으로 우리가 말할 때 목소리의 높이는 끊임없이 변한다. 소리의 높이는 고(high), 저(low)로 기술되는데 이는 상대적이고 인위적인 개념이다. 음성학에서 음높이(pitch)의 다양한 변화를 성조(tone)라 하고, 음높이와 성조가 함께 말소리에 연결되어 작용하는 것을 억양(intonation)이라고 한다. 문장에서 특정 음높이의 변화형이 미치는 부분을 성조군(tone group), 성조단락(tone unit) 또는 억양단락(intonation unit)이라고 한다. 이와 같은 억양단락은 앞에서 살펴본 의사단락 또는 리듬단락과 거의 비슷한 개념이기는 하지만, 리듬단락이 주로 강세에 의한 리듬 단위라면, 억양단락은 음의 높이 변화 즉 성조에 의한 단위로 이해하면 된다.

억양에 대한 미국식 표기법에서는 미국 구조주의 언어학자들이 강세를 제1강세(primary), 제2강세(secondary), 제3강세(tertiary), 약강세(weak)의 4단계로 나눈 것처럼 음의 높낮이(pitch) 역시 1(저성조), 2(중간성조), 3(고성조), 4(초고성조)의 네 단계(levels)의 음소들로 구성된 것으로 가정하였다. 따라서 상승조의 억양표기법을 233(또는 244식)으로, 하강조의 억양표기법을 231(또는 241)식으로 각기 기술하고 있다. 이러한 미국식 억양분석은 전형적인 억양체계로서 현재 대부분의 초·중등학교 영어 교과서에서 채택되고 있다. 다음은 이와 같은 미국식 억양형 표시법에 의해 표기한 경우이다.

(1) a. Shè is a stúdent.↘

b. Ìs she a stúdent.↗

c. Shè is a stúdent→from the Philippines.↘

(1a)는 서술문으로서 화자가 ‘그녀가 학생이다.’라는 생각을 청자에게 단호하게 전달하며 문장을 끝내는 하강조 /↘/의 /2 3 1/ 억양형으로 발음하는 경우이다. (1b)는 주어, 동사가 도치된 순수한 예-아니오(yes-no) 의문문으로 화자가 그녀가 학생인지를 몰라, 청자에게 묻는 상승조 /↗/의 /2 3 3/ 억양형으로 발음하는 경우이다. (1c)는 두 개의 억양단위로 구성된 문장으로 첫 번째 억양단락이 완전히 끝나지 않고 지속된다는 지속조 /→/의 /2 3 2/ 억양형으로 발음하는 경우이다. 즉 말이 다 끝나지 않고 계속된다는 의미를 지니고 있다.

한편 Sweet(1892)와 Jones(1909)로부터 시작하여, Palmer(1922), Kingdon(1958), Crystal(1969), O’Conner & Arnold (1973) 등으로 대표되는 영국학파에서는 주로 외국인에게 효과적으로 억양을 가르치기 위한 목적으로 억양을 기술하였다. 네 단계의 음소에 의한 피치 곡선을 주장한 미국 학파와는 달리 영국 학파에서는 곡선의 그림으로 표시한다. 예를 들어 ‘John’이라는 발화를 다음처럼 서로 다른 그림으로 기술한다.

(2) a. falling b. high-rising c. falling-rishing

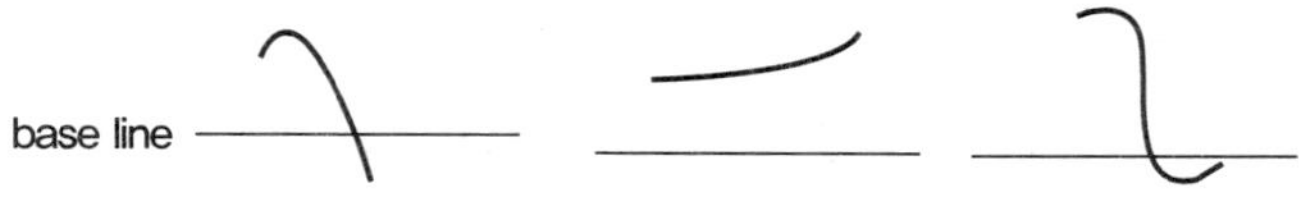

(2a)는 “Who is in the house?’라고 물었을 경우 ‘3 JOHN 1 ↘’이라는 하강조의 억양으로 ‘누구’라는 질문에 대한 정보를 제공하려는 목적으로 사용된 억양의 한 형태이다. 또 (2b)는 예를 들어 화자가 ‘John is in the house’라고 말한 것에 대하여 그 내용을 재차 확인하는 의미일 때 ‘3 JOHN 4 ↗’이라는 상승조의 억양으로 발음할 수 있다. (2c)는 화자가 ‘Nobody is in the house’라고 말하였을 경우 청자가 ‘You forget John’의 의미를 전달하기 위해 ‘3 JOHN 1 3⌣↗’이라는 억양을 표현한 것이다.

미국 학파가 여러 가지 다른 억양 곡선이 전달하는 다양한 의미를 포착하지 못한 것을 이와 같이 영국 학파에서는 위와 같은 곡선의 그림에 의해 표현하였다.

또한 영국 학파는 성조에는 반드시 하나의 돋들림 피치(prominence pitch)가 존재한다고 하여, 억양을 선행머리(prehead) + 머리(head) + 핵(nucleus) + 꼬리(tail)로 구성된 것으로 본다. 그 중 핵은 억양 곡선을 구성하는 필수적인 요소이며 가장 두드러지는 강세 음절에 위치하는데, 영어에서는 보통 맨 마지막 성조음절(tonic syllable)에 속한다. 다음은 이러한 영국식 분석에 따라 'I read it to Julia'의 피치 곡선을 구분하여 그림(configurations)으로 나타낸 예이다.

(3)

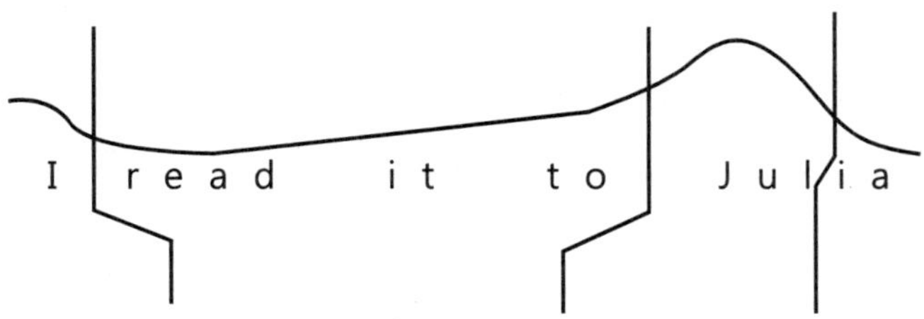

(3)의 그림에서 보는 것처럼 강세 받은 음절 'Jul-'이 피치에서 가장 두드러진 곳이며, 따라서 피치변화의 성조음절로서 '핵'을 구성하게 된다.

2. 억양의 기능

2.1. 억양의 태도적 기능과 의미

모든 언어에는 음악과 비슷한 멜로디가 내재한다. 그러나 음악은 고정된 멜로디대로 연주하지만, 말은 이와 달라서 언제나 일정한 음조로 진행되는 것이 아니다. 화자의 의도에 따라 특정부분을 더 높은 음으로 혹은 낮은 음으로 발음하면서 높낮이의 리듬을 조절한다. 이와 같은 음의 높낮이의 리듬을 성조라 하는데, 특히 문장 단위의 성조를 억양이라고 한다. 이와 같은 억양의 기능에는 여러 가지가 있을 수 있으나, 대충 화제나 정보에 대한 화자나 청자의 태도적 기능(attitudinal function), 서술문, 명령문, 의문문과 긍정과 부정문이나 억양구 등에 대한 문법적 기능(grammatical function), 성조음절 등으로 나타내는 화자의 강조적 기능(accentual function)으로 나누어 볼 수 있다.[10)]

먼저 화제나 정보에 대한 태도적 기능에 대해 살펴보자. 영어에서 서술문, 명령문, wh-의문문은 모두 하강조의 억양을 가진다. 그렇다면 이런 문장에서의 하강조의 기능 및 의미는 무엇일까. 일반적으로 서술문은 화자가 확신(certainty)을 갖고, 새로운 정보(new information)을 전달하면서 끝맺음(completeness)을 하기 때문에 하강조의 억양으로 발음한다. 이때 wh-의문문도 확신을 갖고 새로운 정보를 요구하는 것으로 끝맺음을 하기 때문에 하강조의 억양으로 발음한다. 반면에 yes-no 의문문은 상승조의 억양을 가진다. 상승조 억양은 화자가 이미 알고 있는 구정보(old information)에 대해 확인하는 불확신(incertainty)의 의

10) 이외에도 흥분, 지루함, 놀람, 친근함, 빈정됨, 겸손, 성급함, 충격, 분노 등 여러 가지 감정의 나태내는 정서적 기능, 개인적 또는 사회적 신분을 식별시켜주는 식별기능 등이 더 있다.

미가 있으며, 대화를 완전히 끝맺지를 못하고(incompleteness) 대답을 요구하는 의미가 있기 때문에, 상승조의 억양으로 발음한다. 일반적으로 '상승조', '하강조'. 그리고 '지속조'의 억양을 각각 /↗/, /↘/, /→/로 표기하기도 한다.

먼저 하강조의 억양에 대해 좀 더 살펴보자.[11)]

(4) A: Whát's your fávorite cólor↘?
B: Réd↘. Whát's yóurs↘?
A: Mý favorite's blúe↘.

(4)의 대화에서 서술문뿐만 아니라 wh-의문문도 하강조의 억양으로 발음하고 있다. 즉 wh-의문문도 확신을 갖고, 새로운 정보를 요구하는 것으로 끝맺음을 하기 때문에 하강조의 억양으로 발음하는 경우이다. (4B)의 대답과 (4A)의 대답의 서술문은 이런 질문에 대해 화자가 확신을 갖고, 새로운 정보를 청자에게 전달하면서 끝맺음을 하기 때문에 하강조의 억양으로 발음하는 경우이다.

다음 상승조의 억양에 대해 살펴보자.

(5) A: Should I clóse the wíndow↗?
B: Are you cold? ↗

상승조의 억양은 (5)의 예문처럼 주로 yes-no 의문문에서 쓰인다. 즉 상승조 억양은 화자나 청자가 이미 알고 있는 구 정보에 대해 확인하는 불확신의 의미로, 화자의 말로 대화가 완전히 끝맺지 못하고 청자

11) 고딕체로 된 부분은 강세를 받는 음절이고, 밑줄치고 고딕체로 된 부분은 성조변화가 있는 성조음절을 나타낸다.

로 계속 이어 진다는 의미가 있다.

다음 문장에서 억양에 따라 의미가 어떻게 달라지는지 알아보자.

(6) A: I'm húngry. ↘
B: There's some cáke↘ left.
A: In the kítchen?↗
B: On the táble.↘

(6)의 대화에서 화자는 확신을 갖고, hungry하다는 새로운 정보, 먹을 것으로 cake이 남아있다는 새로운 정보, 또 table에 케익이 있다는 새로운 정보를 청자에게 전달하면서 끝맺음을 하기 때문에 하강조의 억양으로 발음한다. 그러나 두 번째 (6A) In the kítchen?↗는 같은 전치사구인 마지막 (6B) On the táble.↘과 달리 상승조의 억양을 하고 있다. 이는 화자가 케익이 남아있다는 구정보에 대해 그 장소가 부엌인지를 확인하는 불확신으로, 자신의 말로 대화가 완전히 끝맺지 못하고 청자에게 계속 이어질 것을 기대하고 있기 때문에 상승조의 억양으로 하고 있는 경우이다.

다음은 같은 문장을 다른 억양으로 발음하는 경우이다.

(7) a. She is a stúdent. ↘
b. She is a stúdent? ↗
c. Is she a stúdent? ↗

(7a)는 앞 (1a)에서 살펴본 정상적인 하강조의 서술문이다. 반면 (7b)는 어순은 서술문이지만 억양형을 상승조로 발음함으로써 의문문이 된 경우이다. 그러나 이 의문문은 (7c)의 의문문과 그 의미가 다르다. (7c)의 의문문은 화자가 어떤 사실 즉 '그녀가 학생이다'라는 정보

에 대해 전혀 알지 못하고 있기 때문에, 청자에게 묻는 불확실과 대화가 완전히 끝맺지 못하고 계속 이어 진다는 의미가 있다. 따라서 일반적인 상승조의 억양으로 발음한 경우이다. 그러나 (7b)는 서술문 형태로 그녀가 학생이라는 정보가 있는데, 상승조의 억양을 취함으로써 그 구정보에 대해 확인하는 의미가 있어 '믿기가 어렵다'는 함축적인 의미를 내포하게 된다. 즉 "그 여자가 학생이라니, 그럴 리가? 그게 정말인가?"라는 의미이다.

(8) A: I'm going to China in the fall.↘
B: When are you going?↘ (asks for new information)
A: In October.↘

(9) A: I'm going China in the fall. ↘
B: When↗ are you going? (asks for repetition)
A: In the fall. ↘

(8)의 대화는 보통의 서술문과 Wh-의문문으로 정상적인 하강조의 억양이다. 즉 (8B)의 Wh-의문문은 가을 중에서도 언제인지 청자에게 새로운 정보를 요구하는 의문문으로 정상적인 하강조의 억양으로 발음하는 경우이다. 반면 (9B)의 Wh-의문문은 화자가 이미 들은 구정보인 가을에 대해 청자에게 다시 확인하는 경우이기 때문에 같은 Wh-의문문이지만 상승조의 억양으로 발음한다. 이처럼 같은 의문문이래도 어떤 억양으로 발음하느냐에 따라 의미가 달라진다.

한편 상승조는 화자의 말이 완전히 끝나지 않았다는 비완결성(incompleteness)의 정보를 주므로, 다음과 같이 중문이나 복문에서 문장의 전반부에 사용되기도 한다. 이때 단순 상승조가 아니라 다음과 같이 지속형으로 하강-상승조를 더 많이 사용한다.

(10) a. Turn left here↗ and then go straight.

b. After we eat, ↘↗ we could go and see Alison.

c. If I have to work late, ↘↗ I'll call you.

(10a)는 대등접속사 and로 연결된 중문으로, 전반부 명령문의 문장을 하강조의 억양으로 끝내지 않고 상승조의 억양으로 끝내고 있다. 그 이유는 명령문의 문장이 이것으로 끝나지 않고 계속 이어진다는 것을 암시하기 때문이다. (10b, c)는 종속접속사 after, if 등으로 연결된 복문으로 전반부의 문장을 하강-상승조의 억양으로 발음하고 있다. 그 이유는 하강-상승조는 문장이 완전히 끝나지 않고 계속 이어진다는 화자의 태도를 전달하는 의미가 있기 때문이다.

(11) A: Do you play the piano?↗

B: I used↘ to play. / I used ↘↗ to play.

(11A)의 질문에 대하여 (11B)의 대답은 일반적으로 하강조의 억양으로 발음한다. 즉 하강조는 문장을 마감한다(final, or closed)는 의미가 있으므로 과거에는 피아노를 치곤했지만 지금은 안친다는 확신을 전달한다. 그러나 하강-상승조의 억양으로 발음했다면, 아직 말 할 것이 남아 있다(leaves the situation open)는 의미가 있으므로, 과거에는 치곤했지만 지금은 안친다고 할 수도 없고, 친다고도 할 수 없는 애매한 입장이라는 뉘앙스의 의미를 내포하게 된다.

이와 같이 억양 또는 성조는 화자의 태도나 감정을 나타내므로, 같은 말이라도 성조에 따라 화자가 나타내는 의미가 달라질 수 있다. Ladefoged(2001)는 yes를 예를 들어 각각 다른 성조로 말하게 되면 의미가 다음과 같이 달라진다고 설명한다.

(12) a. Yes falling = "The answer is yes."

b. Yes high-rising = "Did you say 'yes'?"

c. Yes low-rising = "Please go on, I'm listening."

d. Yes falling-rising = "I'm doubtful."

e. Yes rising-falling = "I'm certain."

(12a)처럼 일반적인 하강조로 말하게 되면 보통 새로운 정보에 대해 확신있게 끝맺음을 하는 것으로 '네'라고 대답을 하는 경우이다. (12b)처럼 높은 상승조로 말하게 되면 이미 알고 있는 사실에 대해 의심하여 끝맺지 못하고 되묻는 의미로 "네라고 했습니까?"라고 묻는 경우가 된다. (12c)처럼 낮은 상승조로 말하게 되면 "말을 계속하십시오. 듣고 있으니"라는 의미이다. (12d)처럼 하강-상승조로 말하게 되면 확신이 없고 "의심스럽다"라는 의미이다. (12e)처럼 상승-하강조로 말하게 되면 강한 확신으로 "정말 그랬습니다."라는 의미이다.

2.2. 억양의 문법적 기능

하강조의 억양은 서술문, 명령문, Wh-의문문을 나타내고, 상승조의 억양은 Yes-No의 의문문을 나타내며, 하강-상조조의 억양은 중문이나 복문에서 전반부 문장의 억양으로 아직 문장이 다 끝나지 않고 계속 말이 이어진다는 의미를 나타낸다고 하였다. 이와 같은 화자의 태도적 의미에는 또한 서술문, 명령문 의문문, 복문 등의 문장의 문법적분

석도 포함되어 있다. 특히 상승조나 하강-상승조는 억양단락 또는 성조단락과 같은 기능도 담당하기 때문에 다음과 같은 문법적인 기능도 있다.

(13) a. Àre you rêading Macáulay↗

b. Àre you réading↗/ Macáulay↗

(13a)는 하나의 억양단락으로 이루어졌고 (13b)는 두 개의 억양단락으로 되어 있다. 따라서 두 문장이 표면적으로는 동일한 낱말들로 이루어져 있지만 억양의 차이로 인하여 문법적인 분석이 달라진다. (13a)의 'Macaulay'는 Macaulay라는 작가의 작품으로 동사 reading의 목적어로 분석된다. 즉 '너는 Macaulay의 작품을 읽고 있니?'라는 뜻이다. 반면에 (13b)의 'Macaulay'는 Macaulay라는 이름을 가진 사람을 부르는 호격(vocative)으로 'Macaulay야, 너는 책을 읽고 있니?'라는 뜻이 된다.

다음도 하강-상승조의 억양을 어디에서 하느냐에 따라 문장의 문법 구조가 달라져 전혀 의미가 달라지는 경우이다.

(14) a. Those shareholders who bought quíckly/reaped bénefits.

b. Those shareholders who bóught/quickly reaped bénefits.

(14a)와 같이 quíckly의 강세음절인 성조음절에서 하강-상승조의 억양으로 발음하면, quickly까지가 하나의 억양단락이 된다. 즉 관계대명사로 수식되는 종속절에 대한 문법적 분석에서 부사 quickly는 관계절 내의 동사 bought를 수식하게 되어 '주식을 빨리 산 주주들이 이익을

얻는다.'는 의미가 된다. 반면 (14b)처럼 bóught의 강세음절인 성조음절에서 하강-상승조의 억양으로 발음하면, bought까지가 하나의 억양단락이 된다. 부사 quickly는 관계절 내의 동사 bought이 아니라 주절 내의 동사 reaped를 수식하게 되어 '주식을 산 주주들이 이익을 빨리 얻는다.'는 의미가 된다.

이와 같은 긴 문장을 다음과 같이 둘, 셋, 또는 그 이상으로 여러 억양단락으로 나누어 발음할 수 있다.

(15) a. She is the stúdent ↗ whom I talked to you abóut ↗ yésterday.↘

b. Shé ↗ /is the stúdent ↗ /whom I talked to you abóut ↗ / yésterday.↘

극단적으로 가면 각 낱말을 모두 별개의 억양단위로 발음할 수도 있다. 이러한 문장을 90세가 넘은 기력이 아주 약한 할아버지가 발음하는 것을 상상하면 쉽게 이해할 수 있다. 즉 각 낱말을 억양단락으로 천천히 발음하는 경우이다.

2.3. 억양의 강조적 기능

한편 안승신(1998)에 따르면 한 문장을 항상 하나의 억양단락으로 발음하지는 않는다. 짧은 문장은 일반적으로 하나의 억양단위로 발음하는 경우가 많지만, 그것도 강조의 차이와 의미에 따라서는 두 개 이상의 억양단위로 발음될 수 있다. 예를 들어, She is a student라는 문장을 (15b)와 같이 She 다음에 하강-상승조로 발음하여 She가 하나의 억양단락이 되고, 나머지 is a student가 또 하나의 억양단위를 이룰 수 있다. 이렇게 두 개의 억양단락으로 발음된 She is a student라는 문장은 강조적 의미가 들어가 있다. 즉, 다음과 같은 대화에서 A가 다시 자기의 주장을 강조하여 상대방에게 확신시켜야 할 때 이러한 억양을 쓴다.

(16) A: She is a stúdent.
B: I don't think so.

A: Shé ís a student.

이와 같은 억양의 강조적 기능은 다음과 같은 문장에서 화자가 높낮이의 변화(pitch change)인 성조음절을 어디에 두느냐에서 엿 볼 수 있다.

(17) a. He was wearing a blue súit.

b. He was wearing a blúe suit.
(He wasn't wearing a grey suit.)

(17a)는 정상적으로 맨 마지막에 나온 내용어인 suit에 성조음절을 두어 피치변화인 하강조로 발음한 경우로 옷을 강조한 경우이다. (17b)는 blue에 성조음절을 두어 피치변화인 하강조로 발음한 경우로, 회색 옷 등 다른 색의 옷이 아니라 푸른색의 옷이라는 것을 강조한 경우이다.

3. 억양과 강세의 관계

Fry(1955, 1958)는 강세를 일반적으로 음장(length), 강세(stress), 고저(pitch), 음질(quality) 등이 섞여 있는 것으로 간주하였다. 따라서 일반적으로 강세음절은 강할 뿐만 아니라 길고, 높은 음에 긴장모음 등의 완전 모음(full vowel)으로 발음하고, 비강세 음절은 약할 뿐만 아니라 짧고, 낮은 음에 이완모음 등의 약화된 모음(reduced vowel)으로 발음한다. 그러나 Bolinger(1958:17)는 강세를 문장에서 돋들림(prominence)을 부여할 수 있는 일부 자질로 간주하였으며, 돋들림 자체는 악센트(accent)이고 그 주된 단서는 음의 높낮이인 피치, 즉 성조라고 하였다. 따라서 음장이나 강세는 악센트를 인식하는 부수적인 단서로서만 작용할 뿐임을 다음과 같이 permit란 단어의 실험을 통해 제시하였다.

(18)

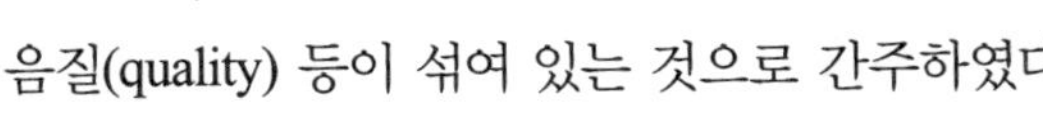

a. p e r m i t (noun) b. p e r m i t (verb)

(19)

a. p e r m i t (noun) b. p e r m i t (verb)

(18a)의 예는 pérmit가 명사로 쓰인 경우로 첫음절에 강세가 온다. 따라서 첫음절을 높은 음으로 길고 강하게 발음하고, 낮은 음에 짧고 약하게 발음하는 비강세 음절인 두 번째 음절로 떨어지는 하강조의 성조(tone)을 갖는다. (18b)는 permít가 동사로 쓰인 경우로 두 번째 음절에 강세가 온다. 그러나 하강조로 발음할 시 비강세 음절인 첫음절이 짧고 약하게 발음은 되지만, 상대적으로 그렇게 낮은 음이라고 할 수는 없다. 즉 음의 높낮이인 성조는 반드시 강세와 일치하지는 않는다

는 증거이다. 특히 (19)와 같이 상승조로 발음할 시에 강세의 변화에 의한 명사 pérmit와 동사 permít의 높낮이인 피치에 의한 구별은 무용지물이 된다. 또 다음에서처럼 문장 속에 포함될 경우 강세 받는 음절을 피치의 정점에 의해 판단하기는 더더욱 어렵게 된다.

(20) a. I TOLD you the permit had expired!

b. I TOLD you they'd permit him to retire!

(20a)는 명사 pérmit가 문장 속에 쓰인 경우이고, (20b)는 동사 permít가 문장 속에 쓰인 경우인데 성조곡선에 의한 억양표시로는 전혀 구별이 되지 않는다.

한편 Ladefoged(2001: 93-97)는 이 같은 문제점을 해결하기 위해 강세표시와 함께 별도로 성조 변화에 의한 억양표시를 하고 있다.

(21) a. The gírl gave the móney to her fáther.

b. She sát by the wíndow, || réading a létter.

(21a)는 서술문에 대한 하강조의 억양으로, 전체적으로는 높은 음에서 낮은 음으로 떨어지는 하강조이지만, 마지막 내용어인 fáther가 화자가 청자에게 강조를 하여 전달하려는 새정보(new ingormation)로 피치변화를 주는 성조음절이다. 즉 이 성조음절에서 높은 음에서 낮은 음으로 떨어지는 (상승-)하강조의 억양이 시작된다. 이때 억양의 성조(또는 피치)곡선이 반드시 강세와 일치하지 않으므로, 내용어인 강세

음절은 gírl, móney, fáther 등에 강세표시를 하고 있다. (21b)는 두 개의 억양(또는 성조)단락을 둔 경우로 전체적으로는 서술문이므로 높은 음에서 낮은 음으로 떨어지는 하강조이다. 그러나 두 개 억양단락이므로 각 단락마다 화자가 강조하는 피치변화의 성조음절이 있다. 즉 첫 번째 억양단락에서는 성조음절인 wíndow에서 (상승-)하강조의 억양으로 발음한다. 약간의 휴지(pause)와 함께 이어 두 번째 억양단락에서도 전체적으로는 하강조로 가다가 성조음절인 létter에서 (상승-)하강조로 끝맺음을 한다. 이때도 전체적인 하강조의 억양의 성조곡선과 함께 내용어인 강세음절은 sát, wíndow, réading, létter 등에 강세표시를 하고 있다. 한편 이와 같이 억양단락을 몇 개로 나누느냐 하는 문제는 무엇을 중요하게 생각하며 어디에 강조를 두느냐 등으로 화자의 의도에 따라 달라질 수 있다. 다음은 성조 음절을 어디에 두느냐에 따라 강조적 의미가 달라지는 경우이다.

(22) a. Wáter is a líquid.

b. Wáter is a líquid.

억양에는 강조적 기능이 있었다. (22a)에서 water는 대화의 주제(topic)로 화자와 청자가 이미 알고 있는 공유적인 또는 구정보(shared or old information)이고, liquid가 화자에게 전달하고자 하는 신정보(new information)이다. 그러나 (22b)에서는 water가 오히려 화자에게 전달하고자 하는 신정보로 '다른 것이 아니라 물이 액체다'라는 강조적 의미가 들어가 있다.

다음은 하강-상승조의 억양이다.

(23) a. The mán who tóok the cóffee || was my fáther.

b. I wánt some ápples, || óranges, || and péaches.

c. Do you wánt some cóffee || or nót?

(23a)는 종속절인 관계대명사절로 수식되는 복문이다. 전체적으로 두 개의 억양단락으로 나누어 발음한다. 전반부는 긴 주어로 구성된 억양단락으로 전체적으로 하강조로 가다 상승되는 하강-상승조의 억양으로 발음한다. 즉 문장이 아직 다 끝나지 않고 상황이 계속된다는 의미를 전달하고 있다. (23b)에서는 나열되고 있는 항목 ápple, óranges, péaches 중에서 중간의 항목 ápple, óranges에 대해 하강-상승조의 억양으로 발음함으로 나열된 항목이 계속된다는 의미를 전달하고 있다. (23c)에서 둘 중에 하나를 선택하는 or-의문문에서도 하강-상승조의 억양으로 발음함으로 둘 중에 선택이라는 의미를 전달하고 있다.

Unit 23
억양의 태도적 기능과 발음

Pronunciation Guide

화자의 의도에 따라 하강조와 상승조의 억양으로 발음하자.

A: WHERE do you **WORK**? B: At the **BA**kery.

B: At the **BA**kery?

1. 하강조의 억양의 태도적 기능

영어에서 서술문, 명령문, wh-의문문은 모두 하강조의 억양을 가진다. 그렇다면 이런 문장에서의 하강조의 기능 및 의미는 무엇일까.

먼저 다음과 같은 서술문과 명령문을 보자.

(1) a. She's from Chi**cá**go.

b. I mét him at a **pár**ty.

c. Nóbody **tóld** him.

d. Hélp your**sélf**.

일반적으로 서술문은 화자가 확신(certainty)을 갖고, 새로운 정보(new information)을 전달하면서 끝맺음(completeness)을 하기 때문에 하강조의 억양으로 발음한다. 즉 (1a) 문장은 화자가 확신을 갖고 청자에게 그녀가 시카고 출신이라는 새로운 정보를 전달하면서 끝맺는 문장이다. 즉 정보구조면에서 주어인 그녀는 담화 주제인 구정보이며 문장 끝에 오는 내용어인 시카고 출신은 신정보로 초점이 되기 때문에 상승-하강조의 피치변화를 두게 된다. 즉 Chicágo의 두 번째 음절 cá에 성조음절의 높낮이의 억양변화를 두어 계단형 상승-하강조(step down)로 청자에게 강조하여 전달한다. (1b)도 확신을 갖고 청자에게 그를 만난 장소는 파티에서라는 신정보를 상승-하강조의 억양변화를 두어 강조하면서 끝맺는 문장이다. (1c)도 화자는 청자에게 그에게 말하는 사람이 아무도 없었다는 점에서 내용어인 동사 tóld에 억양변화를 두어 강조하면서 끝맺는 문장이다. (1d)의 명령문도 화자는 청자에게 마음껏 드시라는 제의를 확신을 갖고 자신 있게 전달하면서 끝맺는 문장이다. 따라서 yoursélf의 마지막 음절에 미끄럼형의 상승-하강조(glide down)의 억양변화를 두어 강조하면서 끝맺는 문장이다.

한편 다음 wh-의문문도 확신을 갖고 새로운 정보를 요구하는 것으로 끝맺음을 하기 때문에 하강조의 억양으로 발음한다.

(2) A: Whát's your fávorite **cól**or?

B: Réd. Whát's **yóurs**?

A: Mý favorite's **blúe**.

(2)의 대화에서 서술문뿐만 아니라 wh-의문문도 하강조의 억양으로 발음하고 있다. (2A)의 wh-의문문은 화자가 확신을 갖고, 좋아하는 색

이 무엇이냐는 신정보를 요구하기 때문에 cólor의 강세음절인 cól에 상승-하강조의 억양변화를 두어 강조하면서 끝맺는 문장이다. (2B)의 대답은 화자가 확신을 갖고 질문에 대한 답인 신정보를 전달하는 경우로 신정보인 Réd에 하강조의 미끄럼형의 억양변화를 두어 청자에게 강조하면서 끝맺는 문장이다. 그 다음 wh-의문문은 당신의 좋아하는 색이라는 신정보가 초점이 되기 때문에 yóurs에 하강조의 미끄럼형의 억양변화를 두어 청자에게 요구하면서 끝맺는 문장이다. 마지막 (A)의 대답도 초점이 되는 신정보인 blúe에 하강조의 미끄럼형의 억양변화를 두어 청자에게 강조하면서 끝맺는 문장이다.

2. 상승조 억양의 태도적 기능

다음 상승조의 억양의 태도적 기능에 대해 살펴보자.

(3) A: Are you **tíred**?

B: Do I **lóok** tired?

상승조의 억양은 (3)의 예문처럼 주로 yes-no 의문문에서 쓰인다. 즉 화자나 청자가 이미 알고 있는 구 정보(old information)에 대해 확신하지 못하고(incertainty) 확인하는 의미가 있으며, 화자의 말로 대화가 완전히 끝맺지 못하고(incompleteness) 대답을 요구하는 의미가 있기 때문에 청자로 계속 이어 진다는 의미가 있다.

한편 서술문도 상승조의 억양으로 발음하는 경우가 있다.

(4) A: I'm **húngry**.

B: There's some **cáke** left.

A: In the **kít**chen?

B: On the **táble**.

위 대화의 두 번째 (4A) In the kítchen?은 같은 전치사구인 마지막 (4B) On the táble.과 달리 상승조의 억양을 하고 있다. 이는 화자가 케잌이 남아 있다는 구정보에 대해 그 장소가 부엌인지를 확신을 하지 못하고 확인하는 경우로, 자신의 말로 대화가 완전히 끝맺지 못하고 청자에게 계속 이어질 것을 기대하고 있기 때문에 상승조의 억양으로 하고 있는 경우이다.

(5) A: I'm going to China in the **fall**.

B: When are you **go**ing? (asks for new information)

A: In Oc**to**ber.

(6) A: I'm going China in the **fall**.

B: **When** are you going? (asks for repetition)

A: In the **fall**.

(5)의 대화는 보통의 서술문과 Wh-의문문으로 정상적인 하강조의 억양이다. 즉 (5B)의 Wh-의문문은 가을 중에서도 언제인지 청자에게 새로운 정보를 요구하는 의문문으로 정상적인 하강조의 억양으로 발음하는 경우이다. 반면 (6B)의 Wh-의문문은 화자가 이미 들은 구정보

인 가을에 대해 청자에게 다시 확인하는 경우이기 때문에 같은 Wh-의문문이지만 상승조의 억양으로 발음한다. 이처럼 같은 의문문이래도 어떤 억양으로 발음하느냐에 따라 의미가 달라진다.

Pronunciation Drill 23

A 하강조 억양형과 태도적 기능

01 다음 단어나 문장을 미끄럼형 하강조(glide down)와 계단형 하강조(step down)를 구별하여 발음해 보시오.

1. a**gáin** : I héard it a**gáin**. **máth** : I téach **máth**.

   rainbow: I can see a **rain**bow. pro**fes**sor: I'm a pro**fes**sor.

2. Glád to **méet** you. Lét's **éat** now.

   The pláne hasn't ar**rívea** yet. I've néver **béen** there.

02 다음 문장을 미끄럼형 하강조와 계단형 하강조를 구별하여 발음해 보고, 그 이유를 설명해 보시오.

I bóught a com**pú**ter. I bóught a **cár**.

1. I bought some equipment.
2. I need a new pen.
3. Close your books.
4. I lost my passport.
5. It can't compare.
6. Please pass the sugar.
7. No smoking allowed.

8. We need to buy spaghetti.
9. Let's finish our conversation.
10. The mail isn't here yet.

03 다음 문장의 밑줄 친 고딕체의 대문자로 된 부분은 피치 변화의 성조음절로 미끄럼형 하강조나 계단형 하강조로 발음해 보고, 그 이유를 설명해 보시오.

1. Throw the ball to the **CATCH**er.
   He's in the **CAR**.
2. The pro**FES**sor was LATE.
↔ The proFESsor was **LATE**.
   I **SAT** on the black CHAIR.
↔ I SAT on the black **CHAIR**.
3. We wait for the **MAIL**.
   My notebook was in the **SCI**ence Lab.
   I forgot my **NOTE**BOOK.
4. WHERE are you **GO**ing?
   WHEN is the **PAR**ty?
   WHO'S **COM**ing?
   WHAT **TIME** is it?

04 다음 대화는 3음절로 구성된 문장으로 밑줄 친 고딕체 대문자로 된 음절에 성조 변화가 일어나 계단형 하강조나 미끄럼형 하강조로 발음된다. 구별하여 발음해 보고, 왜 이 음절에서 성조변화가 일어나는지 설명해 보시오.

A: Ex**CUSE** me. WHAT'S your **NAME**?
B: BETty **ANN**. What's **YOUR** name?
A: I'm **TOM**my. MOVing **IN**?

B: Pretty **SOON**!
A: Which **UN**it?
B: Two o **NINE**
A: I'm **HAP**py / to **MEET** you!

B 상승조 억양의 태도적 기능

01 다음 문장을 상승조 억양으로 발음해 보고, 그 기능과 의미를 설명해 보시오

1. Are you **FIN**ished? Would you LIKE to LEAVE a **MES**sage?
2. It's **COLD** outside? You're PLANning to **WORK** today?
3. **WHAT** did you SAY? **WHY** did he LEAVE?
   WHICH book do you preFER?

02 다음 문장을 하강조나 상승조 억양으로 발음해 보고, 그 기능과 의미를 설명해 보시오

A: Would you LIKE some **COF**fee? B: MAYbe **LA**ter.

1. A: What are you doing?
   B: I am giving my dog a bath.
   A: Do you need any help?
2. A: Did you lose your umbrella?

B: Yeah--have you seen it?

A: No--when was the last time you had it?

3. A: When are your parents going back to India?

   B: Probably this week.

   A: Can't they stay any longer?

4. A: Where did your friends go?

   B: They went for a walk.

   A: Do you think they'll be back soon?

03 다음 대화에서 Wh-의문문의 대답을 하강조와 상승조 억양으로 발음해 보고, 그 기능과 의미를 설명해 보시오.

1. A: WHERE do you **WORK**? B: At the **BA**kery.

   A: WHERE do you **WORK**? B: At the **BA**kery?

2. A: WHERE are you **FROM**? B: From **CA**nada.

   A: WHERE are you **FROM**? B: From **CA**nada?

04 다음 대화를 하강조나 상승조 억양으로 발음해 보고, 그 기능과 의미를 설명해 보시오

1. A: Do you WANT to **GO**?

   B: MAYbe.

2. A: I **FOUND** something.

   B: My **KEYS**?

3. A: She's from **DLL**as.

   B: From **DAL**las?

4. A: Do you WANT **MILK** or **CREAM**?

   B: **MILK**.

5. A: Are you GOing to**DAY**?
   B: To**MOR**row.
6. A: HOW much **IS** it?
   B: FORty **DOL**lar.

05 다음 대화의 Wh–의문문을 문맥에 맞게 하강조나 상승조 억양으로 발음해 보고, 그 기능과 의미를 설명해 보시오.

A: Julia's BAby was **BORN** last week.
B: **WHEN**? (clarification)
A: **LAST** week.
B: **WHEN**? (asking for more information)
A: On **TUES**day.

1. A: Yoshi moved back to Japan.
   B: Where? B: Where?
   A: To Japan. A: To Kyoto.
2. A: Paco is graduating next year.
   B: When? B: When?
   A: Next year. A: In June.
3. A: We are saving to buy a condo.
   B: Why? B: Why?
   A: To buy a condo. A: We want our own home.
4. A: Tami is leaving tomorrow evening.
   B: When? B: When?
   A: Tomorrow evening. A: At 7 o'clock.
5. A: Elena is from Mexico.
   B: Where? B: Where?
   A: Mexico. A: Oaxaca.

06 다음 대화의 Wh-의문문을 문맥에 맞게 하강조나 상승조 억양으로 발음해 보고, 그 기능과 의미를 설명해 보시오

1. A: Where are you **GO**ing? (needs information)
   B: I'm going to **EUR**ope.
   A: **WHERE** are you going? (needs clarification)
   B: to **EUR**ope.
2. A: What did the airline **TELL** you? (needs information)
   B: The planes are all **CAN**celed due to bad WEAther.
   A: **WHAT** did they tell you? (shows surprise, disbelief)
   B: The **PLANES** are all **CAN**celed.

07 다음 대화를 문맥에 맞게 하강조나 상승조 억양으로 발음해 보고, 그 기능과 의미를 설명해 보시오

A: Hi, Lee. I need your help. Can you help me?
B: Sure, Dan. What's the problem?
A: This class. I'm terrible at math.
B: When do you want to study?
A: This afternoon?
B: This afternoon? OK. What time?
A: At four?
B: Fine. In the dorm?
A: Is the library ok?
B: Of course. See you then.

Unit 24
억양의 문법적 기능과 의사단락

Pronunciation Guide

억양의 문법적 기능과 의사단락에 따라 억양의 변화를 주어 발음하자.

Do you WÀNT a LÁRGE or SMÁLL box?

WHEN in ROME, DO as the ROmans DO.

1. 억양의 문법적 기능과 억양형의 확대

하강조의 억양은 서술문, 명령문, Wh-의문문을 나타내고, 상승조의 억양은 Yes-No의 의문문을 나타낸다. 한편 다음과 같은 선택 의문문은 상승-하강조의 억양으로 발음한다.

(1) A: Can you GÈT some CÓRNflakes?

B: Do you WÀNT a LÁRGE or SMÁLL box?

A: A SMÁLL one.

(1A)의 Yes-No 의문문은 상승조의 억양으로 발음하는데, 화자나 청자가 이미 알고 있는 구 정보인 콘 후레이크를 먹는 일에 대해 확신하

지 못하고 더 먹겠는지 확인하는 의미가 있다. 또 대화를 완전히 끝맺지 못하고 답을 요구하기 때문에 계속 이어 진다는 의미가 있다. (1B)의 선택 의문문은 콘 후레이크 중에서 큰 것을 원하는지 작은 것을 원하는지 묻는 의문문이다. 이때 large와 small은 신정보로 초점을 받아 성조변화가 일어나는데, large에서는 아직 대화가 다 끝나지 않았다는 의미에서 상승조로 발음하고, small에서는 질문을 끝내고 신정보를 요구한다는 의미에서 하강조로 발음한다. 이처럼 억양은 화자의 태도적 의미뿐만 아니라, 서술문, 명령문, wh-의문문, Yes-No 의문문, 선택 의문문 등의 문법적 기능도 같이 담당하고 있다.

비슷한 이유로 다음과 같은 중문이나 복문도 하강-상승조의 억양으로 발음한다.

(2) a. You can LEAD a HORSE to **WA**ter, but you CAN'T MAKE him **DRINK**.

b. WHEN in **ROME**, DO as the ROmans **DO**.

(2a) 중문의 전반부에서 마지막 내용어인 WAter가 화자가 전달하고자 하는 신정보로 성조변화의 초점이 되어 첫음절인 WA에서 계단형 하강조의 억양이 시작된다. 그러나 대화가 완전히 끝나지 않고 계속되기 때문에 둘째 음절 ter에서 다시 상승조가 되어, 결국 하강-상승조의 억양이 된다. (2b)의 복합문에서도 전반부 종속절의 마지막 내용어인 ROME이 화자가 전달하고자 하는 신정보로 성조변화의 초점이 되어 미끄럼형 하강조의 억양이 시작되는데, 대화가 완전히 끝나지 않고 주절로 계속되기 때문에 다시 상승조가 되어, 하강-상승조의 억양이 된다. 이처럼 억양은 화자의 태도적 의미뿐만 아니라, 중문, 복합문이라는 문법적 기능도 같이 담당하고 있다.

한편 다음처럼 열거하는 구문에서도 하강-상승조의 억양으로 발음한다.

(3) We went to **Spain**, **Portugal** and **France**.

(3)의 문장에서 Spain이 화자가 전달하고자 하는 신정보로 성조변화의 초점이 되어 미끄럼형 하강조의 억양이 시작되는데, 대화가 완전히 끝나지 않고 계속되기 때문에 약간 상승조의 억양이 된다. 또 Portugal도 화자가 전달하고자 하는 신정보이므로 첫음절인 강세음절에서 계단형 하강조의 억양이 시작되는데, 대화가 완전히 끝나지 않고 계속되기 때문에 둘째 음절이후 약간 상승조의 억양이 된다. 마지막에 France에 가서 미끄럼형 하강조의 억양으로 끝맺음을 한다.

2. 의사단락과 억양단락

끊어 읽기의 의사단락은 의미단락일 뿐만 아니라 억양단락 또는 성조단락과 같은 기능도 담당한다. 따라서 다음과 같은 문법적인 기능도 있다.

(4) a. Àre you RÊADing Ma**CÁU**lay?

b. Àre you **RÉAD**ing, / Ma**CÁU**lay?

(4a)는 하나의 의사단락인 억양단락으로 이루어졌고, (4b)는 두 개의 의사단락인 억양단락으로 되어 있다. 따라서 두 문장이 표면적으로는 동일한 낱말들로 이루어져 있지만, 억양의 차이로 인하여 문법적인 분

석이 달라진다. (3a)의 'Macaulay'는 Macaulay라는 작가의 작품으로 동사 reading의 목적어로 분석된다. 즉 '너는 Macaulay의 작품을 읽고 있니?'라는 뜻이다. 반면에 (4b)의 'Macaulay'는 Macaulay라는 이름을 가진 사람을 부르는 호격(vocative)으로 'Macaulay야, 너는 독서 하고 있니?'라는 뜻이 된다.

다음도 의사단락에 의한 하강-상승조의 억양을 어디에서 하느냐에 따라 문장의 문법 구조가 달라져 전혀 의미가 달라지는 경우이다.

(5) a. Those shareholders who bought quíckly/reaped bénefits.

b. Those shareholders who bóught/quickly reaped bénefits.

(5a)와 같이 quíckly의 강세음절인 성조음절에서 하강-상승조의 억양으로 발음하면, quickly까지가 하나의 의사단락인 억양단락이 된다. 즉 관계대명사로 수식되는 종속절에 대한 문법적 분석에서 부사 quickly는 관계절 내의 동사 bought를 수식하게 되어 '주식을 빨리 산 주주들이 이익을 얻는다.'는 의미가 된다. 반면 (5b)처럼 bóught의 강세음절인 성조음절에서 하강-상승조의 억양으로 발음하면, bought까지가 하나의 억양단락이 된다. 부사 quickly는 관계절 내의 동사 bought이 아니라 주절 내의 동사 reaped를 수식하게 되어 '주식을 산 주주들이 이익을 빨리 얻는다.'는 의미가 된다.

Pronunciation Drill 24

A 억양의 문법적 기능과 억양형의 확대

01 다음 문장의 억양을 듣고, 알맞은 대답을 고르시오?

> A: Do you like the **RED** sweater or the **BLUE** one?
> B: **YES**, they are **BEAU**tiful. / I like the **BLUE** one.

1. A: Would you like ice cream or cake?
   B: Yes, please. / I'd like cake, please.
2. A: Should I call on Monday or Tuesday?
   B: Yes, That would be great. / Monday would be better.

02 다음 선택 의문문의 억양을 듣고, 보기와 같이 가능한 모든 대답을 해 보시오.

> A: Do you want **CAKE** or **ICE** CREAM?
>
> B1: I want cake **AND** ice cream. I want them **BOTH**.
>
> B2: I'd like **CAKE** please.
>
> B3: I'd like **ICE** CREAM, please.
>
> B4: I don't want cake **OR** ice cream. I've stopped eating des**SERT**.

1. A: Do you prefer the **BLACK** coat or the **STRIPED** coat?

   B1: I don't like the black coat **OR** the striped coat.

   B2: I like the black coat **AND** the striped coat. I'll buy them **BOTH** !

   B3: I prefer the **STRIPED** one.

2. A: Would you like **MEAT** or **FISH**?

   B1: I don't want meat **OR** fish. I'm a vege**TAR**ian.

   B2: I'd like **FISH**, please.

   B3: I'll have both meat **AND** fish. I'd like them **BOTH**.

3. A: Should we go by **PLANE** or drive the **CAR**?

   B1: Let's go by plane **AND** car. We can **DRIVE** there and **FLY** home.

   B2: I don't want to go by plane **OR** drive the car. I want to **STAY** home.

   B3: Let's **DRIVE**. Flying is such a **HAS**sle these days.

4. A: Do you want to eat be**FORE** the movie or **AF**ter?

   B1: I want to eat before the movie **AND** after. I'm really **HUN**gry.

   B2: Let's eat **AF**ter the movie.

   B3: Let's eat be**FORE** the movie.

5. A: What do you prefer to be called, **AN**dy or **AND**rew?

   B1: You can call me Andy **OR** Andrew

   B2: Please call me **AN**dy.

   B3: Please call me **AND**rew.

03 다음 문장의 억양을 따라해 보고, 아직 끝맺지 못하고 할 말이 남았다는 하강–상승조인지, 끝맺음의 하강조인지 구별하시오.

1. I plan to gon on a diet
2. I plan to gon on a diet.
3. She is a professor
4. She is a professor.

04 다음 대화를 듣고 B의 대답이 하강–상승조의 억양인지, 하강조의 억양인지 구별하고, 실제 발음해 보시오.

We close at **FIVE.** (finished)

1. A: Are you going away?
   B: Yes, we're leaving for London.
2. A: You look excited.
   B: I'm going to buy a new car.
3. A: Who won the contest?
   B: The winner will be announced.
4. A: Why did Pedro call?
   B: He had an important message.

B 의사단락과 억양단락

01 다음 여러 개를 열거하는 문장을 하강-상승조의 억양단락으로 나누어 발음해 보시오.

1. I'm taking **HI**story, **MATH** and beginning **ENG**lish.
2. We're going to plant **DAI**sies, rose **BUSH**es, and **TU**lips.

1. I'd like the soup of the **day**, a **Cae**sar salad, and the to**ma**to pasta.
2. Please fill in your **name**, **birth** date, and **pass**port number.
3. When I move into the new a**part**ment, I'll need a **rug**, **dinn**ing table, and **so**fa.
4. My boss requested a starting **date**, **cost** estimate, and pro**duc**tion sch**e**dule.

02 다음 병렬접속사로 연결된 중문을 하강-상승조의 억양단락으로 나누어 발음해 보시오.

1. I believe **YOU**, but I'd like more **PROOF**.
2. He can fix the **PRIN**ter, but not to**DAY**.
3. I can see you're planning to **LEAVE**, so please turn off the **LIGHTS**.

03 다음 두 개 이상의 문장을 나열하여 연결된 광고문을 하강-상승조의 억양단락으로 나누어 발음해 보시오.

1. At BASF, we don't make the mattress, we make it softer.
2. We don't make the boots, we make them drier.
3. We don't make the house, we make it livelier.
4. We don't make the snowboard, we make it stronger.
5. At BASF, we don't make a lot of the products you buy. We make a lot of the products you buy better. BASF.

04 다음 대화에서 보기와 같이 A가 한 문장을 의사단락을 구별하여 하강-상승조의 억양단락으로 나누어 발음해 보시오.

A: WHAT do you **THINK** / of the TWENty-two-INCH **GOLD**fish?

B: It NEED a much BIGger **BOWL**!

A: WHAT do you **THINK** / of the **TWEN**ty / TWO-inch **GOLD**fish?

B: They are VEry **SMALL**.

1. A: Robert is **SELL**ing / FIFty-ONE-DOLlar **RAF**fle TICkets/ for a trip to Ha**WA**ii.
   B: $51 a piece? That's pretty expensive for a raffle ticket.
   A: Robert is **SELL**ing FIFty / ONE-dollar **RAF**fle TICkets/ for a trip to Ha**WA**ii.
   B: At $1 a piece, maybe I'll buy five of them.
2. A: I'd like fried **CHIC**ken, / with po**TA**to / **SAL**ad, / and

a **COKE**.

B: Do you want butter and sour cream on your potato?

A: I'd like fried **CHIC**ken, / with po**TA**to SALad, / and a **COKE**.

B: Would you like extra potato salad?

3. A: Jim's new com**PU**ter / **SOFT**ware / and **KEY**board / finnally ar**RIVED**.

   B: What kind of computer did he buy?

   A: Jim's new com**PU**ter software / and **KEY**board finnally arRIVED.

   B: It's too bad he couldn't afford to buy a new computer, too.

4. A: I'm planning to buy a **CAR**, / **PHONE**, / and **TAPE** DECK.

   B: What kind of car are you going to buy?

   A: I'm planning to buy a **CAR** PHONE, / and **TAPE** DECK.

   B: It's too bad you aren't going to buy a new car, too.

5. A: "**JANE**," / said her father, / "is taking pi**AN**o lessons."

   B: How long has Jane been studying the piano?

   A: JANE said her **FA**ther / is taking pi**ANo** lessons.

   B: How long has her father been studying the piano?

6. A: My **FRIEND** said / "The **NURSE** / plans to work at a **HOS**pital / in Guate**MA**la.

   B: Has the nurse worked in Guatemala before?

   A: "My **FRIEND**," / said the nurse, / "plans to work at a **HOS**pital / in Guate**MA**la.

   B: Has your friend worked in Guatemala before?

7. A: Robert Louis **STE**venson / is an **AU**thor.

   B: He wrote *Treasure Island*.

   A: Robert **LOU**is, / Steven's **SON** / is an **AU**thor.

   B: Really? Steven never mentioned his son.

Unit 25
억양의 정서적 기능과 강조

Pronunciation Guide

화자의 정서적 감정에 따라 억양의 변화를 주어 발음하자.

She is a **STÚ**dent?

Shé **ís** a student.

1. 억양의 정서적 기능과 화자의 감정

억양 또는 성조는 화자의 태도나 감정을 나타내므로, 같은 말이라도 성조에 따라 화자가 나타내는 의미가 달라질 수 있다, Ladefoged(2001)는 yes를 예를 들어 각각 다른 성조로 말하게 되면 의미가 다음과 같이 달라진다고 설명한다.

(1) a. Yes falling = "The answer is yes."

b. Yes high-rising = "Did you say 'yes'?"

c. Yes low-rising = "Please go on, I'm listening."

d. Yes falling-rising = "I'm doubtful."

e. Yes rising-falling = "I'm certain."

(1a)처럼 일반적인 하강조로 말하게 되면 보통 새로운 정보에 대해 확신있게 끝맺음을 하는 것으로 '네'라고 대답을 하는 경우이다. (1b)처럼 높은 상승조로 말하게 되면 이미 알고 있는 사실에 대해 의심하여 끝맺지 못하고 되묻는 의미로 "네라고 했습니까?"라고 묻는 경우가 된다. (1c)처럼 낮은 상승조로 말하게 되면 "말을 계속하십시오. 듣고 있으니."라는 의미이다. (1d)처럼 하강-상승조로 말하게 되면 확신이 없고 "의심스럽다"라는 의미이다. (1e)처럼 상승-하강조로 말하게 되면 강한 확신으로 "정말 그렀습니다."라는 의미이다.

한편 억양은 의미뿐만 아니라 감정을 나타내기도 한다.

(2) A: I found your sweater.

B: **Great**. B: **Great**. B: Great.

(2B)의 대답의 Great를 높은 상승-하강과 같은 음악적인 억양(musical intonation)으로 발음한다면 기쁘다든지 흥미롭다(happy or interested) 느낌을 준다. 그러나 낮은 억양(low intonation)에 강한 강세(strong stress)로 발음한다면 당황스럽다든지 화가 난(upset or angry) 느낌을 준다. 또 평평한 억양(flat intonation)으로 발음한다면 지루하거나 피곤하다(bored or tired) 느낌을 준다.

다음은 같은 문장을 다른 억양으로 발음하는 경우이다.

(3) a. She is a **STÚ**dent.↘
b. She is a **STÚ**dent?↗
c. Is she a **STÚ**dent?↗

(3a)는 정상적인 하강조의 서술문이다. 반면 (3b)는 어순은 서술문이지만 억양형을 상승조로 발음함으로써 의문문이 된 경우이다. 그러나

이 의문문은 (3c)의 의문문과 그 의미가 다르다. (3c)의 의문문은 화자가 어떤 사실 즉 '그녀가 학생이다'라는 정보에 대해 전혀 알지 못하고 있기 때문에, 청자에게 묻는 불확실과 대화가 완전히 끝맺지 못하고 계속 이어 진다는 의미가 있다. 따라서 일반적인 상승조의 억양으로 발음한 경우이다. 그러나 (3b)는 서술문 형태로 그녀가 학생이라는 정보가 있는데, 상승조의 억양을 취함으로써 그 구정보에 대해 확인하는 의미가 있어 '믿기가 어렵다'는 함축적인 의미를 내포하게 된다. 즉 "그 여자가 학생이라니, 그럴 리가? 그게 정말인가?"라는 의미이다.

또 짧은 문장은 일반적으로 하나의 억양단위로 발음하는 경우가 많지만, 화자의 정서적 태도나 감정에 따라 두 개 이상의 억양단위로 발음될 수 있다. 예를 들어, She is a student라는 문장을 다음과 같이 She 다음에 하강-상승조로 발음하여 She가 하나의 억양단락이 되고, 나머지 is a student가 또 하나의 억양단위를 이룰 수 있다.

(3) A: She is a **stú**dent.

B: I don't think so.

A: **Shé** **ís** a student.

이렇게 두 개의 억양단락으로 발음된 She is a student라는 문장은 A가 다시 자기의 주장을 강조하여 '다름 아닌 그녀가 바로 학생이다"라는 주장을 확신에 차서 하는 말이다.

2. 억양과 강세의 관계

일반적으로 악센트(accent)에는 음장(length), 강세(stress), 고저(pitch), 음질(quality) 등이 섞여있는 것으로 간주한다. 따라서 일반적으로 강세음절은 강할 뿐만 아니라 길고, 높은 음에 긴장모음 등의 완전 모음(full vowel)으로 발음하고, 비강세 음절은 약할 뿐만 아니라 짧고, 낮은 음에 이완모음 등의 약화된 모음(reduced vowel)으로 발음한다. 그러나 Bolinger(1958:17)는 강세를 문장에서 돋들림(prominence)을 부여할 수 있는 일부 자질로 간주하였으며, 돋들림 자체는 악센트이고 그 주된 단서는 음의 높낮이인 피치, 즉 성조라고 하였다. 따라서 음장이나 강세는 악센트를 인식하는 부수적인 단서로서만 작용할 뿐이다.

한편 Ladefoged(2001: 93-97)는 이와 같은 문제점을 해결하기위해 강세표시와 함께 별도로 성조 변화에 의한 억양표시를 하고 있다.

(4) a. The gírl gave the móney to her **FÁ**ther.

b. She sát by the **WÍN**dow, ‖ réading a **LÉT**ter.

(4a)는 서술문에 대한 하강조의 억양으로, 전체적으로는 높은 음에서 낮은 음으로 떨어지는 하강조이지만, 마지막 내용어인 FÁther가 화자가 청자에게 강조를 하여 전달하려는 신정보로 피치변화를 주는 성조음절이다. 즉 이 성조음절에서 높은 음에서 낮은 음으로 떨어지는 (상승-)하강조의 억양이 시작된다. 이때 억양의 성조(또는 피치)곡선이 반드시 강세와 일치하지 않으므로, 내용어인 강세음절은 gírl, móney, fáther 등에 강세표시를 하고 있다. (4b)는 두 개의 억양(또는 성조)단

락을 둔 경우로 전체적으로는 서술문이므로 높은 음에서 낮은 음으로 떨어지는 하강조이다. 그러나 두 개 억양단락이므로 각 단락마다 화자가 강조하는 피치변화의 성조음절이 있다. 즉 첫 번째 억양단락에서는 성조음절인 WÍNdow에서 (상승-)하강조의 억양으로 발음한다. 약간의 휴지(pause)와 함께 이어 두 번째 억양단락에서도 전체적으로는 하강조로 가다가 성조음절인 LÉTter에서 (상승-)하강조로 끝맺음을 한다. 이때도 전체적인 하강조의 억양의 성조곡선과 함께 내용어인 강세음절은 sát, wíndow, réading, létter 등에 강세표시를 하고 있다. 한편 이와 같이 억양단락을 몇 개로 나누느냐 하는 문제는 무엇을 중요하게 생각하며 어디에 강조를 두느냐 등으로 화자의 의도에 따라 달라질 수 있다. 다음은 성조 음절을 어디에 두느냐에 따라 강조적 의미가 달라지는 경우이다.

(5) a. Wáter is a LÍquid.

b. **WÁ**ter is a líquid.

(5a)에서 Wáter는 대화의 주제(topic)로 화자와 청자가 이미 알고 있는 공유적인 또는 구정보(shared or old information)이고, LÍquid가 화자에게 전달하고자 하는 신정보(new information)이다. 그러나 (5b)에서는 WÁter가 오히려 청자에게 전달하고자 하는 신정보로 '다른 것이 아니라 물이 액체다'라는 강조적 의미가 들어가 있다.

Pronunciation Drill 25

A 억양의 정서적 기능과 감정

01 다음 대화에서 B의 대답을 angry, happy, bored한 감정을 넣어서 발음해 보시오.

1. A: Are you going to the party? B: **Yes**. (angry)
2. A: I found your sweater. B: **Great**. (happy)
3. A: I got an A on the test. B: **Great**. (happy)
4. A: Do you want to see a movie? B: OK. (bored)
5. A: Where's Bob? B: At the **beach**. (angry)
6. A: Do you like my new haircut? B: It's nice. (bored)

02 다음 예의 문장을 같은 하강조의 억양으로 발음하데, A는 피치의 변화를 명확하게 발음하므로 확신과 믿음이 가지만, B는 피치의 변화를 명확하지 않게 발음함으로 주저하거나 확신이 없는 느낌을 준다. 다음 문장을 구별하여 들어 보고, 느낌을 설명해 보시오.

1. A: I'm SURE we can HANdle your **PRO**blem. (confident)
   B: I'm sure we can handle your **pro**blem. (hesitant)
2. A: Let's TRY to GET toGEther a**GAIN**. (believable)
   B: Let's try to get together a**gain**. (uncertain)

1. Our shop has been in business for more than twenty years.
2. Hello, everyone. I am going to be your guide today.

3. Our company is committed to protecting the environment.
4. I hope you'll visit us again soon.
5. I'm so sorry, but I have other plans on Sunday.
6. We're going to make a profit.
7. It was very nice meeting you.

03 다음 대화에서 A의 말에 대해 B는 같은 말을 하면서 다른 억양의 감정으로 발음했다. 정서적 감정에 맞게 알맞은 억양으로 발음해 보고, B의 정서적 감정을 설명해 보시오.

1. A: Is he **SICK** again?
   B: Is he sick a**GAIN**?
2. A: I need to start **STU**dying.
   B: I **NEED** to **START** **STU**dying.
3. A: That was an exciting **GAME**.
   B: That **WAS** an exciting game.
4. A: They'll return our money in a **MONTH**.
   B: They'll return our money in a **MONTH**?

04 다음 세 사람의 대화에서 밑줄 친 똑같은 문장을 세 사람 각각 다른 억양의 감정으로 발음했다. 정서적 감정에 맞게 알맞은 억양으로 발음해 보고, 세 사람의 정서적 감정을 설명해 보시오.

1. A: I came to pick up the report.
   B: Can you come back later?
   It's not finished.
   A: It's not finished?
   OK, I'll come back later.
   C: It's not finished!
   I needed it an hour ago!

2. A: I'm ready to go to the meeting.
   B: The meeting was canceled.
   A: The meeting was canceled?
   I wonder what happened.
   C: The meeting was canceled!
   I changed my whole day around because of that meeting.

B 억양과 강조의 초점인 성절음절

01 다음 똑 같은 문장을 다른 억양이나 피치변화의 성절 음절이 달라져 초점의 강조하는 바가 달라졌다. 알맞은 억양으로 발음해 보고, 의미가 어떻게 달라졌는지 설명해 보시오.

1. a. That new restaurant was pretty **GOOD**.
   b. That new restaurant was pretty **GOOD**!
   c. That new restaurant was **PRE**tty good.
   d. That new restaurant was pretty **GOOD**?
2. a. I'll bet she wants to work all **WEEK**end.
   b. I'll **BET** she wants to work all weekend.
   c. I'll bet **SHE** wants to work all weekend.
3. a. That was a great way to spend on after**NOON**.
   b. That was a **GREAT** way to spend on afternoon.
   c. THAT was a **GREAT** way to spend on afternoon.

02 다음 대화를 알맞은 억양으로 발음해 보고, 밑줄 친 문장은 왜 같은 문장인데도 다른 억양으로 발음했는지 설명해 보시오.

Dialog 1: Not My Bag

A: That's not my **BAG**. Those aren't my **GRO**ceries.

B: That's not your **BAG**? Those aren't your **GRO**ceries?

A: **NO**. I bought **CHEESE**, **CHIPS**, **SAL**sa, and **COKE**.

B: You bought **CHEESE**, **CHIPS**, **SAL**sa, and **COKE**?

I didn't know you **LIKED** salsa.

A: I **DON'T**. **I**'m having a **PAR**ty, and I'm **SERV**ing salsa.

B: You're having a **PAR**ty? And you didn't invite **ME**?

Dialog 2: Trip to Paris?

A: Would you like to take a **TRIP**?

B: What **KIND** of trip?

A: A **SHORT** trip, an inex**PEN**sive trip. One without a lot of **HAS**sle.

B: That sounds **GOOD**. Where would you like to **GO**?

A: I'd like to go to **PAR**is. Where would **YOU** like to go?

B: **WHERE** would you like to go?

Did you say **PAR**is? That's not a **SHORT** trip, or an inex**PEN**sive trip. That's a **LONG** trip.

A: Haven't you heard of Paris, **TEX**as? We can fly there in an **HOUR**.

정 답

Pronunciation Drill 1

B-04

1. rude 2. loss 3. “H” 4. save 5. weighed
6. rink 7. right 8. said 9. neat 10. had .

Pronunciation Drill 2

B-02

1. políce(무기음) 2. páper(유기음, 무기음)
3. pícture(유기음) 4. pláy(유기음)
5. háppy(무기음) 6. ópen(무기음)

B-03

1. báking(무기음) 2. acádemy(유기음)
3. bácon(무기음) 4 táke a wálk(무기음)
5. pícking(무기음) 6. báck up(무기음)

B-04

1. Miss Anderson ↔ Miss Sanderson
2. Keep ants(무기음) ↔ Keep pants(유기음)
3. Wrote “L”(단타음) ↔ Wrote “tell” (유기음)
4. Take oats(무기음) ↔ Take coats (유기음)

Pronunciation Drill 3

A-02

1. peels 2. fast 3. fact
4. pine 5. passion 6. fare

C-02

1. verse 2. wheel 3. west
4. veal 5. wary 6. mooing

E-01

1. They 2. Dave 3. these 4. bathe

Pronunciation Drill 4

C-03

1. ship ↔ chip　2. sheer ↔ cheer　3. sheet ↔ cheat
4. dish ↔ ditch　5. wash ↔ watch　6. mush ↔ much

C-04

1. share　2. chips　3. wish　4. washed
5. cash　6. cash　7. wish　8. ditch

Pronunciation Drill 5

A-02

1. rock ↔ lock　5. wrong ↔ long
9. pirate ↔ pilot　10. wrong ↔ long

A-03

1. rake　2. light　3. race　4. load　5. wrist

A-04

1. pilot　2. corrects　3. wrong　4. glass　5. play

A-07

1. right　2. weight　3. way　4 wage　5. rest

Pronunciation Drill 6

A-03

1. feel / fill　2. it / it　3. live / leave
4. these / this　5. seat / seat　6. rich / reach

A-06

1. A: lead B: I hope she knows the way.
2. A: pitch B: It sounds too high to me.
3. A: bit B: Dogs have sharp teeth.
4. A: leave B: Yes. I'm taking the next plane.
5. A: rich B: You've got a lot of money.

B-02-2

1. Please pass the (pepper / paper).
2. We discussed the (debt / date).

3. I didn't like the (<u>test</u> / taste).
4. She's approaching the (<u>edge</u> / age).
5. I'd like (less / <u>lace</u>) on the tablecloth.

C-04

1. That's a nice (<u>pan</u> / pen).
2. Alice is (tan / <u>ten</u>).
3. He's (Dad / <u>dead</u>).
4. Her name is (<u>Callie</u> / Kelly).

C-05

1. There's a (mess / <u>mass</u>) in the church.
2. Please (send / <u>sand</u>) the table.
3. I'm waiting in line for (bread / <u>Brad</u>).
4. The (<u>men</u> / man) waited for a cab.
5. The (<u>pest</u> / past) is gone forever.
6. She (<u>kept</u> / capped) the jar of jelly.
7. Everyone (left / <u>laughed</u>) after dinner.
8. The chemist made some new (<u>guesses</u> / gasses).

Pronunciation Drill 7

B-03

1. I fell in the (hole / <u>hall</u>).
2. Could you (<u>sew</u> / saw) this for me?
3. Don't drop the (<u>bowl</u> / ball).
4. I (woke / <u>walk</u>) early in the morning.

Pronunciation Drill 8

A-04

1. The (fern / <u>fun</u>) was tall and green.
2. The (search / <u>such</u>) party found the missing hiker.
3. Don't (<u>burn</u> / bun) the soup.
4. Let's give everyone a (<u>turn</u> / ton).

5. The (girl / gull) decided to study Russian.

A-06

1. The (bird / board) is flying in the air.
2. I (heard / hoard) his voice at that time.
3. He is under a (curse / course).
4. I (cut / caught) him by the sleeve.

B-05

1. shot / shut 2. some / some 3. not / not
4. cluck / clock 5. once / wants 6. cot / cut

B-06

1. A: You look good in that (color / collar).
   B: It feels a bit tight.
2. A: I was (wondering / wandering) about the city.
   B: Would you like some information?
3. A: Is your (luck / lock) good?
   B: Yes, I got a good job and a big apartment.
4. A: I hear a loud (pop / pup).
   B: Is it a balloon bursting?
5. A: He's in the (bucks / box).
   B: What's he doing in a carton?
6. A: There's a (duck / dock) over there.
   B: Let's tie up our boat.

Pronunciation Drill 9

B-06

1. hard / hard 2. were / war 3. for / far
4. heart / heart 5. burn / barn 6. shirt / short

Pronunciation Drill 10

A-03

-VCe: a: /ei/- cake, tape
e: /i/([ɩ])- these,

i: /ai/- life smile,
o: /ou/- nose home,
u: /u:/- rule, cute
-VC(C): a: /æ/- fact, tap, bag
e: /ɛ/- spell, left
i: /i/([ɩ]) - bit, kill
o: /ɔ/- drop, soft
u: /ʌ/ - cup, dust

A-04

/ə/: acróss, próblem, mágazine, tomórrow, próbably, proféssion cúrious, ínstrument, suggést, ánimal, cómmon, commíttee

A-05

1. mínute (S) 2. suppóse (N) 3. púrpose (S)
4. confúse (N) 5. interrúpt(B) 6. assístant (S)
7. prívate (S) 8. áccurate (S) 9. reláte (N)
10. encóurage (S) 11. represént (B) 12. fréquent (S)
13. detérmine (S) 14. defíne (N)

B-05

1. what: /ʌ/ ↔ hat: /æ/ 2. flood: /ʌ/ ↔ foot: /u/
3. country: /ʌ/ ↔ count: /au/ 4. sun: /ʌ/ ↔ son: /ʌ/
5. luck: /ʌ/ ↔ lock: /ɑ/ 6. tough: /ʌ/ ↔ though: /ou/
7. cut: /ʌ/ ↔ company: /ʌ/ 8. one: /ʌ/ ↔ won: /ʌ/
9. done: /ʌ/ ↔ bone: /ou/ 10. rush: /ʌ/ ↔ touch: /ʌ/

Pronunciation Drill 11

A-01

1. I (need / knee) a car wash.
2. The (hike / hi) was fun.
3. I got a (loan / low) to buy my car.
4. The (plane / play)takes off at noon.
5. Take a (bite / buy) of the cookie.

6. I have to (move / moo) in January.
7. Jeffrey got (lost / law) on his way to the highway.
8. There was a long (line / lie) at the post office.

B-01

1. The (phone / foe) is ringing next door.
2. Last week he (made / may) a lot of money.
3. Please (move / moo) your car out of the way.
4. My insurance (rates / ray) went up this year.

B-04

1. thing / think 2. start / star
3. shirt / shirt 4. clothes / closes
5. month / months 6. built / built

Pronunciation Drill 12

A-01

1. (It's) very hot today.
2. (That) to our advantage.
3. (Where) the entrance?
4. (What's) your name?

A-04

1. (*I'm*) Ima. 2. (*You're*) Yuri.
3. (*They're*) there. 4. (*He's*) Eaz.
5. (*We're*) weird. 6. (*It's*) itsy.
7. (*I'll*) always try.
8. (*We'd*) weed the garden if we could.

A-05

1. The (teacher's not / teacher is not) here today.
2. I (didn't / did not) like that movie.
3. You (aren't / are not) eating your dinner.
4. I think (it's / it is) raining.
5. We (can't / cannot) go out tonight.
6. He (doesn't / does not) work very hard.

7. (They'd / They would) like to see you.
8. (I'll / I will) see you there.

A-06

1. (*I'm*) not married.
2. We (*can't*) come tonight.
3. (*It's*) time for class.
4. (*He's*) late.
5. (*We'll*) call you tomorrow.
6. (*They're*) going to miss the show.
7. (*He's*) never liked that actress.
8. (*We're*) 25.

B-01

1. The (charge / charges) on my bill are wrong.
2. Steve is twenty (year / years) old.
3. Two of your (tire / tires) look worn.

B-02

1. She (like / likes) to ride horses.
2. Maria always (balance / balances) her checkbook.
3. Paco (leave / leaves) for work at eight o'clock.

B-03

1. Someone found (George / George's) wallet.
2. I like the (clown / clown's) costume.
3. The (plumber / plumber's) tools are in his truck.

B-04

1. It (rains / rained) a lot here.
2. He (wants / wanted) the warmest gloves possible.
3. Rico (likes / liked) the book.
4. Isabel (laughs / laughed) at my joke.
5. My father (visits / visited) me every Sunday.
6. She (shares / shared) her lunch with her friend.
7. Mario (believes / believed) him.
8. Aiko (donates / donated) her time.

B-05

1. (<u>I'll call</u> / I've called) him every day.
2. They (<u>look</u> / looked) over all the documents.
3. (He'll decide / <u>He decided</u>) about it after the meeting.
4. It (<u>makes</u> / made) me laugh.
5 They said (they'd call / <u>they called</u>) before it started.
6. They (<u>pack</u> / packed) up the suitcases for you.

Pronunciation Drill 13

A-05

1. I saw a picture of a (<u>crown</u> / clown).
2. It's a major (<u>crime</u> / climb).
3. The river (flows / <u>froze</u>) all winter.
4. There's a (crowd / <u>cloud</u>) in the distance.
5. The (grass / <u>glass</u>) is wet.

B-04

1. Look at the (<u>rows of bushes</u> / rose bushes).
2. It's an (<u>integrated school</u> / in a great school).
3. Was (it Colorado / <u>color added</u>)?
4. The (<u>corporation</u> / cooperation) was helpful.
5. She speaks her (regional language / <u>original language</u>).
6. It's (<u>numerical</u> / a miracle).
7. (<u>Simplify</u> / Simply say) your answer.
8. He (marketed / <u>marked</u>) the toys.

Pronunciation Drill 14

A-02

1. **DOC-**tor	2. **CHIL-**dren	3. **O**-pen
4. **PRO-**duct	5. to-**DAY**	6. po-**LICE**
7. a-**GAIN**	8. **A**-ni-mal	9. **CA**-na-da
10. to-**MOR-**row	11. re-**MEM**-ber	12. to-**MA**-to

A-03

1. **IL**-lus-TRATE (3) 2. **CRASHED** (1)
3. re-**TURNED** it (3) 4. A-ca-**DE**-mic (4)
5. MAG-ni-fi-**CA**-tion (5)

A-04

1. A: What do you want for dínner?
   B: How about pásta and a sálad?
2. A: Do you like banánas?
   B: Yes, I love them. They're delícious.
3. A: How do you feel todáy?
   B: I feel pretty good. I slept réally well last night.
4. A: How's your new apártment?
   B: It's térrible. My néighbors are nóisy, and my refrígeràtor doesn't work.

A-05

1. hámbùrgers(3) 2. hót dògs(2) 3. sóda(2)
4. cándy bàrs(3) 5. prétzels(2) 6. pópcòrn(2)
7. potáto chìps(4) 8. tácòs(2) 9. cóokies(2)
10. tortílla chìps(4) 11. cárrots(2) 12. célery(3)
13. ápples(2) 14. pízza(2) 15. íce crèam(2)
16. frénch frìes(2) 17. banánas(3) 18. yógurt(2)

B-01

1. [əwéi] away 2. [tədéi] today 3. [əgéin] again
4. [pəlí:s] police 5. [dάktər] doctor 6. [féiməs] famous
7. [íŋglənd] England 8. [prάbləm] problem 9. [vízit] visit
10. [əpάrtmənt] apartment 11. [təmάrou] tomorrow
12. [ǽnəməl] animal 13. [bənǽnə] banana
14. [əlǽskə] Alaska 15. [éiprəl] April

B-02

1. man [ǽ] ↔ woman [ə] 2. fast [ǽ] ↔ breakfast [ə]
3. band [ǽ] ↔ husband [ə] 4. ad [ǽ] ↔ advice [ə]
5. ban [ǽ] ↔ urban [ə] 6. fin [í] ↔ murfin [ə]

7. stage [éi] ↔ hostage [ə]　　8. sip [í] ↔ gossip [ə]

9. pro [óu] ↔ productive [ə]

10. no cent [ou]-[ɛ] ↔ innocent [ə]-[ə]

C-02

1. con-**NECT**　　2. **LET**-ter　　3. re-**CEIVE**
4. **MO**-dem　　5. **HOUS**-es　　6. com-**PARE**
7. **MO**-vie　　8. sur-**PRISE**

C-06

1. succéss　　2. depárt　　3. todáy　　4. toníght
5. sálad　　6. fámous　　7. ádded　　8. wállet

Pronunciation Drill 15

B-05

1. appéal ↔ ápple　　2. áppetìte ↔ ánimal
3. éxercise ↔ excúses　　4. átlas ↔ at lást
5. ápplesàuce ↔ àpple píe　　6. póssible ↔ posséssion
7. ridículous ↔ rádishes　　8. addéndum ↔ ádded them
9. súbwày ↔ subtráct　　10. áirport ↔ repórt

Pronunciation Drill 16

A-01

접사에 강세가 없는 경우

A-02

4. sécretàry, vóluntàry, vocábulàry는 –ary 앞앞 음절에 강세 sénary는 그 앞 음절에 강세가 있다.

12. mémorable도 -able 앞앞 음절에 강세 그 외는 모두 접미사 바로 앞 음절에 강세가 있다.

A-03

접미사 자체에 강세가 있다.

Pronunciation Drill 17

A-04

1. a bláckbòard (복) ↔ a blâck bóard (구)
2. the póst òffice (복) ↔ the nêw óffice (구)
3. pâper nápkins (구) ↔ páper clìps (복)
4. a bírthday càrd (복) ↔ a bêautiful cárd (구)
5. an imprêssive búilding (구) ↔ an óffice bùilding (복)
6. frêsh júice (구) ↔ grápe jùice (복)
7. a líghthòuse (복) ↔ a lîght cólor (구)
8. a gréenhòuse (복) ↔ a grêen hóuse (구)

A-07

1. a. fresh bréad (구) ↔ b. Frénch bread (복)
2. a. slêeping béar (구) ↔ b. sléeping bàg (복)
3. a. órange jùice (복) ↔ b. ôrange shérbet (구)
4. a. frêsh créam (구) ↔ b. íce crèam (복)
5. a. spáce shùttle (복) ↔ b. lâst shúttle (구)
6. a. gólf còurse (복) ↔ b. nêw cóurse (구)

A-08

1. a. wôrk óut (구) ↔ b. wórkòut (복: 연습(경기))
2. a. drôp óut (구) ↔ b. drópòut (복: 낙제생)
3. a. prînt óut (구) ↔ b. príntòut (복: 출판물)
4. a. côver úp (구) ↔ b. cóver-ùp (복: 은폐(공작))
5. a. rûn óff (구) ↔ b. rúnòff (복: 빗물, 결승전))
6. a. têar óff (구) ↔ b. téar-òff (복: 떼어낸 부분)

A-09

1. (darkroom / dark room)
2. (White House / white house)
3. (“drop out”/ “dropout”)
4. (“print out” / “printout”)

A-10

구동사 8개: going awáy, come alóng, get awáy, gets óff
get ahóld, take óff, pull óff, walk aróund

복합명사 14개: wéekend, róommate, X´-ray technician
wórk schedule, Síghtseeing, cóuntryside
súnshine, tráffic jams, cár exhaust.
phóne booth, báckache, héadaches
cársick, híghway

구 4개 : good néws, almost góne, fifteen mínutes
great wéekend

지명이름 3개: Memorial Hóspital, Angel's Ránch,
Charlie's Márket.

B-02

1 a. éighty	b. eightéen
2. a. ninetéen síxty	b. ninetéen sixtéen
3. a. thrée fórty	b. thrée fourtéen
4. a nínety	b. ninetéen
5. a. fíve fífty	b. fíve-fiftéen.
6. a. twénty fífty	b. twénty fiftéen

B-03

1. About (<u>15</u> / 50) people came to the party.
2. That dress is ($ 79.99 / <u>$ 799.99</u>).
3. This birthday card is (<u>$ 2.19</u> / $ 2.90).
4. Is your address (3015 / <u>3050</u>) Oak Street.
5. When did they move to (<u>17th</u> / 70th) Street.
6. The post office ia at (414 / <u>440</u>) Main Street.

B-04

1. My **ad**dress / is: 1 5 **9** / Second Ave. / **Free**port / **Tex**as / 7 6 9 5 **1**. /
2. My credit card **num**ber / is **Mas**ter Card: / 4 8 **8** / 1 5 **7** / 9 2 **6** / 1 9 **7**. /
3. The web site <u>ad</u>dress / is: htt**p** (pause): // (pause) w w **w**. (pause)/ dot go**ril**la. (pause) / dot **org**. /
4. "The number you have **dialed** / 3 1 **0** / 4 5 **8** / 8 0 9 **7** / has been **changed**. / The new **num**ber is / 2 1 **3** / 6 5 **9** /

7 8 6 **2**. / Please make a **note** of this. /

Pronunciation Drill 18

B-01

1. WHAT would you LIKE for des**SERT**?
2. I HAVEN'T reCEIVED the **BILL** yet.
3. Our proFESsional **STAFF** / will be HAPpy to as**SIST** you.
4. He PLANted a vaRIety of **VE**getables / in his **GAR**den.
5. ETHnic **FOODS** / such as BAgels and PIZza are **PO**pular.

Pronunciation Drill 19

A-03

1. You have to sit down. ([tu: strong form)
2. He said that he was sorry. ([ðət], [wəz]: weak form)
3. I can tell that you want to go. ([tu]: strong form)
4. Please pass the sugar and cream. ([ðə], [[ən]:weak form)
5. Put them on top of the copy machine. ([ʌn], [ʌv]: strong form)
6. Would you like to read the paper? ([ju:], [tu]:strong form)
7. He was interested in her story. ([in-ə]: weak form)
8. What do you think of that? (du-ju:): strong form)
9. Did you read the end of the book? ([jə], [ə-ðə]: weak form)
10. We have to try to save money. ([tə]: weak form)

A-04

1. What are you looking at? (strong form): 문장 끝
2. I'm going to the post office. (weak form)
3. Is it made of plastic? (weak form)
4. I wonder where she's from. (strong form): 문장 끝
5. What do you want it for? (strong form): 문장 끝
6. Do you have change for a dollar? (weak form)
7. It's not to Bill; it's from Bill. (strong form): 대조강세
8. What's it made of? (strong form): 문장 끝
9. Let's meet at three. (weak form)

10. Who are you writing to? (strong form): 문장 끝

C-03

1. Carlos (can / can't) cook anything.
2. I (can / can't) be there tomorrow.
3. The mechanic (can / can't) fix my car today.
4. I (can / can't) finish my paper on time.
5. The babysitter (can / can't) sit tonight.
6. His uncle (can / can't) come as planned.
7. You (can / can't) borrow my laptop computer.
8. Everyone that we invited (can / can't) come.
9. The chairman (can / can't) conduct the meeting today.
10. The salesman (can / can't) deliver the order tomorrow.

Pronunciation Drill 20

A-04

1. b. Tom bought a new car phone and radio.
2. a. The twenty $9 books are left.
3. b."Nancy,"said my brother,"is a doctor."

A-05

1. a. fifty-one-dollar raffle tickets ($51 a ticket)
   b. fifty / one-dollar raffle tickets ($1 a ticket)
2. a. fried chicken, /potato salad, / and a coke (3 things)
   b. fried chicken, / potato, / salad, / and a coke (4 things)
3. a. the computer software / and keyboard (2 things)
   b. the computer, / software, / and keyboard (3 things)
4. a. a car, /phone, /and tape deck (3 things)
   b. a carphone / and tape deck (2 things)

B-04

1. A: I got a call from **Jen**nifer.
   B: **Real**ly? / I wonder how her **fa**ther is.
2. A: I'd like to find out about the **col**lege.
   B: Here's some infor**ma**tion for you.

3. A: John isn't **feel**ing well.
   B: What's the **mat**ter with him?
4. A: How long have you **been** here?
   B: About an **hour**.
5. A: Peter finally ar**rived**.
   B: **Good**. / We've been **wait**ing for him.
6. A: Did you remember to cash the **check**?
   B: **No**. / I for**got** about it.

B-06

1. A: We're expecting **vi**sitors today.
   B: I would like to **meet** them.
2. A: Why did your **friend** / decide to go to Guate**ma**la?
   B: Because he's never **been** there.
3. A: Do you have any infor**ma**tion / about skiing in **U**tah?
   B: **Yes**. / Here are some **bro**chures for you.
4. A: I hope you've con**si**dered / all the possi**bi**lities.
   B: I've considered **all** of them.
5. A: We are not quite pre**pared** / for the **mee**ting today.
   B: Perhaps we should **can**cel it.
6. A: We have to install a new **phone** line here.
   B: I **hope** / we won't have to wait a long **time** for it.
7. A: Did the **check** come?
   B: **No**. / The mail hasn't ar**rived** yet.

Pronunciation Drill 21

B-03

1. A: I FOUND my **BOOK**.
   B: **WHICH** book? Your **HIS**tory book?
   A: **NO**, my **MATH** book.
2. A: THAT must be his **HOUSE**.
   B: The **WHITE** house?
   A: **NO**. The **GRAY** one with the **CAR** in FRONT.

3. B: Is that **TOM'S** car?
   A: It LOOKS like his **FATHER'S** car.

B-04

1. A: You seem busier than usual.
   B: I have a new **JOB**. (basic pattern)
   A: Are you still looking for a new job?
   B: I **Have** a new job.
2. A: Where are you from?
   B: I am from Bra**ZIL**. (basic pattern)
   A: I thought you were from Brazil.
   B: I **AM** from Brazil.
3. A: What are you doing tonight?
   B: We have **BASE**ball tickets. (basic pattern)
   A: Would you like baseball tickets for tonight?
   B: We **HAVE** baseball tickets.
4. A: Why weren't you at work last week?
   B: I went to Ja**PAN.** (basic pattern)
   A: Are you planning to go to Japan?
   B: I **WENT** to Japan.
5. A: We have been waiting a long time.
   B: Maybe we should **LEAVE**. (basic pattern)
   A: John suggested that we leave.
   B: Maybe we **SHOULD** leave.
6. A: Have you tried any new restaurants?
   B: We had a great lunch at **TA**mi's. (basic pattern)
   A: Jane said you had a great dinner at Tami's.
   B: We had a great **LUNCH** at Tami's.
7. A: When did Maria graduate?
   B: She graduated last **YEAR**.
   A: Is Maria graduating this year?
   B: She graduated **LAST** year.
8. A: Where is the mail?

B: It’s on your **DESK**. (basic pattern)

A: Please put the mail on my desk

B: It’s on **YOUR** desk.

Pronunciation Drill 22

A-03

1. a lot of: [ə-lɑ́t-əv] > [ə-lɑ́:ř-əv] > [əlɑ́řə]
2. thought of: [ɵɔ́:t-əv] > [ɵɔ́:ř-əv] > [ɵɔ:řə]
3. get out of :[gέt-áut-əv] > [gɛř-áúř-əv] > [gɛřáuřə]
4. Stay to : [stéi-tə] > [stéi-řə] > [stéiřə]
   right of : [ráut-əv] > [ráúř-əv] > [ráuřə]
5. go to: [góu-tə] > [góu-řə] > [góuřə]
6. most of: [móust-əv] > [móus-təv] > [móustə]
7. have to: [hæv-tə] > [hæf-tə] > [hæftə]
8. want to: [wɔ:nt-tə] > [wɔ:n-tə] > [wɔ:n-nə] > [wɔ:nə]
9. way to: [wéi-tə] > [wéi-řə] > [wéiřə]
10. end of: [ɛnd-əv] > [ɛn-dəv] > [ɛndə]

A-04

1. green car: [grì:n-kɑ́:r] > [grì:ŋ-kɑ́:r]
   in Canada: [in-kǽnədə] > [iŋ-kǽnədə]
   ran quickly: [ræn-kwíkli] > [ræŋ-kwíkli]
2. forget your: [fərgét-jər] > [fərgé-ʧər]
3. need your: [ní:d-jər] > [ní:-ʤər]
4. miss your: [mís-jər] > [mí-ʃər]
5. lose your: [lu:z-jər] > [lu:-ʒər]

A-05

1. deduct some: [didʌ́kt-səm] > [didʌ́k-səm]
   deduct a : [didʌ́kt-ə] > [didʌ́k-tə]
2. adopt some : [ədɑ́pt-səm] > [ədɑ́p-səm]
   adopt all : [ədɑ́pt-ɔ:l] > [ədɑ́p-tɔ:l]
3. last night : [lɑst-nait] > [lɑs-nait]
   last of : [lɑst-əv] > [lɑs-təv]

4. Hand me : [hænd-mi] > [hæn-mi]
   Hand over: [hænd-ouvə] > [hæn-douvə]

A-06

1. costs: [kɔ:sts] > [kɔ:ss] > [kɔ:s]
2. lifts: [li:fts] > [li:fs]
3. asked: [æskt] > [æst]
4. don't know: [dount-nou] > [doun-nou]
5. trusts: [trʌsts] > [trʌss] > [trʌs]
6. gold bracelet: [gould-bréislit] > [goul-bréislit]
7. Six months: [mʌnθs] > [mʌns]
8. fast food: [fæst-fu:d] > [fæs-fu:d]
9. just looking: [ʤʌst-lukiŋ] > [ʤʌs-lukiŋ]
10. next Saturday: [nekst-sǽtədei] > [neks-sǽřədei] > [nek-sǽřədei]

B-02

1. What do you **want** ? ↘ (Whad'ya**want**?)
   [wɑ́t-dəyə] > [wɑ́dəyə] > [wɑ́řəyə]
2. **What** do you want ? ↗ (**Wha**d'yawant?)
   [**wɑ́t**-dəyə] > [**wɑ́**dəyə] > [**wɑ́ř**əyə]
3. Give it a **try**. (Givida**try**.)
   [gív-it-ə] > [gívitə] > [gívířə]
4. Take a **chance**. (taka**chance.**)
   [téik-ə] > [téikə]
5. Give me a **drink**. (gimme a**break**)
   [gív-mi-ə] > [gímmi-ə] > [gímiə]
6. Are you **sure**? (areya**sure**?) [ər-yə] > [əryə]

B-03

1. A: What do you **want**? ↘ (Whad'ya**want**?) > [wɑ́řəyə]
   B: I want a piece of **can**dy. (wannapiece a**can**dy) > [wɔ́nəpí:sə]
   I want a can of **Coke**. (wannacanna**coke**) > [wɔ́nəkǽnə]
   I want a cup of **coffee**. (wannacuppa**coffee**) > [wɔ́nəkʌ́pə]
   I want to hear a **joke**. (wannaheara**joke**) > [wɔ́nəhíərə]

A: **What** do you want ? ↗ (**Wha**d'yawant?) > [**w**ɑ́ɾəyə]

B: I want a **lot** of things! (wannа**lod**dathings) > [wɔ́nəlɑ́ɾə]

I want it **all**. (wannid**all**) > [wɔ́níɾɔ́:**l**]

2. B: What do you **think** ? ↘ (Whad'ya**think**?) > [wɑ́ɾəyə]

What do you **think** ?

A: I think it's really **won**derful.

I think I caught a **cold**. (caudda**cold**) > [kɔ́ɾə**koud**]

I think it's going to **rain** (gonna**rain**) > [gɔ́nə**réin**]

I think he's getting **old** (think'ezegetting**old**) >

[θíŋkizgéɾiŋ**óuld**]

B: **What** do you think ? ↗ (**Wha**d'yathink?) > [**w**ɑ́ɾəyə]

A: I think a **lot** of things! (thinka**lod**dathings) > [θíŋkəlɑ́ɾə]

I think about it **all**. (thinkaboudid**all**) > [θíŋkəbauɾíɾɔ́:**l**]

3. A: What do you **know** ? ↘ (Whad'ya**know**?) > [wɑ́ɾəyə]

What do you **know** ?

B: I know the world is **crazy**. (worldiz**crazy**) > [wɚ́ldiz**kréi**zi]

I know the day and **date**. (day'n**date**) > [déin**déit**]

I know I'm in Cali**for**nia.

I know it's getting **late**.

A: **What** do you know ? ↗ (**Wha**d'yaknow?) > [**w**ɑ́ɾəyə]

B: I know a **lot** of things! (knowa**lod**dathings) > [nóuə**l**ɑ́ɾə]

I want to know it **all**. (wannaknowid**all**) > [wɔ́nənóuiɾɔ́:**l**]

Pronunciation Drill 23

A-02

1. I bóught some e**qúi**pment.
2. I néed a new **pén**.
3. Clóse your **bóo**ks.
4. I lóst my **pás**sport.
5. It cán't com**páre**.
6. Please páss the **sú**gar.
7. No smóking a**llówed**.
8. We néed to buy **spá**ghetti.
9. Let's fínish our conver**sát**ion.
10. The máil ísn't **hére** yet.

B-02

1. A: What are you **do**ing? B: I am giving my dog a **bath**.

   A: Do you need any **help**?

2. A: Did you lose your um**brel**la? B: Yeah—have you **seen** it?

   A: No--when was the last time you **had** it?

3. A: When are your parents going back to **In**dia?

   B: Probably this **week**. A: Can't they stay any **lon**ger?

4. A: Where did your friends **go**? B: They went for a **walk**.

   A: Do you think they'll be back **soon**?

B-04

1. A: Do you WANT to **GO** ? B: **MAY**be.
2. A: I **FOUND** something. B: My **KEYS**?
3. A: She's from **DAL**las. B: From **DAL**las?
4. A: Do you WANT **MILK** or **CREAM**? B: **MILK**.
5. A: Are you GOing to**DAY**? B: To**MOR**row.
6. A: HOW much **IS** it? B: FORty **DOL**lar.

B-05

1. A: Yoshi moved back to Japan.

   B: **Where**? B: **Where**?

   A: To Japan. A: To Kyoto.

2. A: Paco is graduating next year.

   B: **When**? B: **When**?

   A: Next year. A: In June.

3. A: We are saving to buy a condo.

   B: **Why**? B: **Why**?

   A: To buy a condo. A: We want our own home.

4. A: Tami is leaving tomorrow evening.

   B: **When**? B: **When**?

   A: Tomorrow evening. A: At 7 o'clock.

5. A: Elena is from Mexico.

   B: **Where**? B: **Where**?

   A: Mexico. A: Oaxaca.

B-06

1. A: Where are you **GO**ing? (needs information)

   B: I'm going to **EUR**ope.

   A: **WHERE** are you going? (needs clarification)

   B: to **EUR**ope.

2. A: What did the airline **TELL** you? (needs information)

B: The planes are all **CAN**celed due to bad **WEA**ther.

A: **WHAT** did they tell you? (shows surprise, disbelief)

B: The **PLANES** are all **CAN**celed.

B-07

A: Hi, Lee. I need your **help**. Can you **help** me?

B: **Sure, Dan**. What's the **pro**blem?

A: This **class**. I'm terrible at **math**.

B: When do you want to **study**?

A: This after**noon**?

B: This after**noon**? OK. What **time**?

A: At **four**?

B: **Fine.** In the **dorm**?

A: Is the library **ok**?

B: Of **course**. See you **then**.

Pronunciation Drill 24

A-01

1. A: Would you like **ice** cream or **cake**?

   B: I'd like **cake**, please.

2. A: Should I call on Monday or **Tues**day?

   B: Yes, That would be **great**.

A-03

1. I plan to gon on a **diet**... (unfinished: for the New Year.)
2. I plan to gon on a **diet**. (finished)
3. She is a pro**fes**sor... (unfinished: at a large universith.)
4. She is a pro**fes**sor. (finished)

A-04

1. A: Are you going away?

   B: Yes, we're leaving for **Lon**don. (finished)

2. A: You look excited.

B: I'm going to buy a new **car**. (unfinished)

3. A: Who won the contest?

   B: The winner will be an**noun**ced. (unfinished)

4. A: Why did Pedro call?

   B: He had an important **mes**sage. (finished)

B-03

1. At BASF, / we don't make the **mat**tress, / we make it **sof**ter.
2. We don't make the **boots**, / we make them **dri**er.
3. We don't make the **house**, / we make it **live**lier.
4. We don't make the **snow**board, / we make it **stron**ger.
5. At BAS**F** / we don't make a lot of the products you **buy**.

   We make a **lot** / of the products you **buy** / **bet**ter. / BAS**F**. /

Pronunciation Drill 25

A-01

1. A: Are you going to the party? B: **Yes**. (angry)
2. A: I found your sweater. B: **Great**. (happy)
3. A: I got an A on the test. B: **Great**. (happy)
4. A: Do you want to see a movie? B: OK. (bored)
5. A: Where's Bob? B: At the **beach**. (angry)
6. A: Do you like my new haircut? B: It's nice. (bored)

A-02

1. Our **shop** has been in **bu**siness for more than **twen**ty

YEARS. (confident, believable)

2. Hello, everyone. I am going to be your **guide** today.
   (hesitant, uncertain)
3. Our **com**pany is com**mit**ted to pro**tect**ing the en**VIR**onment.
   (confident, believable)
4. I hope you'll visit us a**gain** soon. (hesitant, uncertain)
5. I'm so sorry, but I have other plans on **Sun**day.
   (hesitant, uncertain)
6. We're **go**ing to **make** a **PRO**fit. (confident, believable)
7. It was **ve**ry **NICE** meeting you. (confident, believable)

A-03

1. B: Is he sick a**GAIN**? (surprise, concern)
2. B: I **NEED** to **START** **STU**dying. (emphasis)
3. B: That **WAS** an exciting game. (enthusiastic agreement)
4. A: They'll return our money in a **MONTH**. (surprise)
   B: They'll return our money in a **MONTH**? (disapproval)

A-04

1. B: It's not **fin**ished. (simple statement)
   A: It's not **fin**ished? (question, mild surprise)
   C: It's **not fin**ished! (exclamation, strong emotion)
2. B: The meeting was **can**celed. (simple statement)
   A: The meeting was **can**celed? (question, mild surprise)
   C: The **meet**ing was **can**celed!(exclamation, strong emotion)

B-01

1 a: good=little emotion, b: excellent=surprise
c: mediocre=little emotion, d: not good=ironic question showing doubt

2. a: words mean what they say, b: words mean the opposite (ironic), c: She wants to work, but no one else does.)

3. a: words mean what they say, b: words mean the opposite (ironic), c: exclamation emphatic speech

B-02

1: B: That's not your **BAG**? Those aren't your **GRO**ceries?

(seeing clarification/yes or no answer)

B: You bought **CHEESE**, **CHIPS, SAL**sa, and **COKE**?

(surprise)

B: You're having a **PAR**ty? And you didn't invite **ME**?

(much more emotion. Greatly surprised, indignant.)

2: B: Where would you like to **GO**?

(Falling intonation. Focus on last content word.)

A: Where would **YOU** like to go?

(Returning the question. Focus on the pronoun.)

B: **WHERE** would you like to go?

(Rising intonation. Shows surprise, disbelief.)

<참고문헌 및 더 읽어볼 만한 책>

김경학 (2001)『문제없다 영어발음』, 정진출판사
김경학 (2005)『팝송과 함께하는 영어발음 청취』, 컴퍼스 미디어.
김경학 (2012)『영어음성학의 이해와 활용』, JK Global.
김기호 (1999) "영어 억양 음운론의 소개," 음성과학 6, 119-143.
김철호 (2001)『Listening Focus』, MB House.
구희산 (1998)『영어음성학』, 신영어학총서 4권. 한국문화사
안승신 (199x) 영어 음성학, 인터넷 자료(http://ksys10.knou.ac.kr/phonetics)
전상범 (1995)『영어음성학 개론』, 을유문화사.
한종임 (2001)『영어음성학과 발음지도』, 한국문화사.
Baker and Goldstein (1990) *Pronunciation Pairs*. Cambridge University Press.
David, Brazil (1994) *Pronunciation for Advanced Learners of English.* Cambridge : Cambridge University Press.
Gertrude F. Orion (1997) *Pronouncing American English: Sounds, Stress, and Intonation*. Heinle & Heinle Publishers.
Jones, D. (1967) *An Outline of English Phonetics.* Cambridge: W. Heffer & Sons Ltd.
Ladefoged, P. (2001) *A Course in Phonetics*. Fourth Edition. New York: Harcourt.
Ladefoged, P. (2001) *Vowels and Consonants. An Introduction to the Sounds of Languages*. Oxford: Blackwell.
Linda Lane (2005) *Focus on Pronunciation 1, 2*. Longman Com.
Kenworthy, J. (1987) *Teaching English Pronunciation*. London: Longman.
Kuiper and Allan (1996) *An Introduction to English Language: Sound, Word and Sentence*. Palgrave.
Martin Hewings & Sharon Goldstein (2000) *Pronunciation Plus: Practice through Interaction.* Cambridge : Cambridge University Press.

Prator, Clifford H. Jr. & Betty W. Robinnett (1972) *Manual of American English Pronunciation.* New York: Holt, Rinehart & Winston.

Small, Larry H. (1999) *Fundamentals of Phonetics: A Practical Guide for Students.* Allyn and Bacon.

Sue F. Miller (2007) *Targeting Pronunciation.* Thomson Heinle.

Trager, G & H. Smith (1951) An Outline of English Structure. *Studies in Linguistics* : Occasional Papers 3. Okl: Battenburg Press.

김경학

서울대학교 사범대학 영어교육과 졸업
서울대학교 교육학 석사
서울대학교 문학박사
77-80: 해군 제2 사관학교 영어과 주임
80-82: 울산대학교 영문과 교수
83-현: 수원대학교 영문과 교수
94년도 1차 대수능 영어과 출제위원
94-97: 전국 고등학교 학력고사 영어과 전공교수
6차 교육과정 고등학교 영어교과서 저자(동아서적)

저서

통제와 문법이론
영어학의 이해(공저), 영어구문의 이해
문제없다 영작문, 문제없다 영어발음
영어이야기, 팝송과 함께하는 영어발음청취
전치사의 의미와 용법 및 숙어 이야기
영어의 이해, 영어음성학의 이해와 활용
영어 문장의 구조와 의미 등

영어 음성음운 연구와 발음 연습

1판 1쇄 발행 _ 2014년 3월 5일
1판 2쇄 발행 _ 2016년 2월 25일

저 자 · 김 경 학
발 행 인 · 정 현 걸
발 행 · 신 아 사
인 쇄 · 예지인쇄
출판등록 · 1956년 1월 5일 (제9-52호)
주 소 · 서울특별시 은평구 통일로 59길 4 (2F)
전 화 · (02)382-6411 · 팩스 (02)382-6401
홈페이지 · www.shinasa.co.kr
E-MAIL · shinasa@daum.net
ISBN: 978-89-8396-852-4 (93740)

정가 15,000원